あなたを支配し、社会を破壊する、AI・ビッグデータの罠

キャシー・オニール　久保尚子 訳

インターシフト

すべての負け犬たちに捧ぐ

あなたを支配し、社会を破壊する、AI・ビッグデータの罠

キャシー・オニール　久保尚子訳

【目次】

＊文中、〔　〕は訳者の注記です

はじめに

AI・ビッグデータは破壊兵器になる

データ経済の弱点

子供のころ、車に乗せられているとき、私はいつも、窓の外を走るほかの車のナンバープレートを見て、数字で遊んでいた。プレートに書かれている数字を、それ以上に小さくは割り切れないところまで分解して遊ぶのだ。たとえば、45＝3×3×5というように、すべての自然数は素数をかけ合わせた形で表すことができる。これを「素因数分解」という。私にとっては、探求心を満たしてくれる一番の気晴らしだった。数学マニアの道を歩み始めたばかりだったあの頃から、私は素数に強く興味を引かれていた。

数学に対する私の愛は、やがて情熱へと変わっていく。14歳のときには数学キャンプに参加し、ルービックキューブを胸に抱きしめて帰宅した。数学のおかげで、現実世界の煩雑さから逃れ、整然とした隠れ家に身を隠すことができた。証明に証明を重ねていけば、いくらでも前に進むことができたし、知識の海原はどこまでも果てしなく広がっていた。しかも、その海原に、私自身の力で知識を追加することもできた。私は大学で数学を専攻し、博士号を取得した。研究テーマは、代数的整数論――私が子供のころに親しんだ素因数分解も、突き詰めればこの分野に入る。そして、コロンビア大学バーナードカレッジの終身在職権付き教授にまでなった。

しかし、私はそこで、人生の舵を大きく切った。教授職を辞し、米国大手ヘッジファンドのD・E・ショーで「クオンツ」〔高度な数学的手法で分析・予測を行う金融工学の専門家〕として働くことにしたのだ。学問の世界から金融の世界に身を移し、それまで抽象的な理論として扱ってきた数学を実践に生かすことにした。私たちが数字に演算を施すと、数兆ドルが口座から口座へと動く。最初は私も、このグローバル経済という新たな「実験室」で、心躍らせたり驚いたりしながら働いていた。ところが、転職から1年あまりが過ぎた2008年の秋、経済は大きな音を立てて崩壊した。

かつて私を保護してくれた数学は、現実世界の問題と深く絡んでいるだけではなかった。数学が問題を大きくしてしまうことも多いという事実を、この経済崩壊はまざまざと見せつけてくれた。住宅危機、大手金融機関の倒産、失業率の上昇――いずれも、魔法の公式を巧みに操る数学者によって助長された。それだけではない。私が心から愛した数学は、壮大な力をもつがゆえに、テクノロジーと結びついてカオスや災難を何倍にも増幅させた。いまや誰もが欠陥があったと認めるようなシステムに、高い効率性と規模拡大性を与えたのも数学だった。

なぜあの時、冷静な頭で考えられなかったのか。経済が崩壊した時点で一歩引き返し、なぜ数学が誤った使われ方をしたのか、将来起こりうる同様の大惨事を防ぐために何かやれることはないかと考えることもできただろう。しかし、経済危機の後も、私たちは立ち止まらなかった。これまで以上に人々を熱狂させる新たな数学的手法が次々に生み出され、その応用領域は今も拡大し続けている。24時間365日、ペタ（1000兆）バイトもの情報が絶えず粗製乱造《そせいらんぞう》されている。その大半は、ソーシャルメディアやeコマースのウェブサイトからかき集められた情報だ。やがて、そのような手法の適用対象は、世界金融市場の動向から私たち人間の動向へと徐々に移っていった。数学者と統計学者が、私たち消費者の欲求、動向、購買力を調査するようになった。消費者の信用度が予測され、学生、就業者としての潜在能力、恋人としての適性、犯罪者になる可能性が計算された。

そう、ビックデータ経済の到来である。これにより、目覚ましい経済発展が見込まれた。コンピュータープログラムを使えば、ほんの1～2秒のあいだに数千件もの履歴書やローン申込書を処理し、分類し、有望な順に並べた候補者リストを作成することができる。時間の節約になるだけでなく、公正で客観的な資料としてリストを売ることもできる。偏見をもつ人間が大量の書類に目を通すのではなく、ただの機械が血の通わない数字を淡々と処理するのだから。

2010年ごろには、人事部門での数学の存在感はこれまでになく高まり、大きな期待をもって迎え入れられた。

でも、私には弱点が見えていた。数学の力で動くアプリケーションがデータ経済を動かすといっても、そのアプリケーションは、人間の選択のうえに築き上げられている。そして、人間は過ちを犯す生き物だ。モデルを作成する際、作り手は、最善の意図を込め、良かれと思って選択を重ねたかもしれない。それでもやはり、作り手の先入観、誤解、バイアス（偏見）はソフトウェアのコードに入り込むものだ。そうやって作られたソフトウェアシステムで、私たちの生活は管理されつつある。神々と同じで、こうした数理モデルは実体が見えにくい。どのような仕組みで動いているのかは、この分野の最高指導者に相当する人々——数学者やコンピューターサイエンティスト——にしかわからない。モデルによって審判が下されれば、たとえそれが誤りであろうと有害であろうと、私たちは抵抗することも抗議することもできない。しかも、そのような審判には、貧しい者や社会で虐げられている者を罰し、豊かな者をより豊かにするような傾向がある。

アルゴリズムが人間を選別する

私は、そのような有害なモデルを「数学破壊兵器（Weapons of Math Destruction：WMD）」と呼ぶことにした〔大量破壊兵器のMassと数学のMathをかけている〕。数学の何がどのように「破壊兵器」なのか、ある事例を紹介しながら説明しよう。

よくあることだが、これから取り上げる事例も、最初に掲げられた目標自体は称賛に値するものだった。2007年、新たにワシントンDC市長になったエイドリアン・フェンティは、学力水準の低い市内の学校の状況改善を決意し、身を粉にして働いた。当時、第9学年を修了して卒業まで漕ぎつける高校生は2人に1人、第8学年で数学の成績が学年水準に達している学生はわずか8％というあり様だった。フェンティは、新たにワシントンDC学区の教育総長という役職を設置して強い権限をもたせ、教育改革論者のミシェル・リーを起用した。学生の成績が十分でないのは教師の教え方が悪いからだ、という理論に立ち、2009年、リーは業績の低い教師を一掃する計画を実行に移した。この施策は、問題を抱える全米各地の学区で導入が検討されており、システムエンジニアリングの観点で言えば、完全に筋の通った考え方である。教師を評価し、評価の低い者を除外し、評価の高い者を、その力が最大限に発揮される場所に配置する。データサイエンティストの言葉でいうなら、これは、学校システムの「最適化」であり、子供たちにとって、より良い結果を生むものと思われた。「無能」な教師を別にすれば、誰からも文句は出ないはずだ。リーは、IMPACTと呼ばれる教師評価ツールを考案し、2009〜10年の学年度末に、評価スコアが学区内の下位2％に入る教師を全員解雇した。翌年にはさらに、下位5％に相当する206名が解雇された。

第5学年の教師だったサラ・ウィソッキーは、自分は何の心配もないと思っていた。マクファーランド中学での教師歴はまだ2年だったが、すでに生徒からも保護者からも「優秀」な教師として評価されていた。なかでも、子供たちに対するきめ細やかな配慮は高く評価されており、「これまでにお世話になった先生のなかで最も素晴らしい」という声も聞かれるほどだった。

ところが、2010〜11年の学年度末、ウィソッキーのIMPACTによる評価スコアは散々な結果だった。教師の数学と国語（英語）を教える能力を測定する目的で新たに導入された「付加価値モデル」での評価スコアが著しく低かったのだ。このスコアは、アルゴリズムによって算出されるもので、評価全体の半分を占めており、学校経営陣や地域コミュニティから受けた高い評価も、その穴埋めにはならなかった。学区としてはほかに選択の余地はなく、ウィソッキーは、IMPACTの評価スコアが最低水準に達しなかったほかの205名の教師とともに解雇された。

彼女は、いわゆる魔女狩りに遭ったわけでも、不正にスコアを低くされたわけでもない。学区の側には、それ相応の論理があった。学校経営陣も人間なので、どうしても、無能な教師と馴れ合いの関係になることがある。その教師の流儀や見かけ上の熱心さを高く評価することもある。無能な教師が良い先生のように見えることもある。だからこそ、ワシントンDC学区は、ほかの多くの地区と同様、人間のバイアスを最小限に抑え、確固たる結果に基づくスコアをより重視することにしたのだ。

もちろん、ウィソッキーは自分のスコアを見て、ひどく不当だと感じ、なぜこのような結果になるのかを知りたがった。しかし、「なぜそうなるのかを理解できている人なんて、1人もいないように思います」と、後日、彼女は私に語った。優秀な教師のスコアが、どうしてこんなにも低い点数になるのか？　付加価値モデルはいったい何を測定しているのか？

彼女が調べてわかったことは、複雑な評価が行われていて、とても理解できそうにないということだった。ワシントンDCは、プリンストンに拠点のある政策数理研究所（Mathematica Policy Research：MPR）とコンサルタント契約を結び、評価システムを考案した。MPRが取り組んだ課題は、学区内の学生の学習進捗度を測定したうえで、学力の向上・低下に対する担当教師の貢献度を算出することだった。もちろん、簡単にできることではない。学生の成績には、その学生の社会経済的な背景から学習障害の影響に至るまで、数多くの変数が関係するということは、MPRの研究員も知っていた。アルゴリズムを作成する際には、そのような状況の違いを割り引く仕組みが必要であり、それも、複雑化の一因になった。

実際、人間の行動や能力、潜在能力をアルゴリズムに落とし込もうというのは、至難の業だ。MPRが直面した課題について理解を深めるために、ワシントンDC南東部の貧困地域に住む10歳の女の子について考えてみよう。ある年の学年度末に、その女の子は第5学年の標準学力テストを受ける。そして、その後も彼女の生活は続く。家族の問題や、お金の問題を抱えるかもしれない。近いうちに引っ越すことになるかもしれない。あるいは、法的なトラブルに巻き込まれた兄のことが心配でたまらない状況になるかもしれない。自分の体重のことで悩んだり、学校でいじめに遭って苦しんだりする可能性もある。いずれにせよ、翌年、彼女は第6学年の標準学力テストを受ける。

今回と前回の学力テストの結果を比較した場合に、スコアは安定しているか、できれば急上昇していてほしいところだ。彼女の結果が下がっていた場合、彼女の成績と他の成績優秀者の差を計算するのは簡単である。

しかし、その差のうち、どの程度までが教師の責任になるのか? これは難しい問題だ。MPRのモデルでは、ほんのわずかな数字の比較しか行われていない。グーグルのようなビッグデータ企業であれば、研究員が絶えず試験を繰り返し、何千個もの変数をモニタリングするところだ。グーグルでは、広告を1つ表示するにも、テーマ色を赤と青のどちらにするかを決める前に、各色のバージョンの広告を数千万人に提示し、どちらがより多くクリックされるかを追跡することができる。そうやって得られたフィードバックを自社のアルゴリズムに反映し、広告表示の運用を細かく調整して精度を高めている。グーグルのやり方にも問題は山ほどあるし、追々、取り上げるつもりだが、いずれにしても、グーグルの試験方法では、統計学が有効に活用されている。

学年度を通じて1人の人間が他者に与える影響の大きさを計算しようと試みるのは、これより遥かに複雑になる。「学ぶ側にも教える側にも多くの要因がかかわってくるため、そのすべてを測定するのはきわめて困難です」とウィソッキーは言う。さらに言えば、わずか25～30名の学生のテスト結果だけを分析して教師の技量をスコア化しようとすること自体、馬鹿げている。少なすぎる数のサンプルで全体を測ろうとすれば、おかしな結果が出る可能性も高くなる。現に、検索エンジン並みの統計学的な厳密さで教師を分析しようと思ったら、無作為に選択した学生を数千～数百万回は試験しなければならない。まともな統計学者は、外れ値や異常値を相殺させるために、膨大な数のサンプルを集める（一方、数学破壊兵器となるモデルでは、後述のとおり、たまたま外れ値となった個人が不当に扱われがちである）。

もう1つ、サンプル数と同じくらい重要なポイントがある。統計システムには、フィードバックがなければならない。何かが標準から逸脱していたなら、そのことを明示的に返す必要がある。統計学者はエラーを利用して自分たちのモデルを育て、磨いていく。たとえばAmazon.comの「おすすめ」は、最初のうちは相関が不完全で、10代の少女に芝生の手入れに関する本をすすめるようなことをしていたが、クリック数が極端に少なければ、クリック率が伸びるまでアルゴリズムの微調整が繰り返される。しかし、フィードバックがなければ、統計エンジンはいつまでも見当違いな商品をおすすめし続け、誤りから学習することなく、有害な分析を続けることになりかねない。

本書で論じる数学破壊兵器の多くは、ワシントンDC学区の付加価値モデルも含めて、フィードバックがないまま有害な分析を続けている。自分勝手に「事実」を規定し、その事実を利用して、自分の出した結果を正当化する。このようなたぐいのモデルは自己永続的であり、きわめて破壊的だ。そして、そのようなモデルが世間にはあふれている。

政策数理研究所（ＭＰＲ）のスコアリングシステムがサラ・ウィソッキーと他の２０５名の教師をはじき出したとき、学区側は、直ちに彼らを解雇した。では、システムの評価が正しかったかどうかを、システムはいつ学習するのか？　学習はしない。システムが「失格」と判定すれば、それがその教師の評価になる。そして、２０６名の「無能」な教師がいなくなった――その事実だけで、付加価値モデルの有効性が実証されたかのようにみなされている。システムによる評価の低い教師は学区から一掃される。真実が調査されることのないまま、スコアによって現実が作られていくのだ。

人生をひっくり返す

これは、数学破壊兵器のフィードバックループの一例にすぎない。本書では、ほかにも多くの事例を紹介していく。たとえば、最近では、従業員を採用する際に、クレジット（信用度）スコアを利用して候補者を評価する雇用主が徐々に増えている。請求書の支払いを滞納したことのない人物なら、遅刻せずに出社し、社内ルールを順守する可能性が高いと考えてのことだ。現実には、責任感の強い優良な働き手であっても、ちょっとした不運で苦境に陥り、クレジットスコアを落とした人が大勢いる。しかし、クレジットスコアの低さと職能レベルの低さには相関があるという考え方のせいで、スコアの低い人は職に就きにくくなっている。無職の状態が続けば貧しくなり、貧しい状況が続けばクレジットスコアはさらに悪くなり、ますます就職は困難になる。まったくの悪循環だ。雇用主の側にしても、クレジットスコアを重視したせいで、いったいどれほどの数の優良な従業員を逃してきたのか、知る方法がない。数学破壊兵器には、たくさんの有毒な「思い込み」が、数学によって偽装《カモフラージュ》された状態で搭載されており、検証されることも疑念を抱かれることもないまま、広く世に出回る。

こうした事例は、数学破壊兵器のもう1つの大きな特徴を浮き彫りにしている。このたぐいのモデルには、貧しい者が不当に扱われる傾向があるのだ。その一因は、大勢の人を評価する目的で設計されている点にある。大量処理に特化していて、価格も安い。それが売りでもある。一方で、裕福な人は、個人情報のインプットによって利益を得ることが多い。アイビーリーグ出身者が多く働く大手の法律事務所や富裕層の多い排他的な名門私立校は、ファーストフードのチェーン店や財政難にあえぐ都市部の学区に比べると、紹介者からの推薦や対面での面接を重視することが圧倒的に多い。この後、本書で何度も確認することになるが、一般に、特権階級の人ほど対面で評価され、庶民は機械的に評価される。

ウィソッキーは、スコアがあそこまで低かった理由を誰にも説明してもらえなかった。この事実からもわかるように、数学破壊兵器が出した評決は、アルゴリズムの神々からの預言のように天から降って来る。モデル自体はブラックボックスで、中身は企業機密として厳重に保護される。おかげで、政策数理研究所のようなコンサルタント業者は、高い代金を請求できるし、同じモデルを別の目的に使うこともできる。評価される人々には何も知らされないので、評価される人々がシステムをうまく利用しようと試みる可能性も低い。となると、人々はただ懸命に働き、ルールを守り、彼らの努力をモデルが正しく記録して適切に評価してくれるように祈ることしかできない。詳細が隠されたままでは、スコアに疑問を呈することも抗議することも一層難しくなる。

不当なスコアの理由を知ろうとしたのはウィソッキーだけではなかった。何年ものあいだ、ワシントンの教師たちは独裁的なスコア制度に不満を抱き、モデル内部で行われた計算の詳細を求めた。しかし、アルゴリズムによって算出される、としか説明されなかった。中身はきわめて複雑なのだ、と。この説明に多くの人は気力を削がれ、それ以上の説明を要求しなくなる。残念なことに、多くの人が数学に怯え、言いなりになっているのだ。だが、引き下がらなかった教師もいる。数学教師のサラ・バックスは、学区の役員をしているジェイソン・カムラスと元同僚でもあったため、彼に詳細を説明するよう強く要求し続けた。数ヵ月にわたる押し問答の末、カムラスは彼女に、もうすぐテクニカルレポートが届くから待つように、と告げた。これに対してバックスは、「自分で説明もできないような方法で人々を評価することを、どう正当化するつもりですか？」と返した。しかし、数学破壊兵器とはそういうものなのだ。

分析は外部のプログラマーと統計学者に委託される。また、原則として、説明はマシンに任される。

一方のサラ・ウィソッキーは、説明は受けられなかったものの、生徒の標準学力テストの点数がアルゴリズムの公式のなかで重みづけされていることには気づいていた。だとしても、まだ疑念は残った。マクファーランド中学で過ごした最後の年が始まる前、彼女は、自分がこれから受け持つことになる生徒について、前年度末の小学校の学力テストの点数が驚くほど良いことに気づき、喜んでいたのだ。サラが受け持つ生徒の大半は、バーナード小学校の出身だった。バーナード小学校では、学生の29％が「上級レベルの読む力」と評価されていた。これは、この学区の平均の5倍に相当する。

ところが、実際に授業を始めてみると、生徒の多くは簡単な文を読むのにも苦労していた。ずいぶん後になって、ワシントン・ポスト紙やUSAトゥデイ紙の記者が明らかにしたところによると、この学区内の41校で、標準学力テストの回答用紙に答えを消した跡が大量に見つかり、その41校のなかにバーナード小学校も含まれていた。高い率で答えが修正されていたということは、不正行為が行われた可能性が高い。学校によっては、70％の教室で不正が疑われた。

この不正行為に、数学破壊兵器の何が関係しているのか？ いくつか考えられるが、第一に、教師評価アルゴリズムは教師の行動に大きな影響を与える強力なツールである。もともとそのために開発されたツールであり、実際にワシントンの学校では、教師にとって飴《アメ》にも鞭《ムチ》にもなった。教師は、生徒が学力テストで失敗すれば自分の職が危うくなると知っていた。それが、生徒にテストで確実に良い点数を取らせたいという教師の動機付けになった。世界的な金融不況で労働者市場が大打撃を受けていた時期なら、なおさらだ。しかも、自分の生徒の成績がほかの生徒よりも優秀であれば、教師と学校経営陣は最高８０００ドルの特別手当をもらえる。今回のように、大量の消し跡と異様に高い点数という証拠に、このような強力な動機が加われば、小学校の教師が不安や欲に屈して生徒の回答を修正したのではないかと疑うのに十分な根拠となる。

となると、サラ・ウィソッキーが受け持った生徒の学年開始時のスコアは人為的に水増しされていたと考えられる。だとすれば、彼らの学年度末の学力テスト結果を評価する土台は失われており、担当した教師の評価は実際よりも低くなるだろう。ウィソッキーは、自分の身に何が起きたのかに思い至り、確信を深めた。この説明なら、保護者や同僚、そして生徒たちから受けた「優秀な先生」という見解ともつじつまが合う。彼女を困惑させた疑念も解決される。サラ・ウィソッキーは明確な反論の証拠を得た。

ところが、数学破壊兵器に対しては、訴えかけることはできない。そこが、この破壊兵器の恐ろしいところでもある。聞く耳をもたないのだ。一度出した評決を曲げることはない。甘い言葉になびかず、脅してもおだてても聞く耳をもたないのはいいが、論理的に説明しても受け入れられないのは困ったものだ。結論として出力されたデータに対して正当な疑問がある場合でさえ、受け入れられることはない。もちろん、自動化されたシステムが厄介な問題を含んだ基準のせいで失態を演じた事実が明らかになれば、プログラマーが過去に遡ってアルゴリズムを微調整してくれるだろう。しかし、大方の部分については、プログラムはひるむことなく評決を下し、プログラムを採用している人間は肩をすくめることくらいしかできない。「きみに何ができるんだい？」と言わんばかりだ。

　サラ・ウィソッキーが学区側から最終的に受けた対応は、まさにそうだった。後に、ジェイソン・カムラスはワシントン・ポスト紙の取材に対し、こう語っている――「回答用紙の消し跡は『示唆的』であり、彼女が受け持った第5学年のクラスの数値には誤りがあった可能性はある。しかし、決定的な証拠ではない。彼女に対する処遇は公正だった」

　これはもう、完全なパラドックスだ。アルゴリズムによって大量の統計処理が施され、ある人物が、採用しないほうがいい候補者、リスクの高い借り手、テロリスト、無能な教師である可能性が算出される。この「可能性」はスコアに変換される。そして、時に、そのスコアが1人の人間の人生をひっくり返す。しかも、人生をひっくり返された人物が反撃に出ても、「示唆的」な証拠だけではどうにもならない。この事例の場合、事態を覆すのは厳しいに違いない。数学破壊兵器の犠牲者をこれから何人も紹介していくことになるが、犠牲者はみな、アルゴリズムそのものに要求されるよりも遥かに高い水準で証拠を求められる。

　サラ・ウィソッキーは、解雇されてショックを受けたものの、失業期間はほんの数日だった。彼女には味方が大勢いたからだ。彼女の生徒たちも、彼女が優秀な教師であることを保証してくれた。そしてすぐに、バージニア州北部の裕福な地域にある学校に就職することができた。大いに疑わしいモデルに頼ったせいで、貧しい学校は優秀な教師を失い、生徒の学力テストの点数に頼って人を解雇したりしない裕福な学校は、優秀な教師を迎え入れた。

有害で悪質なフィードバックループ

住宅危機のあと、私は、数学破壊兵器が銀行業界に蔓延していることや、銀行が私たちの経済を危険に晒しているという事実に目覚めた。２０１１年前半には、私はヘッジファンドでの仕事を辞めた。その後、データサイエンティストとしての自分のブランドを見つめ直し、eコマースのスタートアップ事業に参加した。そのポジションから多くのことを見聞きしたおかげで、私は、ほかにも数学破壊兵器が大量に存在し、ありとあらゆる業界で人々を撹乱していること、その多くが不平等を増幅させ、貧しい者を罰していることに気づくことができた。数学破壊兵器は、勢いを増すデータ経済の中心部に潜んでいる。

数学破壊兵器について広く知ってもらうために、私は「マス・ベイブ（mathbabe）」というブログを開設した。私の狙いは、数学者仲間を集め、自己永続的で有害なフィードバックループを生み出す中途半端な統計学や偏見に満ちたモデルの使用に反対することだった。とくにデータサイエンティストからは高い関心が寄せられた。ブログに集まったメンバーから、数学破壊兵器が新たな分野に次々に広がっているという警報も受け取るようになった。しかし、2011年の半ば、「ウォール街を占拠せよ」を合言葉にマンハッタン南端部で抗議運動が発生して勢いづくころ、私は、自分にはより広い公共の場でやるべきことがあるのだと気づかされた。経済的公正さと説明責任を求めて、何千人もの人々が集まっていたのに、ウォール街を占拠した人々がインタビューに答える様子を見ていると、多くの人は、金融に関する基本的な問題について知識を持ち合わせていないようだった。彼らが私のブログを読んでいないのは明らかだ（とはいえ、もちろん、システムがうまく機能していないことを知るために、システムの詳細をすべて理解している必要のないことは、追記しておかなければならない）。

私は、ウォール街の抗議運動に対して、批判することも参加することもできるのだと気づき、参加した。間もなく、コロンビア大学で週1回開催されるオルタナティブ銀行グループのミーティングで進行役も務めるようになった。ミーティングでは、金融改革について議論が交わされた。このプロセスを通じて、私はあることに気づいた。大学を飛び出し、金融とデータサイエンスという2つの分野のベンチャーを経験したおかげで、私はいつの間にか、数学破壊兵器に力を与えているテクノロジーと文化の両方について驚くほど詳しくなっていた。

現在、ビジネスから刑務所まで、社会経済のあらゆる局面の細かな管理が、設計に不備のある数理モデルによって遂行されている。それらの数学破壊兵器には、ワシントンの公立学校でサラ・ウィソッキーのキャリアを狂わせた付加価値モデルと同じ特徴が多く備わっている。中身が不透明で、一切の疑念を許さず、説明責任を負わない。規模を拡大して運用されており、何百万人もの人々を対象に、選別し、標的を絞り、「最適化」するために使用されている。算出された結果と地に足の着いた現実とを混同することによって、有害で悪質な数学破壊兵器のフィードバックループを生み出しているものも多い。

ただし、学区で採用された付加価値モデルと、法外な高金利で金を貸すペイデイローンの見込み客を探し出す数学破壊兵器とのあいだには、1つ重要な違いがある。この2つは、「見返り」が異なるのだ。学区の付加価値モデルの「見返り」は、ある種の政治の世界の通貨、つまり問題が改善されつつあるという感覚である。一方、ビジネスでモデルを使用する場合の見返りは、通常の通貨、つまりお金である。人をだますためにアルゴリズムを活用するようなビジネスの場合、金が流れ込んで入れば、モデルが機能していることの証明になる。モデル制作者の目を通して見れば、筋が通っている。顧客を見つけ出す目的や絶望的な借り手を巧みに操る目的で統計システムを構築する場合は、利益が膨らんでいれば、アルゴリズムは正しい手順を踏んでいるとみなされる。ソフトウェアは自分の任務を遂行している。問題は、やがて利益率が真実に取って代わるようになる点である。この危険な「事実の混同」は、本書でも繰り返し登場する。

そのような「混同」が起きるのは、データサイエンティストが、一連のデータ処理の影響を受ける側にいる人々の存在を簡単に見失うからである。データを高速処理するプログラムは、人々について、ある一定の割合で誤解することを避けられない。人々を誤ったグループに分類し、就職の機会や夢のマイホームを建てるチャンスを奪うこともあるのは、もちろん、データサイエンティストも理解している。しかし、原則として、数学破壊兵器を運用する人々は、そのようなエラーについてあまり深く考えない。彼らにとってのフィードバックはお金であり、それがインセンティブにもなっている。彼らが作るシステムは、より大量のデータを処理し、より多くのお金が流れ込んでくるように分析を微調整するように設計されている。もちろん投資家も、その見返りを享受し、数学破壊兵器を売る会社に対し、より多くのお金を投じるようになる。

では、数学破壊兵器の犠牲者はどうなるのか？　社内のデータサイエンティストは、完璧な統計システムなど存在しない、と言うだろう。巻き添えになって損害を被る人がいるのは仕方がない、と。そして犠牲者は、サラ・ウィソッキーのように、取るに足らない人間、失ってもかまわない人間のように扱われる。犠牲者のことは忘れて、おすすめ商品を推薦するエンジンのおかげで役立つ情報を得た人や、無料動画サイト「パンドラTV」で大好きな音楽を見つけることのできた人に目を向けよう、と彼らは言うかもしれない。圧倒的大多数の話に目を向け、小さな傷は無視しようと。

ＡＩ・ビッグデータには、大勢の熱烈な支持者がいる。だが、私は違う。本書では、世間の流れに逆らい、数学破壊兵器によって生じた損害や数学破壊兵器によって延々と生み出される不正行為に注目し、鋭く切り込んでいく。大学への進学、お金の借り入れ、刑務所行きの判決、職探しや昇進など、人生の重要な瞬間に有害な影響を受けた人々の事例を数多く見ていくことになる。あらゆる生活領域で、独裁的に罰を振りかざす「秘密のモデル」による支配が進みつつあることに、あなたも気づくだろう。

それでは、ＡＩ・ビッグデータの暗黒面《ダークサイド》を覗いてみよう。

第1章［モデル］
良いモデル、悪いモデル

野球の予測モデル

1946年の夏、暑い日の午後のこと。米大リーグのクリーブランド・インディアンスで選手兼任監督を務めるルー・ブードローは、この日、惨めな気持ちで試合に臨んでいた。ダブルヘッダーの第1試合は、レッドソックスのテッド・ウィリアムズの独擅場だった。おそらく当時最も偉大な打者であったウィリアムズは、この試合でも本塁打《ホームラン》を3本、守備陣の頭上を越える長打を8本放った。おかげでインディアンスは、11対10で負けを喫した。

ブードローとしては、何か策を練る必要があった。そして、その日の第2試合。ウィリアムズの打順が回ってくると、インディアンスの守備陣は不思議な動きを見せた。遊撃手《ショート》のブードローが二塁手《セカンド》の位置につき、二塁手は後ろに下がって右翼手《ライト》の前方を守った。ブードローが抜けた内野の左側には、三遊間に三塁手《サード》がぽつんと1人。ブードローは一か八かの賭けに出たのだ。左打者のウィリアムズは、右方向へ引っ張る強打を得意とする。そこで、守備陣全体を右側に寄せることにより、ウィリアムズの打球を左に流させようとした。

このときのブードローの考え方は、まるでデータサイエンティストのようだ。観察に基づいて状況を大まかに捉えた「生データ」を、冷静に分析したのだ。テッド・ウィリアムズの打球はたいてい右方向に飛ぶ——この観察結果に基づき、ブードローは1つの答えを出したのだ。そして、その策は功を奏した。さすがに本塁打を打たれたときはどうしようもなかったが、ウィリアムズの痛烈な当たりをライナーに打ち取る確率は上がった。

米大リーグの試合を見ると、今では、どのチームの守備も、すべての打者をテッド・ウィリアムズのように扱っているのがわかる。ブードローはウィリアムズの打球の飛ぶ方向だけを観察したが、現在では、どのチームの監督も、すべての打者について、その打者が左投げの投手に2ストライクを取られた状態で先週、先月、もしくはこれまでの野球人生を通じて、どの試合でいつどの方向に打ったか、といったことまで正確に把握している。そのような過去のデータを用いて現状を分析し、打ち取れる可能性が最も高い守備配置を割り出す。場合によっては、守備陣を大きく動かし、フィールドの片方に寄せることもある。

だが、守備配置をどうするかという問題は、もっと大きな問題——自分たちのチームが勝つ可能性を最大化するために、チームとして何ができるかという問題――のほんの一部にすぎない。その答えを求めて、野球統計学者は、定量化できる変数という変数をすべて精査し、数値化している。二塁打の価値は、一塁打に比べてどれほど高いのか？　バントで走者を一塁から二塁に送る価値があるのはいつか？

そのような問いのすべてに対する答えを混ぜ合わせ、組み合わせていけば、その監督なりの「野球の数理モデル」になる。できあがったモデルは、「野球の世界」から生まれた「パラレルな宇宙」である。1つの世界から、監督の数だけモデルが生み出される。どのモデルにも、「考えうる答え」の数々がタペストリーのように複雑に織り込まれている。四球《フォアボール》から本塁打、試合にかかわる選手一人ひとりに至るまで、野球というスポーツを構成するすべての要素が互いにどう関連しているのかについて、測定可能な関係はすべて数値化されてモデルに組み込まれている。このモデルの目的は、岐路に立つたびに、いくつもの異なるシナリオを実行し、最適な組み合わせを見つけ出すことだ。ロサンゼルス・エンゼルスの主砲マイク・トラウトに対してニューヨーク・ヤンキースは、いま投げている投手に続投させずに右投げの投手に交代した場合、トラウトを打ち取れる可能性はどれほど高まるのか？　試合に勝てる可能性にはどう影響するのか？

野球は、「予測のための数理モデル」を語るには理想的な題材である。ノンフィクション作家のマイケル・ルイスが2003年のベストセラー『マネー・ボール』（ランダムハウス講談社、早川書房）のなかで書いているとおり、野球は昔からデータマニアを魅了してきた。数十年前には、野球ファンは野球カードの裏に書かれた統計データを熟読し、カール・ヤストレムスキーの本塁打のパターンを分析したり、ロジャー・クレメンス投手とドワイト・グッデン投手の総奪三振数を比較したりしていた。1980年代に入ると、雪崩のように次々に押し寄せる統計データの数字の意味を、プロの統計学者が真面目に研究し始めた。統計データは勝利にどう結びつくのか？　最小限の出資で最大限の成果を引き出すにはどうすればいいのか？

今や『マネー・ボール』という言葉は、長らく直感に頼って判断されてきた領域に統計学的手法を持ち込むことの代名詞となっている。ただし、野球の場合は「健全な」ケーススタディであり、私たちの生活にかかわる多くの分野で次々に誕生している「有害な」モデル——数学破壊兵器（WMD）——とは見事に対照的である。野球のモデルは公平である。というのも、ある程度の透明性が保たれているからだ。統計データはすべての人に公開されており、数字の解釈のされ方についても、おおよその見当がつくようになっている。もちろんチームによって、ホームランバッターが高く評価されるモデルもあれば、ホームランも多いが三振も多いという理由で評価が割り引かれるモデルもあるだろう。だが、どちらの場合も、ホームラン数と三振数は万人に公開されている。

また、野球には統計学的な厳密さも備わっている。データ野球の指導者たちの手元には、膨大な量のデータセットが存在し、そのほぼすべてが各選手の試合中の実績に直接関連するデータである。そして、彼らが手にしているデータは、彼らが予測しようとしている「結果」に深く関連している。そんなのは当然だ、と思われるかもしれないが、本書でこれから紹介していくとおり、数学破壊兵器を作っている人々のあいだでは、自分たちが本当に知りたい物事の動向に直接関連するデータが十分に揃わない状態でモデルを作成するのが当たり前になっている。直接的なデータがないので、彼らは代理データを使用する。たとえば、ある人物の居住地や話せる言語の種類と、その人物のローン返済能力や仕事能力とのあいだには統計学的相関がある、などと言い出すのだ。このような相関付けは差別的であり、場合によっては違法でもある。その点、野球のモデルでは、ボール数、ストライク数、ヒット数など、予測したい対象に直結するデータがあるので、代理データが使用されることはほとんどない。

そして何より重要なのは、野球モデルの場合はデータが絶えず更新されるという点だ。4月から10月まで、1日に平均12〜13試合分のデータが追加され、新たな統計データが算出される。統計学者は、モデルによる予測と実際の試合結果を比較し、モデルの不備を修正することができる。たとえば、ある左投げのリリーフ投手を起用すれば右打ちのバッターに大量のヒットを許すことになると予測された場合でも、実際に起用してみたら、その投手はバッターを次々に打ち取っていった、ということだってあるだろう。そうなった場合、統計学者チームは自分たちのモデルを微調整したうえで、そのような誤りが生じた原因を調査する必要がある。新たな変化球を身につけたのか？　実はナイターの試合のほうが得意なのか？　何にせよ、何か発見があればフィードバックとして反映し、モデルの精度を向上させることができる。信頼に値するモデルというのは、このように運用されるものだ。予測と現実のあいだを絶えず行き来するようでなければならない。状況が変わったなら、モデルも変わらなければならない。

献立モデル

さて、ここまでの説明で、野球モデルの場合には、たくさんある変数の値が絶えず変化していることを理解いただけたのではないかと思う。では、前述の、ワシントンDC学区の教師評価システムに使用されたモデルの場合は、どうだろうか。野球モデルの場合は、恐ろしいほど詳細にモデル化され、絶えず更新されていたのに対し、教師評価システムのモデルの場合は、中身は謎に包まれているものの、明らかに、ある年とその翌年のほんの数科目の試験結果に大きく依存している。それで本当に「モデル」と言えるのか？

答えはYESだ。何にせよ──野球の試合にせよ、石油会社のサプライチェーンにせよ、外国政府の動向にせよ、映画館の入場者数にせよ──何らかのプロセスを概念的に記述していれば、それは「モデル」である。コンピュータープログラムとして実行されることもあれば、誰かの頭のなかで働くこともある。いずれにしても、モデルは、既知の情報を取り込み、その情報を使用して、さまざまな状況で起こりうる反応を予測する。私たちの頭のなかにも、無数のモデルが存在する。脳内で働くモデルのおかげで、私たちは次に起きることを予期し、決断を下すことができる。

たとえば、3児の母である私の場合、毎日、頭のなかで次のようなモデルを働かせている。家族の食事を用意するとき——あいにく私の夫はパスタを茹でるにも塩を入れ忘れるくらい料理ができないので、私が作ることになるのだけれど——まず、家族全員の食の好みを、脳内で直観的にモデル化するところから始める。長男は鶏肉が大好き（でもハンバーガーは嫌い）で、次男は（粉パルメザンチーズをたっぷりかけた）パスタしか食べない、という具合に。でも、食の好みは日々変わる。せっかく脳内モデルを使って予想しても、予想外の変化に驚かされることになる。ある程度の不確実さは避けられないものだ。

私の脳内にある「献立モデル」に入力されるのは、家族について私が知っていること、手元にある食材、もしくは買いに行けば手に入るとわかっている食材、そして、私自身のエネルギーと時間と気力、といった情報である。その結果として出力されるのは、何をどのように料理するか、という決断である。その食事が成功だったかどうかは、食事が終わったあとに家族の態度からうかがえる満足度や、家族が食べた量、その食品の健康への影響によって評価される。その食事がどのように家族に受け入れられ、どのくらい満足してもらえたかを観察するからこそ、私は次回に向けて脳内のモデルを更新することができる。このような更新と補正が繰り返されるモデルのことを、統計学者は「動的《ダイナミック》モデル」と呼ぶ。

何年も続けてきて、今では私も家族の喜ぶ食事を作れるようになったと自負している。だが、私と夫が自宅を1週間離れることになったとして、私の築き上げてきたシステムを母に説明し、私の代わりに、私と同じように子供たちの食事を作ってもらおうと思ったら、どうすればいいだろうか？　あるいは、子供のいる友人に私のやり方を教えてほしいと言われたら、どうだろうか？　そこで私は、自分のモデルの公式化に取り組み始めた。実際のやり方よりも遥かにシステマチックに――ある意味、数学的に――整えていった。私にその気さえあれば、コンピュータープログラムに落とし込むこともできたかもしれない。

理想としては、そのプログラムに、手に入る食料の全選択肢と、その食料の栄養価と価格、そして家族全員の食の好みを網羅したデータベースを搭載したいところだ。しかし、長時間座りつづけ、頭に浮かぶ情報をすべて絞り出すのは難しい作業だ。私は、アスパラガスがお皿から一瞬でなくなったことや、グリンピースが注意深く残されていたことなど、浮かんでは消えていく記憶の数々を注意深くすくい上げていった。しかし、さまざまな記憶が入り混じっているため、包括的なリストとして公式化するのは至難の業である。

となると、時間をかけてモデルに学習させるのが次善の策だろう。その日、何を買い、どんな調理をし、家族一人ひとりの反応はどうだったのかを毎日入力するのだ。パラメータ（条件指定）や制約を設けてもいい。果物と野菜は旬のものに限定するが、子供たちの機嫌を損ねないようにたまにはポップターツ〔ケロッグ社の商品。お菓子のような甘い軽食〕も添える。ほかにもいろいろとルールを加えよう。この子は肉が好きで、あの子はパンとパスタが好きで、その子は牛乳をたくさん飲み、何にでもヌテラ（ヘーゼルナッツチョコレート風味のスプレッド）を塗りたがる、というように。

この作業を毎日の最優先事項として取り組んだとしても、精度の高いモデルを完成させるには何ヵ月も、何十ヵ月もかかるだろう。私は、自分の頭のなかに公式化されない状態で存在している献立モデルを、公式化されたモデルとして頭の外に出そうとした。そうやってモデルを作成すれば、自分の支配力や影響力を外の世界に向けて拡大させられるものと期待した。自分がいなくても自分と同じ行動を他人に実行してもらえるように、「自動化された自分」を構築しようとしたのだ。

モデルに埋め込まれた「見解」

しかし、モデルというのはそもそも、物事を単純化したものなので、どうしても間違いを伴う。現実世界の複雑さや人間のコミュニケーションに含まれる機微まで完全に再現したモデルなど存在しえない。必然的に、何か重要な情報が無視されることになる。たとえば、先ほどの献立モデルの場合、「誕生日ぐらいはジャンクフードに関するルールを緩めてもかまわない」という情報や「わが家では調理されたニンジンよりも生のニンジンのほうが人気がある」という情報は、取りこぼされる可能性がある。

モデルを作成するとき、私たちは、何をどこまでモデルに組み込むべきかについて選択を重ねる。万人に理解されやすく、重要となる事実や行動が伝わりやすいように、現実の世界を単純化して玩具のような世界を作り上げていく。一つずつ仕事をこなしてくれればそれでいいと思っているし、たくさんの盲点があるため、時折、いかにも機械らしい馬鹿げた動作をするだろうことも受け入れている。

盲点があっても、たいして問題にならないこともある。たとえば、グーグルマップで目的地までの道順を検索したときに表示される地図には、道路、トンネル、橋などは描かれているが、建物は、道順の表示にはあまり関係ないため、モデル化の過程で省略されている。これが航空機の飛行進路をガイドする電子機器ソフトウェアの画面になると、モデル化により、風、飛行速度、眼下の滑走路は表示されるが、道路、トンネル、建物、地上の人々の姿は省略される。

モデルの「盲点」には、作成者の判断や優先順位が反映される。グーグルマップや航空電子機器ソフトウェアの場合は、何を選択すべきかの判断はそう難しくないだろう。だが、ほかのモデルの場合は、遥かに難しい選択を迫られることになる。ワシントンDCの学校で採用された付加価値モデルの例では、教師の資質を評価するにあたって、生徒の試験成績を重視するあまり、その教師が生徒のことをどれほど深く考えているか、どのような専門知識を有しているか、学級運営にどのように取り組んでいるか、生徒の個人的な問題や家庭の問題をどこまで支援しているか、といったことが無視された。単純化が優先されるあまり正確さは犠牲になり、効率化に関する洞察もほとんど行われなかった。それでも、経営サイドの観点から言えば、精度に多少の問題があったとしても、表向きの業績がぱっとしない教師ばかり数百人を手っ取り早く追い出すには有効なツールだと言える。

公平なはずのモデルも、実は、作り手の目的や信条を反映したものだということが、お分かりいただけただろう。私の献立モデルでも、食事にポップターツが出てくる可能性を完全に排除すれば、それは、私の信条を献立モデルに強引に組み入れたことになる。そういったことを、私たちは立ち止まって考え直すことなくやってしまいがちだ。どのようなデータを収集するのか、何を問いかけるのか、といった選択にも、その人の価値観や欲望が反映される。モデルとは、数学のなかに「見解」を埋め込んだものなのだ。

そのモデルが役に立っているかどうかという判断も、「見解」の問題だと言える。公式化されていようがいまいが、すべてのモデルには「成功の定義」がある。これはとても重要なポイントだ。これから私たちは数学破壊兵器が氾濫する暗黒の世界について見ていくが、そのなかで何度もこの重要ポイントを思い出すことになる。どのモデルについて考えるときも、誰がデザインしたのかだけでなく、作り手であるその人物、または企業は、何を達成しようとしているのかを問う必要がある。たとえば、わが家の献立モデルの作り手が北朝鮮政府だったとしたら、食糧の蓄えに応じて、最小限の費用で家族全員が飢え死にしないぎりぎりの食事を与え続けられるように最適化されたモデルが構築されるだろう。食の好みはほとんど、いや、まったく考慮されない。一方、モデルの作成者がわが家の子供たちなら、毎食後にアイスクリームが出れば「成功」、ということになりかねない。私自身が作り上げてきた献立モデルでは、健康的な食事であること、手軽に作れること、多様な食を経験すること、持続可能であることを優先させてはいるが、北朝鮮政府のような資源管理の観点と、子供たちを喜ばせたいという観点も、少しずつブレンドしてある。その結果、とんでもなく複雑なモデルになっている。それでもやはり、できあがったモデルには私個人の「現実」が反映される。しかも、今日のために作られたモデルは、明日には少し合わなくなっている。絶えず更新し続けなければ、すぐに古くなってしまうのだ。人々の好みが変われば、対価も変わる。60歳の人のために作られたモデルは、10代の若者には通用しない。

これは、頭のなかにあるモデルでも同じことだ。久しぶりに孫の顔を見に訪れた祖父母が困り果てる様子を想像してみてほしい。祖父母は前に孫に会ったときに、孫は何を知っているのか、何を見て笑うのか、どんなテレビ番組が好きなのか、といった情報を収集し、(無意識のうちに)この4歳児と遊ぶためのモデルを脳内に構築していたはずだ。しかし、1年後に孫に再会してみると、前回作成したモデルはすっかり時代遅れになっていて、困惑しながら数時間を過ごすことになる。『きかんしゃトーマス』はもう、孫のお気に入りではなくなっていた。孫に関する新たなデータを収集し、モデルを補正するには、少しばかり時間がかかる。

単純なモデルは優れたモデルにはなりえない、と言っているのではない。たった1つの変数に頼ったモデルのなかにも、とても有効なモデルはある。家庭やオフィスで火災を検知するモデルとして最も普及しているものは、煙の存在という、火災ときわめて強い相関をもつたった1つの変数に重点を置いている。たいていの場合、それで十分だ。しかし、モデル作成者が、私たち人間に焦点を合わせるときも煙検知機と同じように単純なモデルでどうにかなると考えているようなら、彼らが問題に行き当たるか、そうでなければ彼らのせいで私たちが問題に巻き込まれることになる。

個人レベルの人種差別も、世界中の数十億もの人間の心のなかで渦巻く予測型モデルの一種として見ることができる。そのようなモデルは、欠陥だらけで不完全なうえに一般化されているようなデータに基づいて構築される。経験から得たにせよ、誰かから聞いたにせよ、ある特定の種類の人々が良くない行動をしたことを示すデータが蓄積され、そこから、彼らと同じ人種の人間は全員が同じように行動するに違いない、という短絡的な予測が生み出される。

言うまでもないが、人種差別主義者は、信頼できるデータの収集に時間をかけるようなことはしないため、偏見によって歪められた彼らのモデルが矯正されることもない。そのモデルはやがて彼らの信条となり、そうなるともう、なかなか考えを変えさせることはできない。そうやって有害な思い込みが生み出され、ろくに検証もされず、思い込みを助長するようなデータばかりが耳に入るようになり、ますます凝り固まっていく。つまり、人種差別主義は予測型モデルのなかでも最悪の部類に入る「いい加減な」モデルだと言える。場当たり的なデータ収集と誤った相関付けに後押しされ、画一的な不平等によって強化され、確証バイアスによってますます悪い方向に進む。このように、どういうわけか人種差別主義は、これから本書で扱う多くの数学破壊兵器と奇妙なほど似た働き方をする。

再犯モデル——テクノロジーは偏見を排除できない

1997年、テキサス州ハリス郡。陪審員団の前には、殺人犯として有罪判決を受けたアフリカ系米国人デュアン・バックが立っていた。バックは2人の人間を殺しており、陪審員団は彼に死刑を言い渡すべきか、仮釈放の可能性のある終身刑を言い渡すべきか、決断を迫られていた。論点は、釈放後にバックが再犯に及ぶ可能性があるかどうか、に絞られていた。

バック側の弁護士は鑑定人として心理学者ウォルター・キジャーノを裁判に呼んだが、その鑑定内容は弁護側の役にまったく立たなかった。テキサス州の刑務所制度における再犯率について研究していたキジャーノは、バックの人種に言及して参照データを提示し、検察官は、反対尋問を通じてその尻馬に乗った。

「つまり、あなたの研究では、犯罪者の人種が黒人である場合、複雑に絡み合うさまざまな理由から、将来の危険性が高まる、という結論になったのですね？」と検察官は尋ねた。「そうです」とキジャーノは答えた。検察官は最後の論告でもこの証言を強調した。そして、陪審員団はバックに死刑判決を言い渡した。

3年後、テキサス州の司法長官ジョン・コーニンは、この心理学者がほかにも6件の裁判で人種に言及して同様の鑑定証言を行っており、それが死刑判決の決め手になっていることに気づいた。その6件のほとんどで、彼は検察側に有利な証言をしている。後年、2002年に米国上院議員に選出されることになるコーニンは、このとき、司法長官として、バックを含む当該の7人の受刑者について、人種を伏せた状態で公判をやり直すよう命令を下した。プレスリリースのなかで、コーニンは次のように述べた。「わが州の刑事司法制度において、人種を判決理由の1つとするのは不適切である。……テキサス州の人々は、万人に対して等しく公平な司法制度を望んでいる」

結局、7人の受刑者のうち6人は、公判をやり直したうえで、再度、死刑判決を受けた。裁判の行方を左右したキジャーノの偏見に満ちた証言については、何の決着もつけられなかったことになる。バック被告は再公判を受けなかった。おそらく、人種問題が法廷に持ち込まれる瞬間を彼自身が目撃していたからだろう。バックは現在も、死刑囚として収監されている。

人種の問題は、公判中にあからさまに持ち出されるかどうかにかかわらず、昔から、判決を大きく左右してきた。メリーランド大学の研究によれば、ヒューストン市を管轄下に含むハリス郡では、同じ罪で起訴された被告に対して検察官が死刑を求刑した割合は、被告がアフリカ系米国人の場合には白人の場合の3倍、被告がヒスパニック系人の場合には白人の場合の4倍に上った。これはテキサス州に限った話ではない。米国自由人権協会（ACLU）の調べでは、連邦制度下で黒人男性に下される判決は、同じ罪で起訴された白人男性に対する判決に比べて、刑期が約20％長い。また、黒人が人口に占める割合はわずか13％であるのに、米国刑務所の囚人に占める割合は40％に及ぶ。

だからこそ、データに基づいて答えを導くコンピューター化されたリスク評価モデルを導入すれば、偏見によって判決が左右される可能性は低くなり、より公平な待遇が望めるようになる、と考える人もいる。現にそうなることを願って、米国の24州で、いわゆる「再犯モデル」が導入された。裁判官は、このモデルの力を借りて、各受刑者の危険性を評価することになる。モデルの導入により、多くの面が改善される。判決内容は、裁判官の気分や偏見に左右されにくくなり、一貫性が向上する。刑期の平均が押し下げられるので、経費の削減にもなる（受刑者1人の収容にかかる費用は年間で平均3万1000ドル。コネティカット州やニューヨーク州のように高くつく州ではこの2倍の費用がかかる）。

だが、疑問は残る。テクノロジーの導入により、人間の偏見は本当に排除されるのか。単に偏見がカモフラージュされるだけではないのか。新たに導入された「再犯モデル」は、複雑な数理モデルである。こうしたモデルには、多くの「前提」が埋め込まれており、なかには、偏見に満ちた前提も混じり込んでいるだろう。あのウォルター・キジャーノの証言は、裁判記録として文字に起こされているので、後から読み返すことも、法廷で異議を唱えることもできる。だが、同じことが再犯モデルの内部で起きた場合、その記録はアルゴリズムのなかにしまい込まれているため、判読できるのは一握りのエリートに限られる。

再犯モデルのなかでも、LSI-R（Level of Service Inventory-Revised）というモデルが、比較的高い評価を受けている。このモデルを使用する場合、受刑者は、数多くの質問が記載された質問票への記入を求められる。「これまでに有罪判決を受けた回数は？」という質問は、再犯リスクとの関連性が高い。「今回の事件で、共犯者が果たした役割は？　薬物やアルコールと事件との関係は？」という質問も、明らかに関連のある質問だと言える。

しかし、ずらりと並ぶ質問を見ていくと、その人物の生い立ちにまで踏み込んだ質問も出てくる。そのような質問の回答を見れば、その受刑者が恵まれた階層の出身なのか、都会の路上で厳しい生活を送ってきたのかは容易に想像がつく。郊外の快適な環境で育った犯罪者に「初めて警察とかかわったときのこと」を質問すれば、今回、刑務所に送られることになるまで、一度もそのようなことに巻き込まれたことはない、という回答が返ってくることもあるだろう。一方、黒人の場合は、若い頃に、何も悪いことをしていなくても、幾度となく警察に呼び止められている可能性が高い。ニューヨークに本部のある米国自由人権協会の２０１３年の研究によれば、14～24歳の黒人男性とラテン系男性は、ニューヨークの人口に占める割合はわずか４・７％なのに、警察が呼び止めて職務質問や所持品検査を行った人物に占める割合は

40・6％だった。しかも、その90％以上は潔白だった。何か問題が見つかった場合も、未成年者の飲酒やマリファナ所持といった内容だった。だからもし、若い頃の警察との「かかわり」を再犯の前兆と考えるなら、貧しい人々や人種的マイノリティの人々の再犯リスクは、見かけ上、きわめて高くなる。

質問がここで終わることはほとんどない。受刑者たちは、友人や親族の犯罪歴の有無も尋ねられる。まただ。中流階級の多い地域で育った犯罪者にそのような質問をすれば、周りに犯罪歴のある人はいないと回答する確率が高い。質問票で人種を問うのは違法であるため、直接尋ねるような質問は避けられている。しかし、犯罪者に関する詳細情報を豊富に集めれば、わざわざ違法な質問をしなくても、その質問の答えは十分すぎるほどに見えてくる。

1995年には、数千人の受刑者がLSI‐R質問票に回答した。統計学者は、質問票の結果を使って、再犯との相関の高い回答に重みづけし、より高い点数がつくような仕組みを考案した。受刑者は、質問票に記入後、集計された点数に基づき、高リスク者、中リスク者、低リスク者に分類される。ロードアイランド州など、一部の州では、このテストを、高リスク者を割り出して収監中に再犯防止プログラムを受けさせる目的のみに使用している。だが、アイダホ州やコロラド州のように、裁判官が判決を下すための指針としてこのスコアを使用している州もある。

これは不当だ。この質問票には、犯罪者の家族、近隣住人、友人など、生まれ育った環境に関する質問が含まれている。その手の詳細情報は、刑事事件や判決手続きと関連づけられるべきではない。実際のところ、検察官が被告の兄弟の犯罪歴や近隣住人の犯罪率の高さを持ち出して不当に悪い印象を持たせようとした場合、まともな被告側弁護人なら、「裁判官、意義あり」と声をあげるし、裁判官も厳粛にこれを支持する。それが、米国の司法制度の基本である。私たちは、「何をしたか」で裁かれるのであって、「何者であるか」を詮議されるいわれはない。先の質問票を使ったテストで、生まれ育ちに関する部分にどれほどの重みづけがされているのか正確なところはわからないが、重みづけがゼロでないかぎり、理不尽である。

LSI‐Rのような統計学的システムを使えば再犯リスクを効率よく評価できるし、少なくとも、裁判官がむやみに推測するよりは正確だ、と考える人は多い。しかし、公平性という重要な問題を解決できたと思った瞬間、私たちは、有害な数学破壊兵器のフィードバックループに陥ることになる。「高リスク者」に分類される人物は、無職であったり、法に反する行為をしたことのある友人や家族に囲まれた生活を送らざるをえない地域の出身であったりする可能性が高い。質問票の評価スコアが高いせいで、その人物の刑期は長くなり、刑務所で犯罪仲間に囲まれて過ごす時間も長くなる――そのこと自体が、刑務所に戻ってくる可能性を高める。ようやく釈放されても、帰る場所は以前と同じ貧しい地域であり、しかも今や前科者である。職探しはこれまで以上に難しくなる。この状況で何か罪を犯せば、再犯モデルが正しかったことになってしまう。だが実際には、再犯モデル自体がこの悪循環の始まりに寄与し、この悪循環が循環し続ける一因となっている。

それこそが、数学破壊兵器の特徴である。

不透明・規模拡大・有害

本章では、3種類のモデルを紹介してきた。最も多く紙面を割いた野球モデルは、健全なモデルである。透明性が確保されており、絶えず更新されている。前提と結論の両方を、誰もが確認できる。予測対象である試合そのものから得られた統計データに基づいており、代理データは使用されていない。モデルの評価対象とされる人々は評価過程を理解しているし、モデルを使って評価する側もされる側も、ワールドシリーズ優勝という目標を共有している（だからといって、選手たちが契約時にモデルの評価に文句を言わないわけではない。「確かに三振数は200回だが、ホームラン数を見てくれ」という程度のことは言うだろう）。

2つ目に取り上げた、わが家の献立を決める仮想モデルも、これといって問題はないと言っていいだろう。モデルの前提となる考え方について息子たちは疑問を抱くかもしれないが、私自身は、家族に提供する食事として経済的にも栄養的にも大変満足している。息子たちも、緑色の料理を目の前にしたときなど、たまに文句を言うことはあるが、それでも、簡単に作れて、経済的で、健康的で、味も良いのだと説得すれば、ちゃんと食べる（じきに自分で食事を用意するようになれば、自分なりの献立モデルを好きなように構築できるのだから）。

また、私の献立モデルの場合、ユーザー数が急増する可能性がきわめて低い点も言い添えておくべきだろう。ウォルマートや米国農務省といった大きな組織が私のモデルを導入し、数億人のユーザーに無理やり使用させる、なんてことは考えられない。この点でも、これから紹介していく数学破壊兵器の一部とは異なっている。そう、私のモデルが無害である最大の理由は、私の頭のなかにあるだけで、公式化されてコードに落とし込まれる可能性がないからだ。

しかし、最後に紹介した再犯モデルの例では、話がまったく違ってくる。馴染みのある、不快な臭いがぷんぷんしている。ここで、数学破壊兵器の分類について簡単に説明し、この再犯モデルがどこに分類されるかを考えてみよう。

1つ目の確認事項として、当事者がモデル化の対象にされていることを認識していようといまいと、そのモデルの目的が何であろうと、そのモデルの透明性が確保されているかどうかを考えよう。どこかに不明瞭なところはないだろうか？　受刑者たちは、半ば強制的に質問票に記入させられるが、彼らも馬鹿ではない。下手なことを書けば、その情報が自分に不利に働くのではないかと勘ぐるはずだ。収監中の扱いが厳しくなったり、刑務所にいる期間が長引いたりするのではないかと。彼らは駆け引きというものを知っている。だが、刑務所の職員もそれは承知している。だから職員たちはＬＳＩ‐Ｒ質問票の使用目的については一切語らない。使用目的を明らかにすれば、当然、受刑者の多くはその裏をかこうとし、過去の自分が少しでも模範的な市民に見えるように回答するだろう。だからこそ、受刑者には何も明かされず、リスク評価のスコアも通知されない。

このようなことは、再犯モデルに限った話ではない。不透明で不明瞭なモデルは世の中にあふれており、透明性の確保された明快なモデルのほうが例外とも言える。買い物客も、家で怠けて過ごすのが好きなカウチポテト族も、患者も、融資の申請者も、何らかのモデルの対象にされている。自分から進んで「同意する」と署名した場合であっても、そのモデルが何をどうしているのかは、私たちにはほとんど見えない。たとえ悪さをしていなくても、何をしているのかが不透明であれば、不公平感を生むことになる。たとえば、野外コンサート会場に入場するときに案内係から、前から10列目までの席には座らないでください、とだけ言われたら、不当な扱いを受けたような気分になるだろう。しかし、前から10列目までは車椅子専用席になっています、と説明があれば、印象はだいぶ異なる。これは、透明性の問題なのだ。

それなのに、多くの企業は、自社のモデルが出した結果やモデルの存在自体を隠そうとする。よくある言い訳の1つが、自社のビジネスを左右する重大な「企業秘密」がアルゴリズムに含まれているから、というものだ。いわゆる「知的財産」であり、必要とあれば弁護士軍団を雇ってでも、政治家に働きかけてでも守るべきものだと言う。グーグル、アマゾン、フェイスブックのような巨大ウェブ企業では、各社とも自社の目的に合わせてアルゴリズムを独自開発しており、その価値はいずれも数千億ドルに及ぶ。ここで、2つ目の確認事項について考えてみよう。そのモデルは、モデル化の対象となる人々の利益に反していないだろうか？　対象者にとって不公平な内容であったり、対象者の生活を傷つけ破壊するような内容になっていたりしないだろうか？　数学破壊兵器の場合、中身がわからないよう、故意にブラックボックスの状態で開発されるため、この質問に明確に答えるのは非常に難しい。

このように考えると、先のLSI-R再犯モデルが数学破壊兵器であることはすぐにわかる。しかし1990年代にこのモデルを開発した人々は、このモデルによって刑事司法制度に公平性と効率性がもたらされるものと信じていたし、再犯の危険性が低い犯罪者に対する判決を軽くすることもできると考えていた。それはつまり、危険性の低い犯罪者の収容年数が短縮され、その分だけ税金の無駄遣いを大幅に減らせるということだ（刑務所の費用は年間700億ドル）。けれども、LSI-Rの質問票は、法廷で証拠として扱われるべきでない詳細情報を使って、受刑者を不当に評価する。このモデルの恩恵にあずかる人が大勢いる一方で、このモデルのせいで苦しむ人がいる。

人々を苦しめる一番の要因は、有害な悪循環を生むフィードバックループにある。すでに見てきたように、生まれ育った環境に基づいて受刑者をプロファイリングする判決モデルでは、判決そのものが受刑者を追い詰め、判決を正当化するような結果を招いている。この破壊的ループは延々と繰り返され、その過程でモデルはますます不公平になっていく。

次は3つ目の確認事項だ。そのモデルには、飛躍的に成長する能力があるだろうか？　統計学者の言葉で言うなら、規模拡大は可能だろうか？　数学者のつまらない屁理屈のように聞こえるかもしれないが、規模が拡大すれば、数学破壊兵器による被害は局所的な波紋のレベルから津波レベルに増大し、私たちの生活は規定され、制限されるようになる。これから見ていくとおり、人事・採用、医療、金融などの分野で開発途上にある数学破壊兵器は、さまざまな規範を急速に確立し、法の力に限りなく近い行使力を備えつつある。たとえば、あなたが銀行にお金を借りに行くと、銀行はモデルを使ってあなたの返済能力を評価する。そこで高リスクと判定されれば、それが恐ろしい誤解だったとしても、あなたは世間から返済能力の低い人間として扱われるようになる。クレジットカードの与信審査モデルのように、そのモデルが規模拡大し世界中で使用されるようになれば、あなたの生活すべてに影響するようになる。引っ越し先のアパートを探すときも、転職先を探すときも、車を買い替えるときも、その評価はあなたについて回ることになる。

規模拡大に関して言えば、再犯モデルの市場は今後も拡大し続けそうだ。すでに主な州では導入されており、なかでも広く採用されているのがLSI-Rモデルで、少なくとも24州で使用されている。LSI-Rに限らない。刑務所はデータサイエンティストにとって活気あふれる市場であり、多くの製品が参入している。受刑者のプライバシーが守られる範囲は通常より制限されることもあって、刑罰制度の周辺部では大量のデータが発生する。しかも、制度の作りはお粗末で処理が追いついておらず、非効率で経費が嵩んでおり、人道的にも不備がある。改善を求めて悲鳴をあげている状態なのだ。そこに安価な解決策が提示されれば、飛びつかないわけがない。

刑罰制度の改革問題については、現在の二極化された米国政治の世界では珍しいことに、リベラル（民主党）と保守（共和党）の両派で意見が一致した。２０１５年前半には、富豪一家の次男と三男である保守系のチャールズ・コークとデイヴィッド・コークが、リベラル系のシンクタンクであるセンター・フォー・アメリカン・プログレスと手を組み、刑務所改革を推進して入所者数を削減した。だが、私はこの改革について懐疑的に考えている。刑務所を改革しようとしたコーク兄弟の超党派の取り組みは、ほかの多くの人々の努力もあって、確かに刑罰制度を効率化したが、データに基づくソリューションの導入による公平性は、見かけ上の公平性にすぎない。私たちが生きているのは、そういう時代だ。ほかの評価ツールがＬＳＩ‐Ｒに取って代わるにしても、刑務所制度は今後も数学破壊兵器の温床となり、大きな影響力をもつ可能性が高い。

要約すると、不透明であること、規模拡大が可能であること、有害であること――この３つが数学破壊兵器の三大要素である。程度に差はあるにせよ、これから紹介する事例には、この三要素がすべて揃っている。もちろん、そんなことはないと屁理屈をこねる余地はある。たとえば再犯モデルにしても、評価スコアは完全には不透明ではない、と言い張ることはできるだろう。受刑者本人が自分のスコアを閲覧できる場合もあるじゃないか、と。それでも、秘密が多すぎる。受刑者は、自分の回答からどのようにスコアが算出されたのかを確認できない。スコア算出アルゴリズムは非公開だからだ。ほかの数学破壊兵器のなかには、規模拡大の条件を満たしていないように思えるものがあるかもしれない。確かに今はまだ、規模はそこまで大きくない。しかし、危険な外来生物種のように、いったん増え始めれば、おそらく指数関数的な拡大を見せる。だから私は、そのような数学破壊兵器も軽視はしない。最後に、3つの要素が揃った数学破壊兵器は例外なく有害であるとは言えないのではないか、と思う人がいるかもしれない。そのようなモデルのおかげでハーバード大学に進学できる人、低利ローンを組める人、良い仕事に就ける人もいるだろうし、運よく刑期が短くなる重罪犯もいるだろう、と。しかし重要なのは、恩恵を受ける人がいるかどうかではない。あまりにも多くの人が苦しむことになるところが問題なのだ。アルゴリズムで動くこうしたモデルは、大勢の人の鼻先で扉をピシャリと閉めるような真似をする。それも、根拠のきわめて薄い理由で、反論の余地を与えずに閉め出すのだ。明らかに不当である。

アルゴリズムについてはもう1つ、言っておきたいことがある。アルゴリズムは分野から分野へと飛躍が可能であり、現にそのような飛躍は起きている。疫学分野の研究から得られた洞察は、ヒット商品の予測に活かされている。スパムメールを除外するフィルター機能は、エイズウイルスの検出に応用されている。このような飛躍は、数学破壊兵器でも起こる。刑務所の数理モデルは、突き詰めれば人員を効率的に管理するためのモデルであり、刑務所で一定の成果が見られれば、ほかの数学破壊兵器と一緒に、経済分野などにも広まっていく可能性がある。そうなれば、塀の外にいる私たちも、その巻き添えを食うことになるだろう。

私が声を大にして言いたいのは、そのような脅威が今まさに成長し拡大しているということだ。金融の世界では、教訓とすべき出来事も起きている。

第2章［内幕］データビジネスの恐るべき真実

どのように利益を稼ぐのか

想像してみよう。あなたには日課がある。朝、通勤電車に乗り込む前に、自動販売機に2ドルを投入する。すると、25セント硬貨2枚のおつりと1杯のコーヒーが出てくる。ところが、ある朝、いつもどおり2ドルを投入したら、25セント硬貨が4枚戻ってきた。翌月には、同じマシンで同じことが3回起き――やがて、一定のパターンで同じことが繰り返されるようになった。

さて、これと同じような小さなイレギュラー（変則）が金融市場で起きるとしたら、どうなるだろうか。かつての私がそうだったように、ヘッジファンドで働くクオンツたちは、そのような好機に狙いを定めるはずだ。数年分、数十年分のデータをアルゴリズムに学習させ、同じエラー——50セントの価格変動——が次に起こるタイミングを予測させ、そこに資金を投入する。ほんのわずかでもパターンがあるなら、そのことに誰よりも早く気づくだけで大儲けできる。そうなれば、その現象が終わりを迎えるか、ほかの市場関係者が気づいて追従してくるまで、利益を上げられる。優秀なクオンツは、そのような利益につながる小さな兆しを常に数十パターンほど追いかけている。

このような揺らぎを、クオンツは「市場の非効率性」と呼ぶ。こういったパターンの探索は、宝探しのようなもので、楽しもうと思えば楽しめる。私もかつて、学問の世界から大手ヘッジファンドのD・E・ショーに転職した際、新しい仕事に慣れるにつれ、自分の生活に起きた変化を歓迎するようになった。バーナードカレッジで学生に数学を教える仕事は楽しかったし、代数的整数論をテーマとした研究も愛していたが、成果が出るまでにあまりに時間がかかるところが苦痛だった。私は現実世界の一員として、そのスピード感を肌で感じたかったのだ。

当時、私はヘッジファンドのことを、倫理的に中立な存在だと考えていた。悪く考えたところで、せいぜい「金融界のハイエナ」程度にしか思っていなかった。ヘッジファンド業界のハーバードとして知られるD・E・ショーに迎え入れられたことを誇りに思っていたし、自分の頭脳がお金になることを人々に見せつけたいとも思っていた。おまけに、年収も教授時代の3倍に増えた。新しい仕事を始めたころは、まさか自分が最前列の席で金融危機を目の当たりにすることになるとは、思ってもみなかった。そこで目にした身の毛もよだつような恐ろしい現実は、数学がいかに狡猾に、いかに破壊的になりえるかを教えてくれた。私が数学破壊兵器の威力を至近距離で目撃したのは、このときが初めてだった。

転職当初、新生活は私の好きなものであふれていた。社内の何もかもが数学で動いていた。たいていの投資会社では、花形はトレーダーである。大きな取引を扱い、大声で発注し、数百万ドルのボーナスを獲得する。クオンツは彼らの下働きだ。しかし、D・E・ショーでは、トレーダーは職員にすぎず、「実行者」と呼ばれていた。最高位に君臨するのは数学者だ。私が所属する先物グループには、10人のメンバーがいた。「明日の出来事」にすべてが左右されるビジネスにおいて、先物取引よりも大きなビジネスがあるだろうか?

社内には全部で50人ほどのクオンツがいた。最初は、私以外、全員が男性だった。ほとんどの者が外国生まれで、多くは理論数学か物理学の出身だったが、私のような整数論の出身者も何人かいた――ただし、彼らと仕事の話をする機会はあまりなかった。私たち数学者が生み出すアイデアとアルゴリズムは、この会社のビジネスの根幹だった。ということは、クオンツの存在は会社にとってリスクにもなる。社外に流出すれば、他社との熾烈な競争の火種になるからだ。

企業生命を脅かすような大損害を防ぐために、D・E・ショーでは、別チームの同僚と互いの仕事内容について話すことは禁止されていた。場合によっては、同じチームの仲間と話すことさえ禁止された。ある意味、細分化されたネットワーク組織のなかに情報を閉じ込めていたわけで、アルカイダの情報管理と大きな違いはない。そのため、1つのチームが崩壊しても――チーム内の誰かがブリッジウォーターやJ・P・モルガンに駆け込んだり、自分で投資会社を立ち上げたりしても――持ち出せるのはそのチーム内の知識だけで、ほかの部署は影響を受けずに済む。お察しのとおり、社内の連帯感を育むには向かない方法である。

先物グループでは、急な呼び出しにも対応する必要がある。その役目は新入りが交代で務めることになっていて、13週に1度、順番が回ってきた。当番の週には、アジアの市場が動き始める日曜の夜から、ニューヨークの市場が閉じる金曜の午後4時まで、世界中のどこかの市場で取引が行われているあいだ中、いつでもコンピューターのトラブルに対応しなければならない。睡眠不足も辛かったが、それよりも、情報が共有されていないために、自分で対応できないことのほうが辛かった。たとえば、アルゴリズムの誤動作が疑われる場合、問題の箇所を特定したあとは、昼だろうと夜だろうと担当者に連絡を取り、修正を依頼しなければならない。連絡を受けた相手は、いつも機嫌よく対応してくれるとは限らない。

パニックになることもあった。妙なことが起こるのは、たいてい人の少ない休日だった。グループが抱える巨大ポートフォリオには、ありとあらゆる種類の取引が含まれていた。たとえば、通貨先物取引。将来の特定の日に大量の外貨を購入することを約定する取引だが、トレーダーは、外貨を実際に売買する代わりに、売りと買いのポジションを日々「反転」させて、決済日を1日ずつ先延ばしにしていく。そうやって、多額の現金を準備しなくて済む方向で市場取引を継続させていくのだ。ところが、クリスマス休暇中のこと、私は日本円の大口ポジションの1つで決済日が迫っていることに気づいた。誰かがその取引のポジションを反転させなければならない。担当者が誰なのかは察しがついたが、彼は今ごろ、欧州の家族のもとで休暇を過ごしていることだろう。すぐにポジションを反転させなければ、理論上、誰かが5000万ドル相当の現金を円で用意して東京に出向かなければならなくなる。私は、この問題を解決するために、休日の数時間を半狂乱で過ごした。

このような問題はすべて、オキュペーショナル・ハザード（職業的な危険）に分類されるのかもしれない。だが、本当の問題は、胃のあたりの不快感から始まった。そのころの私は、通貨、債券、株券の海を泳ぐことにすっかり慣れてしまっていた。国際市場で数兆ドルの資金をやり取りすることにも慣れてしまっていた。だが、学術的なモデルで扱われる数字とは異なり、ヘッジファンドのモデルで扱われる数字には何らかの実体がある。人々の退職基金や住宅ローンを扱っているのだ。後から考えれば、誰にでもわかることである。当然、私も最初からそのことは知っていた。しかし、あいだに数理モデルが介在していたせいで、他人様のお金を扱っているのだという実感は薄れていた。そのお金は、降って湧いたわけではない。鉱山で採れた金塊や、海底の沈没船で見つかった金貨とはわけが違う。人々のポケットから集められた資金だ。しかし、金融街のプレイヤーのなかで最も独善的な存在であるヘッジファンドにとっては、思いどおりにできる「もの言わぬ金」だった。

目を覆うような真実が露見したのは2008年、市場が崩壊したときだった。人々の口座から「もの言わぬ金」をくすねる、などという生ぬるいものではなかった。金融業界の実態は、数学破壊兵器を製造するビジネスだった。私はその片棒を担いでいたのだ。

崩壊の兆しは前年から見え隠れしていた。2007年7月、銀行間金利が急上昇する。2001年のテロ攻撃以降しばらく不景気が続いたあと、低金利の影響で住宅建築ブームが起きた。低金利のおかげで誰でも住宅ローンを組めたからだ。建築業者は、これまで人の住んでいなかった準郊外、荒れ地、草地を開発し、広大な住宅地に変えていった。銀行も、建設業界の好況に関連するさまざまな金融商品に数十億ドルを投機した。

そんななか、銀行間金利が急上昇した。これが予兆だった。銀行のオーバーナイト（翌日物）ローン返済能力への信用が落ち始めていたのだ。どこの銀行も、自行のポートフォリオに不良債権が含まれていることにそろそろ気づき始めていた。そして賢明にも、他行も同様のリスクを抱えているに違いないと判断した。だから、銀行間金利が上がったのだ。あとから考えてみれば、銀行が正気に返った証拠だったとも言える。しかし、明らかに手遅れだった。

この事態を受けて、D・E・ショーの社内の空気もわずかに冷えた。今後、多くの企業が苦境に陥ることになるのは明らかだった。業界全体が打撃を受けることになる。おそらく、相当な規模の損害を被るだろう。だが、そうはいってもどこか他人事だった。D・E・ショーはリスクの大きい市場に頭から飛び込むようなことはしていない。そもそもヘッジファンドは、リスクをヘッジ（危険回避）してこその、ヘッジファンドである。この市場の混乱を、社内では当初、「ばか騒ぎ」と呼んでいた。もちろんD・E・ショーも、多少は不快な思いをすることになるだろう。高級レストランでお金持ちがクレジットカードで支払おうとして拒否され、気まずい思いをする、という程度のエピソードを1つか2つは経験するかもしれない。それでも、難なく切り抜けられる可能性が高かった。

結局のところ、ヘッジファンドは市場の一部に組み込まれた存在ではなく、市場に乗っかっているプレイヤーにすぎない。つまり、市場が崩壊するときも、残骸や漂流物から大きな利益を上げられる可能性があった。ヘッジファンドは、市場の波に依存して稼ぐのではなく、市場の動きを予測することによって稼ぐ。景気が下り坂でも、上り坂のときと同じように稼ぐことができる。

過去の似たパターンを前提に

ヘッジファンドがどのように利益を稼ぐのかを理解するために、シカゴ・カブスの本拠地リグリー・フィールドで行われるワールドシリーズの試合を想像してみてほしい。カブスは1907年に初めてワールドチャンピオンに輝き、翌1908年にも2年連続でワールドチャンピオンになった。はるか昔、テディベアの由来となったことで有名なセオドア・ルーズベルト大統領の時代のことである。以来、カブスはワールドチャンピオンから遠のいている〔その後、カブスは2016年のワールドシリーズを制し、108年ぶりにワールドチャンピオンに輝いた〕。そんなカブスが、9回裏の劇的なホームランで勝利をつかめば、スタジアム全体が祝賀ムードに沸く。そんななか、横一列に並んだシートに静かに座ったまま、ありとあらゆる結果を冷静に分析するファン集団がいる。彼らはギャンブラーだが、従来の野球賭博のように、どちらのチームが勝つかを予想して賭けるようなことはしない。彼らは、「ヤンキースのリリーフ投手の与四球数が奪三振数を上回る」、「試合中に1度はバントが試みられるが2度はない」、「カブスの先発投手が6回以上を投げる」といった予想を立ててお金を賭ける。あるいは、ほかのギャンブラーが賭けに勝つか負けるかを予想して賭けることさえある。試合そのものではなく、試合に付随して動くさまざまな事象を賭けの対象としている。ヘッジファンドの投資の仕方も、これに似ている。

このような賭け方は、安全であるように感じられる。少なくとも普通の賭け方よりは安全だと、私たちは思い込む。そういえば、私はかつて、すぐに破綻することになるシステムの設計者たちを称賛する祝賀イベントに参加したことがある。ゲストとして、米国連邦準備制度理事会の元議長であるアラン・グリーンスパンと、投資銀行ゴールドマン・サックスの元共同会長であり米国財務長官も務めたロバート・ルービンが招待されていた。ルービンは、大恐慌時代に制定されたグラス・スティーガル法（銀行法）の1999年改正案を推進してきた人物だ。この改正により、銀行業務と投資業務の分離を定めた法律は廃止され、その後10年にわたる投資熱の高まりを促す結果となった。

もともと銀行は、自由にローン商品（多くは詐欺まがいの商品）を考案し、それを証券として顧客に販売することができた。そのような商品はそれほど珍しくもなく、顧客の利益になるサービスであるかのように考える人もいた。グラス・スティーガル法が廃止されると、銀行はそれまで顧客に販売していた証券に対して自分たちも資金を投じることができるようになり、現にそうするようになった。おかげで、大きなリスクが生まれたが、ヘッジファンドにとっては、際限のない投資機会が生じたことになる。結局、私たちは上下を繰り返す市場の「動き」にお金を賭けるようになり、市場は狂乱状態になる。

さて、D・E・ショー時代に私が参加したその祝賀イベントの席で、実は、グリーンスパンは不動産担保証券の問題点について警告を発していた。数年後、私はこのときの彼の言葉を思い出し、胸が苦しくなった。あの当時シティバンクにいたルービンは、有害だとわかっていながら問題のある約定の巨大ポートフォリオ作成に自ら手を貸していたことになる。後にシティグループは公的資金による救済措置を受けることになったが、その最大の原因となったのは、彼が仕込んだポートフォリオだった。

そのイベントには、ゲストのグリーンスパンとルービンのほかに、ルービンの弟子であり、

D・E・ショーの非常勤パートナーでもあったローレンス・サマーズも同席していた。サマーズはルービンの後任として財務長官に就任したあと、ハーバード大学の学長となったが、女性が数学と科学の成績が低いのは遺伝的に劣るからだと示唆する発言（彼はこれを「本質的素養」の不均等分配と呼んだ）が波紋を呼び、教授陣から激しく批判された。

そうしてハーバード大学の学長を辞任したあとで、サマーズはD・E・ショーにたどり着いた。この3人の有名人をイベント会場の壇上に迎えるとき、創業者のデビッド・ショーは、サマーズの紹介にちょっとしたジョークを交えた。ハーバードからD・E・ショーに「昇進」してきた、と言ったのだ。市場は音を立てて揺らいでいたかもしれないが、ヘッジファンドのD・E・ショーは依然として世界のトップに君臨していたのである。

とはいえ、金融危機が混迷を深めるにつれ、自信満々だったD・E・ショーのパートナー陣の態度にも陰りが見えてきた。結局のところ、傷を負った市場とまったく無縁ではいられないからだ。たとえば、この頃すでにリーマン・ブラザーズの脆弱性については噂が流れていた。リーマン・ブラザーズは、D・E・ショーの株の20%を所有する株主で、D・E・ショーの商品も数多く扱っていた。市場の混乱と動揺が長引くにつれ、社内にも緊張した空気が流れ始めた。数字を使った予測計算なら、私たちは誰にも負けない。だが、目の前に迫る脅威が過去の事例と似ても似つかないものだとしたら？　昨日までとまったく異なる新しい何かが私たちの明日を脅かしているとしたら？

みな、それを心配していた。数理モデルは過去に基づくものであり、似たようなパターンが繰り返されることを前提としているからだ。間もなく、株取引グループは保有株をすべて損切りした。盛んだった（おかげで私も採用された）新人クオンツの採用活動も打ち切られた。社員たちはこの雲行きを笑い飛ばそうとしたが、不安は大きくなるばかりだった。そして、証券化商品、なかでもグリーンスパンが警告を発した不動産担保証券の動向に、全員が注目していた。

リスク評価モデルの誤り

この数十年間、不動産担保証券は恐怖とは対極にある存在だった。個人投資家からも投資ファンドからも、面白味のない金融商品とみなされていた。ただ、数を増やせばリスク分散になるという発想を背景に、ポートフォリオを多角化する目的で利用されていた。個々の住宅ローンには債務不履行の可能性がついて回る。住宅オーナーが破産を宣告すれば、銀行は貸付金の全額回収ができなくなる。あるいは、借り手がローンを繰り上げ返済した場合も、利息収入の流れは途絶える。

そこで、1980年代、投資銀行は住宅ローンの債権を大量に買い集め、それをパッケージ化し、証券化した。証券の購入者には、定期的に（多くの場合、四半期に1度）配当が分配される。もちろん、住宅オーナーのなかには破産する者も何人かいるだろう。しかし、大半の人は破綻することなく返済を続け、滞りのない予測可能な利益の流れを生むことになる。やがて、この証券は資本市場を支える一大産業に成長した。専門家たちは住宅ローンの債権を寄せ集めたあと、格付けし、「トランシェ（ローンや証券化商品を、リスク別など特定の条件で区切ったもの）」に切り分けた。手堅い案件ばかりを集めたトランシェもあれば、比較的リスクが高いため、利息が高めに設定されるトランシェもある。スタンダード＆プアーズ（S＆P）、ムーディーズ、フィッチといった信用格付け機関が内容を調査し、リスクを格付けしていたため、投資家はそれを根拠に、自信をもって投資していた。不動産担保証券への投資は分別のある賢明な投資だと思われていた。だが、その不透明性について考えてみてほしい。証券化された債権の質について、投資家は何も知らされていない。自分で中身を確かめることはできず、アナリストによる格付けだけが頼りだった。しかも、そのアナリストたちは、格付け対象商品の生みの親である企業から直接手数料を取っていた。言うまでもなく、不動産担保証券は詐欺の温床として理想的だった。

隠喩がお好みなら、この分野でよく語られるソーセージの喩えを紹介しよう。個々の住宅ローン証書が、質にばらつきのある肉のミンチだとすれば、不動産担保証券は、すべてを一緒くたに混ぜ合わせ、大量のスパイスを加えて腸詰めにしたソーセージだ。当然、ソーセージの質にもばらつきがある。しかし、中に何が詰まっているのかを外見から判断するのは難しい。

それでも、食べても安全であるという米農務省（USDA）のお墨付きがあれば、私たちは安心する。

のちに世界中の人々の知るところとなるが、住宅ローン会社は、低金利の影響で住宅建築ブームが起きているあいだに、返済能力のない人々にまで住宅購入資金を融資することで多額の利益を上げていた。手口は単純である。持続不可能な抵当権付き住宅ローンの証書を作成して手数料を荒稼ぎし、そうやって手に入れた証書を証券化し、できあがった「ソーセージ」を活況に沸く不動産担保証券市場に売り払う。悪質なケースもあり、たとえば、イチゴの摘み取りを生業とする年収1万4000ドルのアルベルト・ラミレスは、カリフォルニア州ランチョ・グランデにある72万ドルの住宅を購入するためにローンを組んだ。担当の仲介業者から、数ヵ月後に借り換えを行い、その後、家を転売すれは、かなりの利益が得られる、と言われたからだ。その数ヵ月後、彼はローンを支払えなくなった。

住宅市場が崩壊に向かうなか、住宅金融は、単に持続不可能な取引を提供するに留まらず、その餌食として貧しい人々やマイノリティの人々を積極的に取り込んでいた。メリーランド州ボルチモア当局は、黒人を標的としたいわゆる「ゲットー・ローン」の件で米大手のウェルズ・ファーゴ銀行を連邦裁判所に告訴した。元銀行員で貸付担当だったベス・ジェイコブソンによれば、同行の「新興市場」チームは黒人教会への営業に力を入れていた。信頼の厚い牧師を介して、ローンへの勧誘を広めようとしたのだ。これが結局は、信用度が低く利息がばか高いサブプライムローンになる。同行はこれと同じローンを、本来はこれより遥かに良い条件で融資すべき信用度の高い借り手にも販売した。２００９年にボルチモア当局から提訴されるころには、ウェルズ・ファーゴ銀行でローンを組んで差し押さえられた資産の半分以上が無価値であり、そのうち71％はアフリカ系アメリカ人が多く住む地域の不動産だった（２０１２年、ウェルズ・ファーゴは和解し、全米の被害者３万人に1億７５００万ドルを支払った）。

ここでいったん整理しておくが、カリフォルニア州のイチゴ摘み取り業者の事例にせよ、ボルチモアの哀れな黒人たちの事例にせよ、住宅建築ブームのあいだに大量生産されたサブプライム住宅ローン自体は、数学破壊兵器ではなかった。あくまで金融商品であって、モデルではなく、数学はほとんど関与していなかった（それどころか、ローンを紹介した仲介業者は不都合な数字を無視しようとさえしていた）。

ところが、そのようなローンから発生した債権を証券化する段階で、欠陥のある数理モデルが使用された。不動産担保証券に適用されたリスク評価モデルが、数学破壊兵器だったのだ。不動産担保証券の一部が確実に焦げ付くことには銀行も気づいていたが、次にあげる2つの誤った前提にしがみつき、このモデルを信頼し続けた。

1つ目の誤った前提とは、どこの銀行でも一流の数学者が数字を処理しており、リスクのバランスを慎重に計算している、というものだ。金融商品として市場に出回っている債権のリスクは、専門家が最先端のアルゴリズムを用いて評価しているものと思い込まれていた。残念ながら、現実は違った。多くの数学破壊兵器に共通して言えることだが、数学は、消費者を煙に巻くために使用された。短期的な営業利益を上げることのみを目的として最適化されていた。営業担当者たちは、破綻する前にどうにか売り抜けられるだろうと高を括っていたのだ。賢者は勝ち抜け、「もの言わぬ金」の提供者である愚者どもが、返済不能な数十億（もしくは数兆）ドルの借用証書を抱えたまま終わりを迎えるだろう、と。数字に厳しい数学者も少数ながら存在していたが、彼らが扱っていた数字は、大がかりな詐欺を働く人々から提供されたものだった。実際の統計処理で何が行われているのかを知るために必要な専門知識と情報を持ち合わせている者はごく限られていた。確信をもって意見を言える人は、ほとんどいなかった。証券のリスクの格付け方法は不透明だったし、内容が見えたとしても数学の壁が立ちはだかっていた。そういう事情もあって、証券の購入者は、自分が所有することになる商品のリスクの程度を正確には知らされなかったのだ。

2つ目の誤った前提は、同時に大勢の人が破産することはない、というものだ。この思い込みは、債務不履行は世間の出来事とは関係なく、ほぼランダムに起こる、という理論に基づいていた。間もなく、この理論は誤りであることが証明される。だが、この誤った理論が信じられていたせいで、破綻するローン債権があっても、同じトランシェ内の手堅い債権で相殺されると思われていた。過去と同じことが将来も繰り返されるという前提で、モデルが組まれていたのである。

この不動産担保証券を売るには、AAAの格付けが必要だった。そこで、銀行は3つの信用格付け機関に目を向けた。住宅抵当債権市場は拡大の一途にあった。成長著しい数十億ドル規模の市場の格付けは大きなビジネスになっていて、格付け機関も相当な手数料収入を得ていたし、その手数料に依存するようにもなっていた。そして、格付けの依頼を受けた際にAAAよりも低い格付けを出せば、その銀行の今後の仕事は競合に奪われるということも、重々承知していた。そんなわけで、格付け機関は銀行に協力的だった。正確に査定することよりも、顧客を満足させることに神経を使った。一方で、このようなリスク評価モデルには特有の有害なフィードバックループが伴う。欠陥商品であっても、AAAの格付けを出せば利益が出る。その利益自体がその商品の信用につながり、その商品をでっち上げた嘘と偽りのプロセスに対しても信用を生むことになる。破綻のときを迎えるまで、この、互いの懐を潤す持ちつ持たれつの薄汚れた関係は続いた。

数学破壊兵器にはさまざまな特性があるが、このリスク評価モデルが世界規模で強大な力をもつに至ったのは、数学破壊兵器の「規模拡大」の特性が働いたからだった。もちろん、いんちき商売というのは昔から存在するもので、過去の不動産バブルでも、何も知らずに買わされた者が大量のババをつかまされて泥沼から抜け出せなくなった。しかし今回の、現代のコンピューター技術に支えられた詐欺行為は、過去の例とは比べ物にならないほど大がかりだった。クレジット・デフォルト・スワップ（CDS）や合成債務担保証券（シンセティックCDO）

など、不動産担保証券の成長に牽引されて成長したほかの巨大市場にも影響は波及し、損害は大きく膨らんだ。CDSは小さな保険契約だが、債権のリスクを他に転嫁できる。CDSのおかげで銀行もヘッジファンドもリスクのバランスをとることができ、安心感が得られる。しかし、そのような保険契約を結んだ当事者たちが破産すれば、連鎖反応が起こり、世界経済全体に波及することになるだろうし、現にそうなった。シンセティックCDOは、CDSからさらに派生したデリバティブ商品であり、CDSと不動産担保証券の成績に応じて価値が変動する。金融工学によって賭けの倍率をさらに高めることもできる。

過熱（その後の破綻）した市場では、2007年までに3兆ドル規模のサブプライム住宅ローンが生まれ、リスクを増幅させるCDSやシンセティックCDOなどの派生市場の規模も20倍に膨らんでいた。どこの国の経済よりも大規模である。

そして、とんでもないパラドックスが生まれた。この巨大市場を生み出したアルゴリズム、すなわちトランシェに含まれる債権のリスクを解析し分類して証券化する際に活躍したアルゴリズムは、当然、優れたアルゴリズムなのだろうと思われていた。ところが、所詮は寄せ集めにすぎないこの商品を処分するために、いざ、本当の価値を計算しようという段階になって、実はこのアルゴリズムはまったくの役立たずであったことが判明した。ガラクタの価値を水増しする役には立ったが、水増しの実態を解明する役には立たなかった。となると、人手を掛けてローン債権をふるいにかけ、詐欺まがいの契約や見積もりの甘い契約を除外し、実質的なドル価値を計算するしかなかった。とんでもなく骨の折れる作業だ。数学破壊兵器と違って、人手による作業は指数関数的に規模を拡大させることができない。おまけに、この作業はどこの銀行でも優先度の低い作業として扱われた。当然、この長期にわたるデトックス作業が行われているあいだにも、債権の価値――その拠り所である住宅の価値――は下落し続ける。経済が急降下を続けるなか、本来なら健全に住宅ローンの恩恵を受けるはずだった住宅オーナーでさえ、破産の危機に直面し始めた。

すでに述べたとおり、D・E・ショーは市場崩壊の震源からは一、二歩距離を置いた存在だった。それでも、ほかの市場プレイヤーが次々に破綻していくなか、帳簿に影響する取引の解消に躍起になっていた。影響はカスケード効果で雪だるま式に広がっており、2008年の下半期に入る頃には、D・E・ショーも至る所で損失を出していた。

数ヵ月後、事態は悪化の一途をたどり、業界の主流をも飲み込んだ。事ここに及んでようやく、アルゴリズムに反旗を翻す人々の姿を誰もが目にするようになった。その多くは、家を失ったオーナーたちであり、職を失った数百万の米国人であった。クレジットカード破産の件数も過去最高を記録した。スプレッドシートやリスク評価スコアなど、数字の陰に隠されて見えなかった人々の痛みが、次々に明るみになった。

D・E・ショー社内のおしゃべりも神経質なものになった。2008年9月のリーマン・ブラザーズの経営破綻後、人々はその政治的後遺症について議論するようになり、11月の大統領選はバラク・オバマの勝利が見え始めていた。オバマが大統領になったら、銀行業界に新たな規制が設けられるのだろうか？　成功報酬に対する税金は引き上げられるのだろうか？　D・E・ショーの社員は家を失ってもいないし、生活のためにクレジットカードを限度額ぎりぎりまで使用するようなこともしていなかったが、不安でいっぱいであることに変わりはなかった。彼らにできることといったら、危機が過ぎるのを待ち、ロビイストがロビイストとしての仕事を果たすのを待ち、自分たちがこれまでどおり存続することを許されるのかどうかを見守ることだけだった。

現実とは切り離された世界で

2009年には、市場崩壊の教訓を受けても、金融の世界が進む方向に変わりはないことが明らかになった。ロビイスト活動は大部分において功を奏し、これまでどおりにゲームは進んだ。今後も、もの言わぬ金をかすめ取っていこうというのだ。くぐり抜けるべき審査の数がほんの少し増えただけで、たいして変わらない生活が続いた。

この劇的な出来事を目の当たりにしたことで、私は一気に目が覚めた。とりわけ、数学がその一端を担っていたことに失望し、幻滅した。醜悪な真実――公式化されたモデルが事実の解明のためではなく印象操作のために意図的に利用されていた事実――を否応なく突き付けられたのだ。このような有害な概念に直に接したのはこれが最初だったため、私は逃げ出したい衝動に駆られた。証明に明け暮れ、ルービックキューブに夢中になれる世界に戻りたかった。

そんなわけで、2009年、私のヘッジファンドに対する気持ちは、金融業界の数学破壊兵器を修正するために自分は働こう、という信念に変わっていた。新たな規制により、銀行はリスク分析のために外部の独立した専門家を雇わなければならなくなっていた。私は、そのような分析を行う会社の1つ、ウォール街の北ブロックにあるリスクメトリクス・グループで働いていた。この会社では、凄まじい勢いで数字が生み出されていた。どの数字も、証券またはコモディティ商品の特定のトランシェが1週間以内、1年以内、5年以内にダメになる確率を予測したものだ。誰もが市場のありとあらゆる動きにお金を賭けるとき、抜け目のない先読みは千金に値する。

リスクの算出には、モンテカルロ法を用いた。どのような手法かを理解するには、カジノでルーレットを1万回は回し、詳細な記録を取るところを想像するとよい。モンテカルロ法を使用する場合、まずは過去の市場データを紐解き、数千通りの試験的シナリオを走らせる。調査対象のポートフォリオは、2010年以降、あるいは2005年以降、各取引日にどのような様子だっただろうか。金融危機による暗黒の日々もくぐり抜けられただろうか？　翌年、翌々年に重大な脅威に見舞われる可能性は？　そのような事態に陥るオッズを算出するために、データサイエンティストたちは幾度も幾度もシミュレーションを重ねる。この手法に対する不満はいくらでもあったが、リスクを扱う方法としてしては、シンプルなやり方である。

私の仕事は、自社のリスク管理ビジネスと、リスクについて最も優れた鑑識眼をもつ専門家である最大手の量的《クォンタティティヴ》ヘッジファンドとの調整役を務めることだった。ヘッジファンドに電話をかけ、ヘッジファンドからの電話を受け、自社で算出された数字に対する疑問について議論する。だが、こちらが出した数字に誤りがあるときだけ知らせてくるところも多い。ヘッジファンドは、実のところ、自分たちが一番賢いと思っている。リスクの把握はヘッジファンドという存在の基盤であるため、外部に完全に依存するようなことは決してない。彼らには彼ら独自のリスク管理チームがあり、もっぱら投資家に好感を与えるために、私が働いていたようなリスク管理会社からリスク分析ツールを購入していた。

あるいは、大手銀行に駐在して顧客からのホットラインを受け、質問に答えることも私の仕事だった。銀行は、ぼろぼろに傷ついたイメージを何とか回復させたいと願い、責任ある態度を示そうとしていた。銀行のほうから率先して顧客に電話をかけていたのも同じ理由からだった。しかし、ヘッジファンドとは異なり、銀行は分析の中身にはほとんど興味を示さなかった。自分たちのポートフォリオに潜むリスクのことなど、ほとんど気にしていないようだった。ホットラインの対応にあたっているあいだ、私は、リスクについて警告する人に対する銀行内の態度がパーティ会場で場の雰囲気に水を差す人に対するのと同じであるのを感じた。いや、それどころか、銀行の最終利益を脅かす人物であるかのように扱われることもある。２００８年のあの劇的な経済危機のあとでさえ、そうだった。そうなる理由は容易に想像がつく。あの危機を乗り越えられた今――といっても大手すぎて倒産もままならなかったのだが――自分たちのポートフォリオのリスクについて思い悩まなければならない理由がどこにあるだろうか？

リスクについて頑なに知ろうとしない姿勢は、金融業界に深く根づいている。ウォール街の文化は、そこで働くトレーダーによって特徴づけられる。彼らは、リスクというものを積極的に過小評価しているようだ。そうなったのは、トレーダーの能力の定義の仕方に原因がある。トレーダーの能力は、投資効率、すなわち、そのトレーダーが生む利益を彼のポートフォリオのリスクで割って計算される「シャープ・レシオ」という指標で測られる。シャープ・レシオは、トレーダーのキャリア、賞与、存在感を決定づける重要な指標だ。仮に、トレーダーたちが生身の人間ではなくアルゴリズムの集合体だったとしたら、そのアルゴリズムはシャープ・レシオの最適化に向けて邁進するだろう。レシオが上昇すれば理想的だが、少なくとも、あまり低くなりすぎないように注意するはずだ。クレジット・デフォルト・スワップ（ＣＤＳ）に関するリスク評価レポートで、トレーダーが抱える主要な債権のリスク計算値が跳ね上がれば、そのトレーダーのシャープ・レシオは低下する。そうなれば、年末の賞与計算に響き、彼は数十万ドルを失うことになる。

間もなく私は、自分が「判で押したような」仕事に従事していることに気づいた。そして

2011年、再び転職を考えるようになる。私が目を向けたのは、自分のような数学者にうってつけの巨大な成長市場だった。この頃、私は自分の履歴書に「データサイエンティスト」という新しい肩書きを書き加えた。インターネット経済の世界に飛び込む心づもりでいたのだ。そして、ニューヨークの「インテントメディア」というスタートアップ企業に就職した。

私の新しい仕事は、旅行ウェブサイト閲覧者の行動を予測するモデルの構築から始まった。「エクスペディア」サイトの訪問者が、ただ閲覧しているだけなのか、お金を落とす見込みのある客なのかを予測するのだ。旅行の予定のない閲覧者が収益につながる可能性はきわめて低い。そこで、そのような閲覧者には、「トラベロシティ」や「オービッツ」などの競合サービスとの比較広告を表示する。閲覧者がその広告をクリックすれば、小銭が入る。何もないよりマシである。しかし、予約するつもりで真剣に探している閲覧者にそのような広告は見せたくない。最悪の場合、わずかな広告収入と引き換えに、ロンドンや東京のホテルを予約して数千ドルを支払ってくれるはずだった見込み客をライバル社に送り込んでしまう可能性もある。その1回で失われた数百ドルの手数料を取り戻すには、数千回の広告閲覧が必要になる。だからこそ、見込み客をサイト内に留めることが重要なのだ。

私の課題は、サイト訪問者がウィンドウショッピングに来ただけの閲覧者なのか、見込み客なのかを見分けるアルゴリズムをデザインすることだった。わかりやすいシグナルは少ない。サイトにログインしているか？　同サイトでの購読歴はあるか？　ほかにも何かヒントはないかと、私は探し回った。訪問時間は？　訪問時期は？　予約の申し込みがやたらと多い週もある。たとえば、春の中頃になると大勢の人が一斉に夏の旅行を計画するため、予約申し込み数が記録的に伸びる日が出てくる。この時期の訪問者は予約を申し込む可能性がいつもより高いので、私が作成したアルゴリズムでは、この期間中は訪問者の見込み度合を高めに評価するようにした。

統計処理については、ヘッジファンドでやっていた作業を電子商取引にもかなりの部分で応用できることがわかった。最大の違いは、市場の動きではなく、今度は人々のクリック動作を予測するようになった点である。

金融の世界とビッグデータの世界は、あらゆる点で似ていた。どちらの業界も、ＭＩＴ、プリンストン大学、スタンフォード大学などのエリート大学で学んだ優秀な人材を大量にかき集めていた。そうして集められた新入社員は、成功に貪欲で、生活のあらゆる側面で、ＳＡＴスコアや大学入試資格といった外面的な評価基準を重視している。金融の世界にせよ工学の世界にせよ、彼らは、「きみたちはいずれ金持ちになり、世界を支配するようになる」というメッセージを浴び続けてきた。生産性が高ければ、彼らのやっていることは正しいということになり、それがそのままお金になった。そのせいで、より多くの利益をもたらすためなら何をしてもいい、という誤った結論が導かれた。そのような行為も「付加価値」になるのだと。そうでなければ、なぜ市場はご褒美をくれるのかと。

また、どちらの文化でも、富はもはや、生活の糧を得るための手段ではなかった。その人物の価値に直結していたのである。あらゆる点で恵まれた――名門進学校で教育を受け、大学入試に向けて徹底した学習指導を受け、パリや上海との交換留学を体験してきた――郊外育ちの若者たちは、自分が特権階級まで昇れたのは、自分のスキルと勤勉さと、並外れた問題解決能力の賜物であると、いまだに自惚れている。多少の疑念を抱くことがあったとしても、お金がすべての疑念を晴らしてくれる。周囲には似たような者が集まっており、身内同士で互いに称賛し合う関係のなかで生きている。そして、職場には適者生存の理が働いているのだと、すべての人間に認めさせようとした。傍から見れば、社会の仕組みの悪戯とまぐれでしかない幸運の組み合わせでそこにいるだけなのに。

さらに、どちらの業界も、乱雑な現実世界とは切り離されていた。人間の存在をデータの痕跡に置き換えて捉えようとすると、そうなりがちである。目的に合わせて対象を最適化するために、人々を「予約する確率の高い見込み客」、「投票者」、「労働者」として捉える。成功したかどうかは匿名のスコアとして返されるし、対象とされた人々は画面上を流れる数字と同程度まで抽象化されてビット・データとして扱われるのだから、実行するのは簡単だし、正当化するのも簡単である。私はかねてから、データサイエンス業界での自分の仕事をブログに記録していたのだが、そのうち、ウォール街を占拠する「オキュパイ運動」にも深くかかわるようになっていった。テクニカルなモデルと現実世界の人々が切り離されていることについても、そのような分離から生じるモラル上の影響についても、しだいに懸念を深めていった。実際、私は金融の世界で、同じようなパターンが出現する様を目撃してきたのだ。偽りの安心感が、不完全なモデルの使用を広め、自分に都合のよい成功の定義を生み、フィードバックループを増長させた。異議を唱えた人々は、昔なつかしい、テクノロジー嫌いの「ラッダイト〔産業革命期の英国で起こった機械破壊運動〕」のように扱われた。

では、ビッグデータの世界で金融危機に似たような事態が起きるとすれば、どのような事態だろうか？　爆発の代わりに私が目にしたのは、不平等の増大を伴う陰鬱なディストピア（暗黒の世界）の成長だった。アルゴリズムの働きにより、敗者は敗者の人生から抜け出せなくなる。幸運に恵まれた数少ない人々は、データ経済に対する支配力をますます強め、あり得ないほどの富をかき集めながら、自分たちにはその資格があるのだと信じ込んでいく。

ビッグデータ空間で2年ほど働き、学ぶうちに、私はすっかり幻滅し、目を覚ました。そのあいだにも、数学の乱用は加速されていた。私は、ほぼ毎日ブログを更新していたが、それでも、自分が見聞きした、アルゴリズムによって人々を操作する方法、支配する方法、威嚇する方法のすべてを記録するのは難しかった。私は最初に、付加価値モデルによる評価に縛られて苦しむ教師たちの話を紹介したが、事態はその程度では終わらなかった。心の底から恐ろしく感じた私は、この問題について本格的に調査するために、仕事を辞めた。

第3章［教育］

大学ランキング評価が多様性を奪う

強大な影響力

あなたは今、どこかの都市——たとえば、サンフランシスコでもポートランドでもいい——で友人たちとディナーの席に着いている。そして、料理をシェアしてはいけないと説明を受ける。どの皿の料理も、食べていいのは1人だけ。2人以上で同じものを食べてはいけない。全員がそれぞれに違う食事をすることになる。メニューには、完全菜食主義者向けの料理や、各種パレオダイエット料理（野草や野生動物を中心とした旧石器時代の食生活を真似たもの）が並んでいる。そして、出席者は全員、ここで選択した食事法に従って（1～2ヵ月間だけでも）過ごすことを友人たちの前で誓わされる。いや、話はここで終わらない。さらに踏み込んで想像してみよう。このような食事法のうちのどれか1つ、たとえば「パレオダイエット」が、国の標準食に定められたとしたら、どうなるだろうか。全米の3億3000万人が全員、その食事法に従って生活するのだ。

きっと多大な影響が出るはずだ。まず、国中の食事が単一の食事法に絞られることにより、農業経済が苦境に陥る。認可を受けた肉とチーズの需要が急増し、価格が跳ね上がる。一方で、食べてはいけないとされる食材、たとえば大豆やジャガイモには、買い手が付かなくなる。多様性は急速に失われる。厳しい状況に置かれた豆農家は、畑を牧場に変え、牛や豚を飼うようになる。本来は畜産に向かないような土地までが、牧場に変貌する。家畜の数が増え、飼育のために大量の水が消費される。そして言うまでもなく、毎日同じ食事が続く。国民の多くは辟易するだろう。

単一の国民食と数学破壊兵器のあいだに、いったいどんな関連があるのかって？　問題は「規模拡大」にある。食事法にせよ、税法にせよ、公式というものは、理論上は完全に無害かもしれないが、全国もしくは全世界の標準になるほど広まれば、歪められ、独自のディストピア的経済を生む。まさにそのようなことが、高等教育の世界で起きていた。

事の起こりは1983年。この年、経営不振に陥っていた時事雑誌『USニューズ&ワールド・レポート』は、野心的な取り組みを開始した。全米の大学1800校を評価し、ランキング化したのである。この取り組みは、うまくすれば、人生初の一大決心を迫られた大勢の若者の行く手を照らす便利なツールになったことだろう。多くの場合、そのたった1回の選択で、将来のキャリアパスも生涯の友との出会いも、人によっては生涯の伴侶との出会いまでもが決まってしまうのだから。しかし、編集部が望んでいたのは、ただただ、大学ランキング特集が売店で大きな話題を呼ぶことだった。おそらく、その1週間の『USニューズ』の販売部数は、ライバル誌『タイム』と『ニューズウィーク』の合計に匹敵したのではないか。

だが、この新たなランキングの基礎となったのは、どのような情報だったのか。当初、USニューズ誌のスタッフは、大学総長らを対象とした意見調査の結果に全面的に基づいて、各大学のスコアを算出した。全米1位はスタンフォード大学、リベラル・アーツ・カレッジの1位はアマースト大学だった。このランキングは、読者には好評だったが、多くの大学の経営陣を怒らせた。雑誌編集部には、あのランキングは不公平だという苦情が殺到した。多くの大学の総長、学長、学生、卒業生が、うちの大学はもっと上位に入るはずだと主張した。雑誌編集部は、最初からきちんとデータを調査すべきだったのだ。

その後の数年間、USニューズ誌の編集者たちは、測定可能な項目を見極めようと努めた。多くのモデルが、同じような始まり方をする。直観的判断を重ねながら作り上げられていくのだ。そのようなプロセスは科学的とは言えないし、統計学的分析による裏付けも乏しい。たとえば大学ランキングの場合、編集部の人々は、まず、教育において重要なことは何かと考え、次に、そのような変数のうち測定可能な変数はどれかと考え、最後に、各変数への重みづけを決定して公式化する。

どの分野でも、モデルの根拠とされる分析は、通常より遥かに厳密でなければならない。たとえば農学の分野では、インプット――土壌、日照、肥料――とアウトプット――収穫された作物の特性など――を比較したうえで、目標とする価格、味、栄養価などに応じて実験し、最適化することができる。それでも、農学者が数学破壊兵器を生み出す可能性がないとは言い切れない。農学者も数学破壊兵器を生み出す可能性はあるし、実際に生み出している（とくに、殺虫剤の使用が広範囲に及ぼす長期的な影響について考慮することが軽視される場合など）。とはいえ、農学分野のモデルの大半は、わかりやすい結果のみに照準を合わせているので、科学的実験の場としては理想的である。

USニューズ誌のジャーナリストらが測定しようとした「教育の卓越性」は、トウモロコシの栽培コストや穀粒1粒に含まれるタンパク質のマイクログラム数といった測定値に比べると、曖昧で根拠に乏しい。その大学で過ごす4年間が1人の学生に与える影響を直接的に定量化する方法は見当たらず、まして、数千万人の学生に与える影響となると、定量化のしようがない。学習、幸福、自信、友情など、高等教育の理想的な面を測定することは不可能だ。第36代米国大統領リンドン・ジョンソンが掲げた高等教育の理想――「個人の満足度を深め、個人の生産性を高め、個人の利益を増やす道となること」――は、USニューズ誌のモデルにはうまく当てはまらなかった。

そこで彼らは、直接測定するのではなく、成功と相関があるように思われる代理項目を選んで測定することにした。具体的には、ＳＡＴ（大学進学適性試験）のスコア、学生と教員の人数比、入試合格率などが調べられた。無事に２年生に進学できる新入生の割合や、そのまま無事に卒業まで漕ぎつける学生の割合も分析された。存命の卒業生のうち母校に寄付をする人の割合も計算された。母校に寄付をする卒業生は母校で受けた教育に感謝しているに違いないと推察されるからだ。ランキングの４分の３は、こうした代理データを組み込んだアルゴリズム――コードとして公式化された１つの見解――によって生成され、残り４分の１に、全米の大学職員による主観的な見解が加味される。

こうしてＵＳニューズは、１９８８年に初めて、データに基づくランキングを発表した。結果は良識的だった。しかし、このランキングが全国標準へと成長していくと、悪質なフィードバックループが姿を現した。問題は、このランキングが自己を補強していくところにある。ＵＳニューズのランキングで順位が低かった大学は、評判が落ち、条件が悪化する。トップクラスの学生も、トップクラスの教授も、その大学を避けるようになる。卒業生は遠巻きにしながら抗議の声をあげ、寄付を渋るようになる。すると、ランキングはさらに下落する。つまり、ランキング結果が大学のその後の運命を定める。

それまで、大学経営陣には彼らなりの成功の物差しがいくらでもあった。その多くは逸話だった。学生から絶大な信頼と尊敬を集める教授がいるとか、卒業生のなかに外交官や起業家として輝かしいキャリアを築いた者がいるとか、小説を出版して輝かしい賞を受賞した者がいるとか、そういうたぐいの逸話である。そういった話が人々の話題にのぼり、大学の評判を高めた。では、マカレスター大学とリード大学ではどちらが上なのか？　アイオワ大学とイリノイ大学では、どちらのほうが優れているのか？　そんなことは簡単には言えない。大学というのは、ジャンルの異なる音楽のようなもの、文化の異なる食事のようなものである。さまざまな意見があって当然であり、それぞれの立場から建設的な議論が重ねられてきた。それが今では、カッレジと総合大学の評判が息づく巨大な生態系のうえに、数字で表される単一の物差しが暗い影を落としている。

大学の総長たちは、この展開を心から悲しんでいることだろう。彼らの多くは、自分が大学で経験したあれやこれやを大切に思っているに違いない。それが、学問の世界で出世を目指そうと思った理由の1つにもなっているはずだ。それなのに、その世界の頂点まで登り詰めた今、彼らは二流の時事雑誌のジャーナリストが定めた15項目の評価を上げるために、膨大なエネルギーを費やしている。指導教官から高い評価を得ようと四苦八苦していた学生時代に逆戻りしたかのようだ。そう、彼らは、融通の利かないモデル――数学破壊兵器――に囚われてしまったのだ。

USニューズのランキングがほどほどの成功を収めていたなら問題はなかったのだが、実際には、強大な影響力をもつようになり、国内標準としての地位を急速に固めてしまった。以来、教育システムはがんじがらめになっている。大学経営陣も学生もランキングの言いなりにならざるをえず、自由度を失ったのだ。USニューズの大学ランキングは規模拡大特性に優れており、損害の及ぶ範囲を広げながら、破壊的なフィードバックループによって終わりなき悪循環を生み出す。ほかの多くのモデルほど不透明ではないが、それでも、正真正銘の数学破壊兵器だ。

出口のないラットレース

経営陣のなかには、ランキングを上げるために捨て身の行動に出る者もいた。ベイラー大学は入学予定の学生にお金を払ってSATを再受験させていた。そうすれば入学者のSATのスコアが上がり、ベイラー大学のランキングも上がるだろうと期待してのことだった。ペンシルベニア州のバックネル大学やカリフォルニア州のクレアモント・マッケナ大学などの小さなエリート校は、新入生のSATスコアとして嘘のデータをUSニューズに送った。ニューヨークのアイオナカレッジでは、2011年、同大学の職員が試験のスコア、入学率、卒業率、新入生の進級率、学生数と教員数の比、卒業生からの寄付額など、ほぼすべての数字をごまかしていたことが明るみになった。こうした嘘は、少なくともしばらくのあいだは、利益を生んだ。USニューズの推定によれば、嘘のデータを出したことで、米国北東部の地方大学のなかでのアイオナカレッジの順位は50位から30位まで上昇した。

とはいえ、大多数の大学経営陣は、もっと穏当な方法でランキングを上げる道を探し求めた。不正行為に走るのではなく、スコアに反映される項目の評価を一つひとつ改善しようと努めた。リソースを最も効率よく活用するには、結局、それが一番の近道だと。要するに、USニューズのアルゴリズムに気に入られるように動けば、収入も増えるし、優秀な学生と教授が集まってくるし、ランキングでも上位を保持できるのだ。ほかに選択の余地があるだろうか？

１９７６年にUSニューズに入社し、大学ランキングの企画を率いてきたロバート・モールスは、インタビューのなかで次のように主張している。大学ランキングのおかげで、大学は設定された有意義な目標に向かって努力するようになった。卒業率が改善され、少人数クラスが実現されたなら、それは良いことではないのか。目標が与えられ、注目されたおかげで、教育は恩恵を受けているはずだ。その学校で学生は何を学んだのかという最も重要なデータについては、調査のしようがないが、それでも、その代理となるデータから組み立てられたUSニューズのモデルは次善の策であった、と。

だが、代理データを用いて組み上げられたモデルは、実際の人々の営みに比べると、遥かに単純な作りになってしまう。なぜなら、代理データというのは、複雑に込み入った現実よりも簡単に操作できるからだ。たとえば、あるウェブサイト運営会社が、ソーシャルメディアの専門家を雇うことにしたとする。その求人に対して、多くの応募が寄せられた。応募者はみな、自分がそれまでに手掛けてきたさまざまなマーケティングキャンペーンに関する情報を送付してきた。しかし、そのすべてに目を通して評価していたのでは、時間がかかりすぎる。そこで、採用責任者は、代理評価項目を設定して候補者を絞ることにした。応募者のツイッターアカウントを確認し、フォロワー数の多い者を有力候補としたのである。ソーシャルメディアに対する取り組みが真剣であれば、フォロワー数はおのずと増えるだろう、という判断だった。

たしかに、フォロワー数は代理データとして十分に妥当である。だが、もしこのことが外部に漏れたとしたら？　ツイッター上での人集めが、この会社に就職する鍵であることが応募者にばれたとしたら、どうなる？　そういうことは実際、確実に起こるだろう。そうなれば応募者はすぐに、あらゆる手を使ってツイッターのフォロワー数を増やそうとするはずだ。なかには、ロボットを使って数千もの新規アカウントを作成して新たなフォロワーにするサービスに19・95ドルを支払う者も出てくる。人々が仕組みを逆手に取って操作するようになれば、代理データは意味を失う。姑息な手を使った者が、誤って候補に残ってしまうからだ。

USニューズのランキングの例では、受験生だけでなく、卒業生、企業の人事部に至るまですべての人が、ランキングスコアを教育の質を示す指標として急速に受け入れた。だからこそ、大学も同調し、ランキングで測定される項目の一つひとつを改善しようとした。だが実は、多くの大学が最も苛立ちを募らせたのは、自分たちではコントロールしようのない、ランキング評価の25％を占める部分——大学総長らと学部長らから回収された質問票に基づく他大学からの評判スコアであった。

人間の意見を募った場合はつねにそうだが、こうした分析には、旧態依然とした偏見と無知が確実に入り込む。となると、広く名の知られた有名校ほど立場が守られやすく、ランキングの上位を確保することになる。将来有望な新しい学校にとっては厳しい状況だと言える。

2008年、テキサス州フォートワースのテキサス・クリスチャン大学（TCU）は、USニューズのランキングで順位を大きく落とした。3年前には97位だったのに、その後105位、108位と下げて、ついに113位まで落ちた。この事態に、卒業生と後援者は動揺し、大学総長のビクター・ボスキーニは窮地に立たされた。「私としては何もかも納得がいきません」と、ボスキーニは大学ニュースサイトTCU360で語っている。ボスキーニに言わせれば、TCUはどの指標を見ても「上り調子」だった。「学生の進級率は向上し、資金も潤沢に集まり、すべてが順調に進んでいます」

ボスキーニの分析には、2つ問題があった。まず、USニューズのランキングモデルは大学を他大学と切り離して個別に判定していたわけではない。ある大学の評価スコアが改善されたとしても、他大学がそれを凌ぐ速さで向上していれば、後れを取ることになる。学術用語で言えば、USニューズモデルは大学を「相対評価」していたのだ。そうやって、軍拡競争に火をつけ、油を注いでいた。

もう1つの問題は、TCUが手出しできなかった残りの25%――評判スコアである。入試事務局長のレイモンド・ブラウンによれば、評判の変数は「完全に主観であり、まったく合理的でない」にもかかわらず、最も重い比重がかけられている。入学者選考責任者のウェス・ワゴナーによれば、自校の評判スコアを上げるために他大学に売り込みをかける大学まであるそうだ。「私のところに、ほかの大学からメールが届くのです。その大学がいかに優秀な大学であるかを（私たちに）説明するメールでした」

このような不平不満を募らせながらも、ＴＣＵは自分たちでどうにかできる75％の部分の改善を目指した。結局、大学のスコアが上がれば、評判は後から追いかけてくるはずだ。時間が経つにつれ、同僚たちもその進歩に気づき、より高い評価を付けてくれるようになる。重要なのは、正しい方向に物事を動かしていくことだ。

ＴＣＵは２億５０００万ドルの資金調達活動を開始した。そして、２００９年までに目標額を遥かに上回る４億３４００万ドルを集めた。それだけでも、ＴＣＵのランキングは急上昇した。資金集めも評価項目の1つだったからだ。同大学はキャンパスの改善に大金を費やした。たとえば、ＴＣＵを学生にとってより魅力的な大学にするための努力の一環として、中央モールと新しい学生連合に1億ドルを投入した。そのこと自体は何も悪くないが、ＵＳニューズのアルゴリズムを都合よく助長することになる。より多くの受験生から願書が届けば、大学は学生を選べるようになる。

だが、おそらくそれ以上に重要だったのは、ＴＣＵが最先端のスポーツトレーニング施設を建築し、リソースをフットボールプログラムに注ぎ込んだことだろう。TCUのフットボールチーム「ホーンドフロッグス」は、翌年、全米最強の地位にいた。2010年には無敗で勝ち進み、元旦のローズボウル・スタジアムの試合でウィスコンシン大学を倒した。このような成功のおかげで、TCUはいわゆる「フルーティ効果」の恩恵を受けることができた。1984年、カレッジフットボール史上に残る試合で、ボストンカレッジのクオーターバックだったダグ・フルーティは、試合終了間際、奇跡の逆転を狙うロングパス「ヘイルメアリー」を完璧に決め、対するマイアミカレッジに勝利した。フルーティは伝説の選手となり、2年もしないうちにボストンカレッジへの入学希望者は30%増加した。これと同じような人気の上昇は、ジョージタウン大学でも起きた。パトリック・ユーイングを中心とする同大学のバスケットボールチームが3年連続で全米チャンピオンシップの試合を戦ったときのことだ。

運動部の活躍によって知名度を上げるプログラムは、一部の大学受験者に対して効果てき面であり、入学志望者を増やすきわめて有効な手段であることがわかる。カレッジスポーツをテレビで見ているスポーツ好きの高校3年生の目には、強いチームを抱える学校は魅力的に映る。学生たちはその大学名の入ったウェアやグッズを誇らしげに身に付ける。顔にペイントを施して称える。入学希望者の数も急激に増える。入学希望者が増えれば、大学経営陣はハードルを上げることができ、新入生の試験スコアの平均も上がる。そうなれば、大学ランキングの順位も上がりやすくなる。入学希望者が増えれば、入学を許可されない受験生の数が増え、合格率は低下する（ランキング順位は上がりやすくなる）。

ＴＣＵのこの戦略は当たった。２０１３年には、同大学はテキサス州で2番目に競争率の高い大学になっていて、上を行くのはヒューストンの名門ライス大学のみだった。同年、ＴＣＵは同大学におけるＳＡＴとＡＣＴのスコアの最高記録を更新した。ＵＳニューズのランキング順位も上がった。２０１５年には、76位につけ、わずか7年間で順位を37も上昇させた。

すでに述べたようにＵＳニューズモデルには問題があるし、このモデルは数学破壊兵器でもあるわけだが、それでも、このようなランキングの急上昇はＴＣＵという大学にとっては十分に有益だったことは、ここで確認しておくべきだろう。結局のところ、ＵＳニューズのモデルに使用された代理評価項目の大部分は、学校の全体の質をある程度まで反映していたのだ。ちょうど、パレオダイエット〔旧石器時代のような食〕を続けた人々の健康状態が改善されるのと同じである。ＵＳニューズのモデル自体が問題なのではなく、このモデルの規模拡大特性が問題なのだ。このモデルが広まったことで、誰もがこぞって同じ目標を目指さざるをえなくなり、出口のないラットレースが始まる。そして、意図せぬ有害な結果が大量に生み出される。

たとえば、ランキングが登場する前は、大学進学を希望する学生は、合格ライン低めのいわゆる安全圏の大学に願書を出すことで、多少は熟睡できた。背伸びしないと届かない高嶺の花の大学や手堅く攻めた目標大学など、本命の大学に進めなかったとしても、滑り止めの大学で十分な教育を受けられるし、1、2年後に本命の大学に移る道もあった。

ところが、いまや「滑り止め」という概念は消えつつある。そうなったのには、USニューズのランキングも大きく影響している。TCUの例で見てきたように、「学生を選べる立場にある」ということは、ランキングに有利に働く。入試事務局に願書が殺到すれば、何かがうまくいき始めた証拠である。願書の数は、その大学の評判を如実に物語っている。そして、入学希望者の大多数の入学を拒絶できるようになれば、入学者の学力はこれまでよりも高くなる。代理評価項目の多くがそうであるように、この評価項目もそれなりに意味をなしている。市場の動きに連動しているのだ。

ただし、市場は操作できる。たとえば、従来、滑り止めと目されてきた大学の過去のデータを紐解くと、願書提出者のトップ層で実際にその大学に入学した学生の数はわずかだったことが見て取れる。トップ層の学生の大部分は、本命の大学に進学しており、「保険」の世話にはなっていない。「学生を選べる立場にある」という評価項目のスコアを上げることだけを考えるなら、滑り止めにされてきた大学としては、入学許可を出しても実際には入学しない可能性の高い「優秀な学生」を独自のアルゴリズムで割り出し、最初から入学を許可しない、という対応を取ることも可能だ。そのような対応は、厳正さとはほど遠いものになる。入試事務局のデータサイエンティストがどれだけ頑張ったとしても、その大学は、本来なら入学してくれていたはずの優秀な学生を一定数、確実に失うことになる。そして、残念ながら落とされた優秀な学生たちは、滑り止めだったはずの大学がもはや確実に入れる大学ではなくなったことを、身をもって知るのだ。

この複雑に入り組んだプロセスは、教育の役にはまったく立っていない。当の大学も苦しんでいる。トップ層の学生を失うのだから。彼らが入学してくれていたら、ほかの学生にも、教授陣にも、よい影響を与えてくれていたはずだ。実のところ、かつて滑り止めとされていた大学がそうした優秀な学生を学内に呼び込もうと思ったら、かなりの額の奨学金を用意しなければならなくなっている。ということは、本当に奨学金を必要としている学生のために用意される奨学金が減るということだ。

操作できるランキング

USニューズの大学ランキングが抱える最大の弱点が見えてきた。ジャーナリストが教育の優劣を測るために選んだ代理評価項目は、何だかんだと言っても、理にかなっている。そう、彼らが犯した壮大な過ちは、代理項目を測定に用いたことではなく、ある項目を代理項目として採用しなかったことにある。その項目とは、授業料と入学金である。学生が支払うお金の問題が、モデルに組み込まれていないのだ。

この事実は、私たちがこれから何度も直面する重要な問いにつながっている。モデル作成者の目的は何か、という問いである。試しに、1988年当時のUSニューズの編集者になったつもりで考えてみよう。最初の統計モデルを組み上げた後、そのモデルがはじき出したランキングが果たして正しいのかどうか、いったいどう判断すればよいのか？　ひとまず、すでに確立されているヒエラルキーがランキングに反映されていれば、それなりに信憑性があるとみなされ、迎え入れられることだろう。ハーバード大学、スタンフォード大学、プリンストン大学、イエール大学がランキングの上位に並んでいれば、そのモデルは妥当であると――モデル作成者やモデルを使用することになる顧客の頭のなかにある「公式化されていないモデル」を再現できていると――みなされるはずだ。そのようなモデルを構築するには、一流大学について詳しく調査し、一流大学の何がそんなに特別なのかを考える必要がある。一流大学に共通していることは何か？　一流大学にはあって、隣町の滑り止めの大学にはない特徴とは何か？なるほど、一流大学の学生は、SATの点数がきわめて高く、滞りなく卒業していく。卒業生は金持ちで、母校の大学に高額を寄付している。そうやって、有名ブランドの大学の価値を分析していくことによって、USニューズの大学ランキング企画チームは大学の優秀さを測定する「エリートの物差し」を作り上げていったのだ。

ここで、教育にかかる費用をモデルの公式に組み込むと、妙な結果が出かねない。学費の安い大学が、優秀な大学の序列に割り込んでくる可能性がある。そのような結果を見せられた人は、驚き、疑念を抱くのではないか。USニューズのランキングはまったく信用できないという印象を世間に与えてしまうだろう。最初は、誰もが認める優秀な大学の名前を上位に並べておいたほうが無難である。もちろん、有名大学は学費が高い。しかしそれは、優れた教育の代償だと言えるのではないか。

学費をモデルの公式から外したことで、USニューズは大学総長らに打ち出の小槌を握らせる形になった。15の評価項目の成績を最大化するにはどうすればいいかは、概ねわかっていた。その条件のなかに、学費を安く抑えることは含まれていない。つまり、学費を値上げすれば、より多くの資金をランキング評価項目の改善のために投入できる、というわけだ。

大学ランキングが登場してから、大学の授業料は急騰している。1985~2013年のあいだに、高等教育にかかる費用は500%を超える上昇を示し、そのインフレ率は4倍に迫っている。トップ層の学生を惹きつけるために、各大学では、先のTCUのように建築ブームが続いている。ガラス張りの壁に囲まれた学生センターや贅沢な寮を建て、ジムにはフリークライミング用の壁と泡風呂を備えつける。こうしたことはすべて、学生にとって素晴らしいことだろうし、大学生活をより良いものにしてくれるのかもしれない――だが、その費用を負担することになるのは学生たちだ。数十年かけて学費ローンを支払うことになる。このような動向の責任をすべてUSニューズのランキングのせいにすることはできない。大学教育が重要であるという考え方も、良い大学を出ればその学生の人生には権力と特権がついてくるという考え方も、社会全体に受け入れられているのだから。USニューズが生み出した数学破壊兵器は、社会全体のこのような考え方、不安、神経症を餌にして息づいている。そうした状況が、急騰する授業料と入学金に目をつぶらせ、支払わせる強力なインセンティブになっている。

USニューズのチャートを順調に上っていくにつれ、大学は学生集団を投資ポートフォリオのように管理するようになる。こういったことは、広告の分野でも政治の分野でも、データを扱う世界ではたびたび起きる。大学経営陣にとって、入学する見込みのある学生は資産だが、どの学生もたいてい、負債の種を1つや2つは抱えているものだ。たとえば、優れた運動選手は資産だ。しかし、その学生の学業成績は芳しくないかもしれない。となると、その学生のその部分は負債である。さらに、その学生は資金援助を必要としているかもしれない。それもまた、負債である。ポートフォリオのバランスを考えるなら、大学としては、学費を自分で支払えて、試験でも優秀な成績を取れるような学生を探すほうが理想的だ。しかし、そのような理想的な入学候補者は、せっかく入学を許可してもほかの大学に入学してしまうかもしれない。それもまたリスクであり、定量化しなければならない。ただし、恐ろしいほど複雑であり、入学者募集活動の最適化を謳ったコンサルティング産業も生まれている。

教育コンサルティング会社のノエルレビッツは、「フォーキャスト・プラス」という予測解析のパッケージ商品を提供している。この商品を利用すれば、大学経営者は各学生の入学見込みを、地理的条件、性別、民族性、研究分野、学術的地位、その他（自由に設定可）に基づいて格付けすることができる。ライト・スチューデントという別のコンサルティング会社では、入学する見込みの高い学生に的を絞るのに役立つデータを収集して販売しているほか、学費の支払い能力のある学生のリストや外部の奨学金を獲得できる可能性が高い学生のリストも提供している。学習障害者リストが添えられていることもある。

このような活動はすべて、USニューズを取り巻く広大なエコシステムの内部で起きており、大学ランキングのモデルは事実上の国法のように機能している。ランキング編集者がモデルの重みづけを改変して、たとえばSATの点数を重視しなくなったり、卒業率の重要度を高めたりすれば、教育界全体がその変化に適応するに違いない。その影響範囲は、大学からコンサルティング業界、高校の進路指導部、そしてもちろん、学生にまで広がっている。

当然ながら、ランキングそのものも、フランチャイズとして成長している。長らくUSニューズ社の唯一のビジネスだった『USニューズ&ワールド・レポート』誌は下火になり、2010年には印刷版が廃止され、オンライン版のみの発行となった。一方で、ランキング事業は成長を続けており、医科大学院や歯科大学院、リベラルアーツ大学や工科大学の大学院課程にまで広がりを見せており、なんと、高校のランキングまで手掛けるようになった。

ランキングの成長に伴い、ランキングを操作しようとする努力も活発になっている。2014年にUSニューズが発表した世界の大学ランキングでは、サウジアラビアのキング・アブドゥルアジーズ大学の数学科が、ハーバード大学のすぐ後ろの7位に入っていた。同大学の数学科はどういうわけか、開設後わずか2年で、ケンブリッジやMITなどの並みいる数学の強豪を一足飛びに追い抜いたのだ。

一見したところ、これは好ましい展開のように思える。おそらく、MITやケンブリッジが名声の上に胡坐《あぐら》をかいているあいだに、勤勉な反逆者たちは一流の仲間入りをしようと懸命に努力していたのだろう、と。純粋に評判だけを頼りにしたランキングでは、このようなどんでん返しが起こるまでに何十年もかかる。データに基づくランキングだからこそ、驚くべき速さで実態が表面化したのだろう、と。

しかし、アルゴリズムは操作されることもあるのだ。バークレー校の計算生物学者リオル・パクターは、この件を詳細に調べた。すると、このサウジアラビアの大学は、論文の被引用回数がきわめて高い数学者の多くに連絡を入れ、7万2000ドルの報酬で非常勤教職員になってほしいと申し出ていたことがわかった。パクターがブログに投稿した採用レターの文面によれば、この申し出に応じる数学者は年に3週間、サウジアラビアで勤務する取り決めになっている。彼らのために、大学側はビジネスクラスの航空券と5つ星のホテルを手配する。もしかしたら、彼らにサウジアラビアで活動してもらうことが地元に何らかの恩恵をもたらすこともあるかもしれない。しかし、大学側は彼らに、大手情報企業トムソン・ロイターの引用文献データベースに掲載される所属の書き換えを求めている。トムソン・ロイターのウェブサイトは、USニューズのランキングでも参照されており、重視されている。つまり、サウジアラビアの大学は、新たに採用した非常勤教職員の論文を、同大学から出された論文として主張できるようになるわけだ。論文の被引用回数はアルゴリズムの主要なインプット情報になっているので、キング・アブドゥルアジーズ大学のランキングは急浮上することになった。

犠牲になる人々

中国の都市、鍾祥市の学生は、全国大学統一入試「高考《ガオカオ》」の得点が高いことで評判になっており、中国でもトップクラスの大学に入っていた。あまりに成績が良いので、当局から不正行為を疑われるようになるほどだった。そして2012年、英国のテレグラフ紙の記事によれば、地方当局の調べで99人分の答案の内容がまったく同じであることがわかり、疑惑が高まった。

翌年、試験会場に到着した鍾祥市の学生たちは狼狽した。金属探知機をくぐらされ、携帯電話を預けるように強制されたからだ。学生のなかには、消しゴムに小さな通信機を仕込んでいる者もいた。会場内に入ってからも、他所の学区から派遣されてきた54人の調査員が同伴した。数名の調査員が通りの向かい側にあるホテルに踏み込んだところ、そこには、通信機で学生と連絡を取るために待機している集団がいた。

この不正行為の摘発に対する地元の反応は激しかった。学校の周囲の通りに約2000人が集まり、石を投げるなどの抗議活動が行われた。「われわれは公正さを要求する。われわれにカンニングをさせないのは、不公平だ」と口々に唱えていた。

冗談のように聞こえるが、彼らは真剣そのものだった。学生に大きな期待をかけ、相当な額を出資している。そんな利害関係者にしてみれば、この試験は、学生に一流の教育を受けさせ、前途有望な職に就けさせるための千載一遇のチャンスなのだ。このチャンスを逃せば、僻地とも言える地方都市に埋もれることになる。事実かどうかは別として、彼らは、ほかの学生たちもカンニングをしているはずだと考えていた。だからこそ、鍾祥市の学生がカンニングを許されないのは不公平だと言うのである。カンニングするのが当たり前の状況で、自分たちだけがルールを守れば、不利になる。自転車ロードレースのツール・ド・フランスでも、ドーピングを続けていたランス・アームストロングのチームが7年連続で優勝した。ほかの選手は苦い思いをしたはずだ。

このような状況で勝利をつかむには、有利な立場を確保し、ほかの受験者が自分よりも有利にならないように手を打つしかない。これは中国に限った話ではない。米国でも、高校の入試事務局、受験生の親、受験生は、USニューズのモデルによって生み出されたシステムを操作しようと躍起になっている。

モデルのフィードバックループとそこから生まれる不安が土台となって、家庭教師の業界も繁盛している。多くの人が大金を注ぎ込んでいる。たとえば、トップ・ティア・アドミションズという会社が運営する4日間の「強化合宿コース」は1万6000ドルもする(これに部屋代と食事代が加わる)。大学受験準備のためにこの合宿に参加した高校生は、小論文の書き方を磨き、面接での「正しい」受け答えを教わり、受賞歴、スポーツ歴、クラブ活動歴、地域社会活動への参加歴など、入試事務局の担当者に好まれるような活動履歴をまとめた「活動シート」を作成する。

1万6000ドル。かなりの大金のように思われるが、鍾祥市で抗議の声を上げた中国人と同じで、米国の受験生の親も、わが子の将来の成功と幸せは一流大学に入れるかどうかで大きく左右されるものと考え、案じている。

高い業績を誇る家庭教師は、各大学が合格者を決めるために採用しているモデルの特徴を把握しているので、その大学のポートフォリオに合わせるにはどうすべきかを考えたうえで、受験生を指導することができる。カリフォルニア州を拠点とする起業家のスティーブン・マーは、そのような徹底した市場主義で事業を成功させている。シンクタンク・ラーニング社の創業者であるマーは、有望な学生を彼独自のモデルに当てはめ、その学生が目標の大学に合格できる可能性を計算する。たとえば、彼が受けたブルームバーグ・ビジネスウィーク誌のインタビューで紹介されていた例では、学校の成績評価の平均（GPA）が3・8、SATのスコアが2000、課外活動時間が800時間の米国生まれの高校3年生の場合、ニューヨーク大学（NYU）に合格できる確率は20・4％、南カリフォルニア大学（USC）に合格できる確率は28・1％だった。そうやって計算した後、シンクタンク・ラーニング社では、合格保証付きのコンサルティングパッケージを提案する。提案を受けた学生は、そのコンサルタント会社の指導を受けてNYUに合格すれば、2万5931ドルを支払う。USCに合格した場合は

1万8826ドルだ。合格できなかった場合は、費用はかからない。

各大学の合格モデルは、少なくともこれまでは、USニューズのモデルから派生したものだった。つまり、どれもこれも小さな数学破壊兵器である。そうしたモデルが受験生とその親を狂気の沙汰としか思えない堂々巡りに駆り立て、とんでもない大金を払わせる。ここでも、モデルは不透明だ。大半の参加者（犠牲者）は、裏で何が起きているのかわからないまま取り残される。だが、スティーブン・マーのようなコンサルタントにとっては、大きなビジネスチャンスとなる。彼らは、大学関係者から情報を聞き出すなり、リバース・エンジニアリング〔他社の製品を分解・分析し、そこから製造技術や動作原理を解明すること〕によってアルゴリズムを解析するなりして、モデルの秘密を探り出す。

当然ながら、犠牲になるのは米国人の大多数を占める低所得層と中流階級の人々である。彼らは受験コースやコンサルタントに大金を支払うことができない。内部事情に通じる人間のみが知りえる貴重な情報を得られない。結果的に、特権階級が優遇される教育システムができあがる。貧困層の学生は厳しい現実を突きつけられ、教育の場から締め出され、貧困に向かう道へと追いやられる。社会を分断する溝は深まるばかりだ。

一方で、トップクラスの大学に苦労して入った学生たちも、大きな損失を被る。考えてみれば、大学受験をめぐる駆け引きは、一部の者に富をもたらしはするけれど、実質的な教育上の価値はまったくない。問題を多くはらんだ複雑なシステムを作り上げはしたが、実際に行われているのは、今も昔もたいして変わらない18歳の若者集団を、新奇な手法で再分類し再格付けしているだけだ。より多くのハードルを飛び越えたからといって、あるいはプロの家庭教師から指導を受けて目標大学に合わせた小論文を注意深く書いたからといって、何か重要なスキルを習得できるわけでもない。割安料金で雇える家庭教師をオンラインでかき集めた場合はなおさらだ。富裕層から労働者階級に至るまで全員が、巨大なマシンに適合するように——数学破壊兵器に適合するように——ひたすら訓練を受けている。そして厳しい試練の最後には、多くの者が、支払いに何十年もかかる借金を負わされている。軍拡競争の駒の1つとして、ずいぶんな扱いを受けているのだ。

では、何か解決策はあるのだろうか？ オバマ大統領は、2期目を務めているあいだに、新たな大学ランキングモデルを考案するよう提案していた。USニューズ版のほかにもう1つ、国の優先事項と調和し、中産階級に配慮したモデルを作ろうというのである。オバマ大統領は、副次的な目標として、利益追求型の大学の力を削ぐことも考えていた（金食い虫となった大学の害悪については次章で扱う）。オバマ大統領のアイデアは、大学ランキングシステムに異なる評価項目を紐づけようとするものだった。たとえば、学費の手頃感、貧困層の学生やマイノリティの学生の割合、卒業後の就職率といった項目である。USニューズのランキングと同様、卒業率も考慮される。これらの項目で最低ラインを下回る大学は、年間1億8000万ドルの連邦学生ローン（利益追求型の大学の食い物にされていた）の対象から外される。

たしかに、どれも立派な目標のように思えるが、どんなランキングシステムを作っても、操作は可能である。そうなれば、これまでとは異なる新たなフィードバックループが生み出され、意図しない結果が大量にもたらされる。

たとえば、卒業率を上げるのは簡単だ。水準を下げればいいのだから。多くの学生は、数学と科学の必須課程と外国語に苦労する。そこで、必須課程の内容を薄くすれば、卒業できる学生の数は増える。では、世界経済のために科学者と技術者を多く輩出することが教育システムの1つの目標だったとしたら、どうだろう？　このとき、卒業生の収入を示す数字を増やすことも、評価を上げる鍵となる。となれば、教師やソーシャルワーカーは、エンジニア、化学者、コンピューターサイエンティストよりも稼ぎが少ないのだから、大学はただ、リベラルアーツのプログラムを縮小し、教育学科とソーシャルワーク学科を廃止すればよい。実際には、教師もソーシャルワーカーも社会にとっては重要なのだけれど。

経費を抑えるのも、それほど難しくない。すでに定評のある手法として、終身教授の割合を下げる手がある。給料の高い終身教授が退職したタイミングで、給料の安い講師や非常勤職員に入れ替えていくのである。一部の大学の、一部の学科では、この手法は理にかなっている。しかし、代償も伴う。大学院生と一緒に研究を行う終身教授は、重要な研究の動力源であり、その学科の水準を定める存在でもある。賃貸の部屋代を支払うために3つの大学で週5回の講義をこなすような状況にある非常勤職員では、一般学生向けの講義だけで精一杯となり、研究に費やす時間もエネルギーも捻出できないことが多い。ほかの方法としては、不要な役職を廃止する道も考えられるが、実行されることはまずない。

大学卒業から9ヵ月後の時点での「就職した卒業生の数」も操作可能だ。2011年、ニューヨーク・タイムズ紙に、卒業生の就職率を公表している法科大学院に関する特集記事が掲載された。たとえば、15万ドルの学生ローンで法科大学院を修了した卒業生が、卒業後に法律家として就職できないままバリスタとしてアルバイトで働いている場合も、ニューヨーク・タイムズ紙が取材した悪質な法科大学院では、その卒業生を「就職した卒業生」として数えていた。さらに酷い大学もあった。評価対象となる「9ヵ月後」の時期が近づくと、未就職の卒業生を時給払いの短期バイトとして大学で雇い入れていたのである。ほかにも、新卒の卒業生に調査書を送付し、返信のない卒業生をすべて「就職済み」として扱っている大学もあった。

もしかしたら、オバマ政権によるランキングシステムの改変は、実施されなくてよかったのかもしれない。総長らの抵抗は、凄まじいものだった。大学は、何十年もかけてUSニューズのランキングという数学破壊兵器に適合するように最適化されてきたのだ。卒業率やクラスの人数、卒業生の就職率と収入などの評価項目に基づく新たな公式は、大学のランキングや評判に大混乱をもたらすことだろう。新たなモデルがどんなものでも、脆弱性は伴うし、新たなフィードバックループを生むに違いないのだから。そういう大学側の言い分には、十分な説得力がある。

だからこそ、政府はその言い分を受け入れた。それでよかったのかもしれない。教育省は、ランキングの代わりに、ウェブサイトで大量のデータを公開した。その結果、学生は、クラスの人数、卒業率、卒業生が抱える借金の平均額など、気になるポイントについて自分で調べられるようになった。おかげで、統計処理法や変数の重みづけについて知る必要もなくなった。オンライン旅行予約サイトと同じ要領で、ソフトウェア自体が各自のために個別モデルを作成してくれる。つまり、透明性が確保されていて、利用者自身がコントロールできて、個別化されている。そう、数学破壊兵器とは正反対だ。

第4章［宣伝］

弱みにつけこむオンライン広告

略奪型のターゲティング広告

起業して間もない広告会社インテントメディアで私がデータサイエンティストとして働いていたときのこと。ある日、有名なベンチャー投資家がオフィスにやって来た。この会社への投資を検討しているらしかった。会社側は全力で平静を装おうとしていたが、当然、社内の全員がその投資家の言葉に聞き耳を立てた。

彼は、ターゲティング広告の輝かしい未来について、大枠を語った。人々がデータのやり取りをするたびに、その人に関する事細かな情報が収集され、広告業者のもとに集まってくる。おかげで業者は、その人にとって価値のありそうな情報がその人にとって必要な時に必要な場所で目に入るように、ターゲットを絞って広告を表示させることができるのだと言う。たとえばピザ屋は、あなたが店の近隣に住んでいることだけでなく、先週と同じく今週も、ちょうどダラス・カウボーイズのフットボールの試合がハーフタイムを迎えるころに、深皿焼きのダブルチーズとペペローニソーセージのピザを注文する可能性が高いことまで知っている。ピザ業者のシステムは、あなたのデータパターンを分析し、この20分の枠のあいだにタイミングよく割引クーポンを表示させれば、かなりの確率でクリックすることまで予測していると言うのだ。

だが、彼の主張には大きな弱点があるように私には思えた。その弱点とは——正当性である。しかし彼は、これから急速に普及する個別化された広告は、ますます便利でタイムリーなものになり、顧客にも歓迎され、求められるようになるだろう、と言った。彼の見立てによれば、人々が広告に反発を覚えるのは、表示される広告がどれもこれも的外れだからだが、これからの広告は的外れではなくなる。富裕層向けには富裕層の嗜好に合わせた広告が表示されるようになる。たとえば、バハマの別荘、手摘み一番搾りのバージンオリーブ油の瓶詰め、プライベートジェット機のタイムシェアサービスといった内容の広告なら、富裕層は喜んで受け入れるだろう、と言うのである。そして彼は、「富裕層の人々はもう二度と、あのフェニックス大学の広告を目にしなくて済むんです」と冗談めかして言い添えた。有償で卒業証書や学位を大量発行するフェニックス大学の広告は、学歴を求めてやまない（そして騙されやすい）下層階級の人々にこそ受けるのだから、と。

彼がフェニックス大学の広告を引き合いに出したことに、私は違和感を覚えた。どうやら彼は、その広告を目にしているようだが、私は見たことがなかった。あるいは、私が気づいていなかっただけかもしれない。いずれにしても、そのような大学があることは私も知っていた。フェニックス大学は当時、相当な利益を上げていた。ああいう営利目的の大学に支払われる学費の大半は、政府系の学資ローンで調達される。しかし、そうやって手に入る証書は、就職の役にはほとんど立たず、専門職でも高卒と同列に扱われる。

USニューズの大学ランキングに使用された数学破壊兵器は、富裕層と中産階級の学生（とその家族）の人生を惨めなものにしていたが、営利大学は、その反対側の、もっと弱い立場の学生を狙う。その目的達成の手段として、インターネットは非の打ちどころがなかった。コミュニケーションのプラットフォームになるからだ。おかげで大衆と常につながっていられるのだから、営利大学という産業がインターネットの登場と同時に急成長したのも、当然といえば当然である。フェニックス大学が支払う広告費は、グーグル広告だけでも5000万ドルを超えていた。そうやって、上昇志向を餌に、貧困層の人々をおびき寄せていたのである。広告文には、貧困層の人々は自分で自分の生活を向上させるためにもっと努力すべきである、と書かれていた。人々の心の内に潜むこの非難めいた言葉は、抜群の効果を発揮した。2004〜14年のあいだに、同様の営利教育団体の登録数は3倍に増え、現在では、米国の大学生の11％がそのような営利大学に所属している。

この手の大学の宣伝広告は、インターネットの初期の展望とは程遠いものだ。インターネットは当初、平等化と民主化を押し進める大きな力になると期待されていた。ドット・コムのブームに沸いた時代には、ネットの匿名性を揶揄する風刺画も描かれた。パソコンに向かう犬が別の犬に向かって「インターネット上では、まさか君が犬だとは誰も思わないよ」と言っている風刺画である。かつてはそうだったかもしれない。だが、今はその対極にある。私たちは、選好や行動パターンを暴かれ、幾多のモデルでランク分けされ、分類され、採点されている。そうやって確立された基本情報をもとに、個人に「適合する」広告が表示される。そして、多くの人が産業の餌食になっている。大きな需要を抱える人々がピンポイントで狙われ、偽の契約を結ばされたり、法外な価格で商品やサービスを売りつけられたりするのである。連中は不平等を見つけ出し、そこから甘い汁を吸う。それがまた、既存の社会的階層の固定化につながり、同じような不正が繰り返される。こうして、前述のベンチャー投資家のようなシステムの勝者と、勝者が生み出したモデルの犠牲者とのあいだにあった格差は、ますます広がっていく。

大きな需要と無知とが一緒に存在する場所には、かなりの確率で、このような略奪型の宣伝広告が存在する。セックスに自信をもてない人には、バイアグラなどの勃起不全治療薬やペニス増大法を売り込む広告が表示される。金欠で困っている人のところには、高金利のペイデイローンを勧める広告が流れ込んでくる。あなたが使用しているコンピューターの動作が妙に遅いようなら、略奪型の広告主にウイルスを仕込まれた可能性がある。この後、「コンピューターの動作が速くなる」と売り込む広告が表示されることだろう。これから詳しく見ていく営利大学ブームも、略奪型の広告に支えられている。

相手の「痛点」を探り出す

数学破壊兵器かどうかという観点で言えば、略奪型の広告は、まさに、破壊兵器である。庶民のなかでもとくに絶望的な状況にある人々に照準を合わせ、壮大な規模で作用する。教育分野には、成功へ導くと約束しながら誤った道へと誘導し、誘いに乗った客からお金を最大限に引き出すにはどうすればよいかと計算している輩《やから》が大勢いる。そういう輩のせいで、途方もない規模の極悪非道なフィードバックループが生み出され、客となった人々は借金の山に埋もれた状態で取り残される。広告キャンペーンの中身は不透明なので、餌食にされた側は、自分がどういうからくりで騙されたのか、ほとんど見当もつかない。コンピューター上に広告が表示されたと思ったら、後日、電話がかかってくる。どうして自分が選ばれたのかもわからないし、なぜ相手が自分のことをそこまで詳しく知っているのかもわからない。

コリンシアン大学の例で考えてみよう。この大学は、最近まで営利大学業界の大手だった。多種多様な分校を展開し、8万人を超える学生を抱えていた。学生の大半は、政府の学資ローンを利用していた。しかし2013年、この営利大学は、就職支援の実績として虚偽の就職率を公表し、学生に過剰な学費を請求し、権威に弱い人々を引き寄せるために略奪型広告に非公式の軍の印章を使用したかどで、カリフォルニア州検事総長による摘発を受けた。その訴状によれば、同大学の分校の1つ、エベレスト大学オンラインのブランドン校は、弁護士業務を補佐するパラリーガルのオンライン学士号を取得するための授業料として6万8800ドルを学生に請求していた(同様の講座を米国の一般的な大学で受講した場合、通常、受講料は1万ドル未満である)。

さらに、同訴状では、コリンシアン大学が標的として選んでいたのは「孤独で」「気が短く」「自尊心が低く」「気遣ってくれる知人友人が少なく」「人生に行き詰まり」「明るい将来を夢見ることも計画することもできない」人々だったことを指摘し、コリンシアン大学のこのような実態は「違法で不当な詐欺行為」であるとしている。2014年、不正行為が次々に報告されるなか、オバマ大統領は、同大学の連邦学資ローンの利用を差し控える措置を取った。政府系の学資ローンは同大学にとって生命線だった。2015年半ば、同大学は分校のほとんどを売却し、連邦破産法第11章に基づき、破産を宣言した。

だが、同様の営利大学は今も存続している。とくにたちの悪いのが、職業訓練校のバタット大学である。2012年、上院委員会は営利大学に関する報告書のなかで、バタット大学の学生リクルート・マニュアルを問題にした。その内容は、きわめて悪質である。そのマニュアルでは、リクルーターに対し、「生活保護を受けている子持ちの母親、妊娠中の女性、最近離婚した人、自尊心の低い人、低賃金の職に就いている人、最近身内と死別した人、身体的・精神的虐待の被害者、最近まで収監されていた人、薬物中毒からのリハビリ中の人、就職に行き詰まっている人——要するに、将来のない人々」を狙えと指導している。

彼らはなぜ、そのような人々ばかりを狙うのか？　そういう「つけ入りやすい」人々は、金になるからだ。このような悪徳人は、いつの時代にも存在する。たとえば古い西部劇の映画には、地方を渡り歩くいかさま師が登場する。幌馬車に瓶詰めの山を積み上げて、ガチャガチャと音を立てながら町に入り、店で年配の女性客のそばに座り、彼女の弱みを探る。彼女が笑うときに手で口を隠すのは、歯並びの悪さを気にしているからだろうと当たりをつける。やがて彼女は、指にはめた古い結婚指輪を不安げにくるくると回し始める。太くなり始めた指の関節から察するに、その指輪は、彼女の人生が終わるころには指から抜けなくなるだろう。関節炎を発症しているのだ。そうこうするうちに、いかさま師は彼女の歯並びの悪さや指の痛みに話題をもっていき、商品の売り込みを始める。この商品を使えば、笑顔の美しい女性になれるし、関節の痛みも嘘のように消える、と。相手の弱みを知っていれば、売り込み前の咳払いの段階ですでに売れたも同然である。

略奪型広告の戦略もこれと似ている。いや、似たようなことを、毎日、大勢の人に向けて大々的に行っているのだ。もちろん、客が無知であることが何より重要だ。営利大学の標的にされる学生の多くは、公立の大学よりも私学のほうが名門だと信じて米国に渡ってきた移住者である。たしかに、私学は私学でも、ハーバード大学やプリンストン大学であればそのとおりだ。しかし、デブリー大学やフェニックス大学が州立大学（カリフォルニア大学バークレー校、ミシガン大学、バージニア大学のような優秀な大学ではないにしても）よりも上だと言われて信じ込む可能性があるのは、事情をよく知らない新参者だけだ。営利大学のリクルーターも、怪しげな薬を売るいかさま師も、まずは相手の無知を確認する。そのうえで、つけ入りやすい弱みをもつ人を特定し、彼らのプライベート情報をうまく利用していくのだ。具体的には、相手にとって今一番の苦しみの元である「痛点」がどこにあるのかを探り出す。それは、自尊心の低さかもしれないし、暴力集団が対立を深める地域で子供を育てるストレスかもしれないないし、ひょっとすると薬物中毒かもしれない。たいていの人は、グーグル検索で調べものをするときなどに、気づかないうちに自分の痛点を露呈させている。後々、営利大学の質問票に記入するときにも明かしてしまうことだろう。お金になる貴重な情報を手にしたリクルーターは、高額を支払ってこの大学で教育を受ければ解決策が得られ、痛みは消え去る、と請け合う。前述のバタット大学のマニュアルには、「その瞬間を刹那的に生きる人々を相手にするように」と書かれている。「彼らは、入学を決心するときも、継続するか退学するかを決めるときも、論理より感情に基づいて決める。短期的な視野に立つ者にとって、痛みは大きな動機づけになる」というのである。ITT技術研究所のリクルートチームはもっと露骨な指導をしていた。激しい痛みに悶える患者を前にした歯科医の画像を添えて、「どこが痛むのかを突き止めろ」と書いている。

興味を引かれた学生が営利大学のウェブサイトを初めて訪問するころには、巨大産業のプロセスはすでに動き出している。たとえば、コリンシアン大学のマーケティングチームはメンバー30人、年間予算1億2000万ドルで、予算の大半は、できるだけ多くの学生の目を引き、入学を検討させることに費やされている。毎年240万人が同大学に興味をもち、そのうち6万人が新入生となり、年間6億ドルの利益をもたらす。この大所帯のマーケティングチームは、TV広告、高速道路脇のビル壁面広告、バス停の広告スペース、ダイレクトメール、グーグルの検索広告、リクルーターの学校訪問、戸別訪問など、実に多様なチャネルを通じて入学候補者にアプローチしている。チーム専属アナリストが、フィードバックを得るという明白な目標をもって、さまざまな広報宣伝をデザインしている。リクルート活動を最適化し、収益を最大化するには、自分たちが発したメッセージが誰に届いているのかを知る必要があり、可能なら、そのメッセージがどのような影響を与えたのかも知りたいところだ。そのようなデータがあってこそ、オペレーションの最適化が図れる。

潜在需要を捉える実験場

最適化プログラムでは、当然ながら、目標選びが重要になる。フェニックス大学のように、金儲け主義で学位を量産するような大学は、授業料と入学料を支払うために政府の学資ローンを調達できる学生の獲得数を最大化することを目標にしている。データサイエンティストは、そのような目標を念頭に置き、広告費に見合った収穫が得られるように、各種チャネルの最適な管理方法を探っていかなければならない。

データサイエンティストがまず手掛けるのが、ベイズ的アプローチである。ごく普通の統計学とほとんど変わりない手法なのだが、ベイズ解析の要点は、望ましい結果に最も大きく影響する変数を上位にランク付けする点にある。検索広告、TV広告、ビル壁面広告、その他の広報手段の有効性を、1ドルあたりの対費用効果で測定する。メッセージが届く相手は媒体ごとに異なるだろうが、それも数値もしくは重みづけで表現される。

だが、多様な媒体から発せられたキャンペーンメッセージは相互に作用する。しかも影響の大半は測定不可能だ。どうしても作業は複雑になる。バス停の広告は、電話をかけてくる人数に影響したのか？　はっきりしたことは言えないだろう。しかしオンラインメッセージなら、追跡はもう少し簡単で、居住地や過去の閲覧サイトなど、見込み客に関する詳細情報も収集できる。

営利大学の広告費がグーグルとフェイスブックに集中する理由もそこにある。いずれのプラットフォームでも、広告主はターゲット集団を細かな条件でセグメント化できる。たとえばジャド・アパトー監督の新作映画の広報担当者なら、郵便番号別で上位50位までに入る裕福なエリアの18〜28歳の男性を標的にし、さらに、アパトー監督のヒット映画『エイミー、エイミー、エイミー！：こじらせシングルライフの抜け出し方』のページをクリックしたか、「いいね」を押した人、ツイッターでアパトー監督についてツイートした人、あるいはそういう人の友人を対象にして絞り込むことができる。ただし、実際に営利大学が狙うのは、その反対側の人々だ。郵便番号別で最貧困層エリアに住む人々、なかでもペイデイローンの広告をクリックした人や外傷後ストレスに関心のありそうな人に目をつける（退役軍人は融資を得やすいこともあって、入学する可能性が高い）。

ベイズ解析の次は、「A／Bテスト」に進む。2パターンの比較をひたすら繰り返すことによって、有望顧客を最も多く呼び込めるパターンを探る手法である。この手法は、何十年も前からダイレクトメールの市場で使用されてきた。キャッチーな宣伝文句を大量配信し、その反応を見ながら、広告キャンペーンの内容を微調整していく。受信箱にクレジットカード入会の勧誘メールが届くたびに、あなたはそのようなテストに参加することになる。未開封のまま削除したとしても、送り主にとってはそれが貴重な1票になる。その宣伝文句ではあなたを動かせない、という事実がわかったのだから。次に送られてくるときは、少し違ったアプローチで来るだろう。おびただしい数のメールが瞬時にゴミ箱行きになっているため、いくらやっても無駄なように思えるかもしれないが、郵便の場合もインターネット経由の場合も、ダイレクトメール市場では、応答率1％でも大成功になる。とにかく総数が大きいのだ。米国人口全体を相手にすれば、わずか1％でも、300万人を超える規模になる。

広告キャンペーンの舞台がひとたびオンラインに移ると、学習は加速する。インターネットは広告主にとって、消費者研究と潜在需要発掘のための過去最大の実験場となっている。何か広告宣伝活動をするたびに、瞬時にフィードバックが返ってくる――郵送のダイレクトメールではあり得なかった速さだ。（数ヵ月ではなく）数時間のうちに、とくに反応のよい宣伝文句を絞り込み、最高に魅力的な文言へと近づけていく。見込み客を動かす最適な言葉を正確に割り出し、理想的なタイミングで届けるため、ひいては、お金を払ってくれる客を新たに1人獲得するために、このような微調整が延々と繰り返される。

この、大量データを高速に処理できるマシンは、徐々に私たちのデータを自力で選別するようになり、私たちの趣味、望み、不安、欲望を検索するようになる。AI（人工知能）の1つの分野として急成長を遂げている機械学習機能のおかげで、ごく基本的な指示だけ与えれば、コンピューターは自分でデータの海に潜っていく。アルゴリズムによってパターンを自動検出し、その後、時間をかけて、パターンと結果を結びつけていく。たしかに、ある意味これは、学習である。

機械学習は、人間の脳と比べてとくに効率が高いわけではない。人間の子供は、一度でもストーブに指を触れて痛い思いをすれば、その後、一生のあいだ、熱い金属と指のズキズキとした痛みを結びつけて考えるようになる。そして、そのような出来事を表す言葉として、「火傷《やけど》」

という言葉も獲得する。だが、機械学習プログラムの場合は、原因と結果を結びつける統計学的モデルを生成するまでに、膨大な数のデータポイントを必要とする。それでも今は、歴史上初めて、ペタバイトのデータがすぐに手に入る時代になった。それだけのデータを処理できる高性能のコンピューターも存在している。機械学習は多くの業種で活用されており、ルールに縛られた従来のプログラムよりも柔軟で繊細な働きぶりを見せている。

たとえば言語科学者は、1960年代から今世紀初頭まで数十年かけて、コンピューターに読み方を教えようと試行錯誤を重ねてきた。その年月の大部分は、語義と文法をコード化するプログラミング作業に費やされた。しかし、外国語を学ぶ学生なら、誰でもすぐに気づくはずだ。言語のルールにはいくらでも例外がある、と。仲間うちで話される俗語や隠語もあるし、皮肉が込められていることもある。同じ単語でも、時代や場所によって意味は変わる。言語の複雑さは、プログラマーにとって悪夢以外の何物でもない。それをコード化するなんてことは不可能だ。

ところが、インターネット上には、世界中の人々が日々の暮らしや仕事、買い物や友情について語った言葉が無数に蓄積されている。インターネットに書き込むことで、私たちはいつのまにか、自然言語機械のために史上最大のトレーニング用コーパス（文例集）を築き上げていたのだ。紙に書き込んでいた時代から、電子メール、そしてソーシャルネットワークへと移行したおかげで、機械が私たちの言葉を研究し、他言語と比較し、文脈について何かをつかめるようになった。このような進展は急速に進み、劇的な進化を遂げている。アップル社が発表した自然言語対応型パーソナルアシスタント「Ｓｉｒｉ」がテクノロジー業界をがっかりさせたのは、ほんの少し前、２０１１年のことだ。当時のＳｉｒｉは、精通分野が限られていたため、間違いだらけの回答を繰り返し、笑いものにされていた。私の知り合いのあいだでも、Ｓｉｒｉは使い物にならない、という声が多かった。ところが今では、多くの人が絶えず携帯電話に話しかけ、天気予報やスポーツの試合結果を尋ね、目的地までの道案内を依頼している。大雑把に言って、２００８〜１５年までのどこかのタイミングで、アルゴリズムの言語スキルは、幼稚園に入園する前の幼児レベルから中学生レベルへと飛躍的に進歩した。アプリケーションによっては、それ以上の高度なスキルを備えたものもある。

自然言語処理能力がこのように進歩したおかげで、広告主は、見込み客が多く集まる豊かな鉱脈を開拓することができた。プログラムは、言葉の意味を知っている。少なくとも、ある言葉を、特定の行動と結果に関連づけることができる。言語習熟度の高まりに後押しされる形で、広告主も、より深く掘り下げてパターンを探索できるようになった。広告プログラムは、最初のうちこそ、通常の人口統計学的データや地理的データの詳細を探るが、数週間、数ヵ月がすぎるころには、自分が標的とすべき人々のパターンを学習し始め、対象者の次の行動を予測するようになる。広告プログラムは、彼らのことを知っているのだ。これが略奪型のプログラムなら、彼らの弱みを正確に把握し、つけ入る隙を見つけ出し、口説き落とすための最も効果的な手順を追求することになる。

リード・ジェネレーション

最先端のコンピューター科学のほかにも、略奪型の広告主が頻繁に利用するものがある。中間業者だ。中間業者は、見込み客を引き込むために、さらに荒っぽい手を使う。2010年、オバマ大統領の写真に「オバマ大統領からのお願いです。母親のみなさん、もう一度、学校に通い、学位を取得してください。適格者には学資援助が支給されます」と書かれたオンライン広告が出回り、大きな成果を上げた。この広告を見た人は、学校に通い直す母親を支援する新法案に大統領が署名したかのような印象を受ける。だが、そのような事実はなかった。それでも、その広告をクリックする人が増えたなら、目的は達成されたわけだ。

このような誤解を生む見出しの向こう側では、後ろ暗い連中が業界をあげて働いている。非営利・独立系の報道機関プロパブリカの調査によれば、この広告をクリックすると、年齢や電話番号を答えさせる質問がいくつか表示されたあと、すぐに営利大学から電話がかかってくる。電話の相手は、オバマ大統領の新法案の話題には一切触れない。そんな法案は存在しないのだから、当然である。その代わり、入学登録料を支払うために借金が必要なら手続きを手伝う、との申し出がある。

この手の標的型オンライン広告は、「リード・ジェネレーション」と呼ばれている。見込み客のリストを作成して販売するのが目的だ。オバマの写真を使ったこの広告の場合、作成したリストは営利大学向けに販売される。前述のプロパブリカの調査によれば、営利大学の広告予算の20~30%はリード・ジェネレーションに支払われている。とくに精度の高いリストの場合、販売額は1人150ドルになることもある。

公共政策研究員のデビッド・ハルペリンによれば、ソルトレイクシティに拠点を置くリード・ジェネレーション請負会社のニュートロン・インタークティブは、Monster.com のような求人サイトに、食料配給券の給付や公的医療制度メディケイド適用支援の広告のほかに、偽の求人情報を掲載していた。同社は同様の最適化手法を用いて、実にさまざまな種類の広告を展開し、人口統計学的階層ごとに有効性を測定している。

この広告の目的は、絶望的な求職者を誘い込み、電話番号を引き出すことだった。その後すぐに電話をかけても、大学の講座に興味を示す人はわずか5%だった。それでも、勧誘の足掛かりになる貴重な情報であることに変わりはない。営利大学は、この情報を1件につき85ドルで購入する。そして、この投資に見合う成果が得られるように、リストを使ってできることは何でも実践する。米国会計検査院の報告によれば、入学者候補の元には、登録して5分以内に最初の電話が入り、その後も、月に180回以上の勧誘電話を受けるようになる。

もちろん、営利大学も独自にリード・ジェネレーションを行っている。その貴重なツールになっているのが「カレッジ・ボード」というウェブサイトである。多くの学生が、ＳＡＴ試験の申し込みや、進学先の情報収集に利用している。ブルックリンにある「若い女性のための数学と科学のアーバン・アセンブリー研究所」という公立学校で大学準備カウンセラーをしているマラ・タッカーによれば、「カレッジ・ボード」サイトの検索エンジンは、貧困層の学生を営利大学に導くように作り込まれている。オンラインの質問に「学費支援が必要」と回答すると、適性のある大学一覧の上位を営利大学が占めるようになる。

営利大学は、直接対話に応じる学生には無料サービスも提供している。同じくアーバン・アセンブリー研究所で大学準備カウンセラーをしているキャシー・マゲニスに話を聞いたところ、営利大学は学生向けに、履歴書の書き方を指導する無料ワークショップを開催しているそうだ。この取り組みは学生の助けになる。しかし、連絡先を握られた貧しい学生のもとには、その後、しつこく勧誘の連絡がくる。営利大学は、裕福な学生には見向きもしない。学生も親も多くを知りすぎているからだ。

営利大学のビジネスで最も重要なのは、あらゆる手を尽くして学生をリクルートすることだ。ほとんどの場合、予算に占める割合は、教育費よりもリクルート費のほうが遥かに大きい。営利大学30校を調査した上院議会の報告書によれば、学生48人に１人の割合でリクルーターが雇われている。フェニックス大学の親会社であるアポロ・グループが２０１０年にマーケティングに投じた額は10億ドルを超えており、その大半がリクルート費だった。学生１人あたりのマーケティング費が２２２５ドルであったのに対し、学生１人あたりの教育費はわずか８９２ドルであった。この数字は、オレゴン州のポートランド・コミュニティカレッジとは対照的である。同大学では、学生１人の教育に５９５３ドルを投じており、学生１人あたりのマーケティング費はわずか１８５ドル、予算の約１・２％である。

貧富の格差を増幅する

数学は、複雑なモデルの形を取って、略奪型広告を勢いづかせ、見込み客を営利大学に次々と送り込む。しかし、リクルーターが見込み客である学生にしつこく電話するころには、数字の世界は関係なくなっている。お手頃価格の授業料、将来の輝かしいキャリア、そして社会的地位の向上を約束するセールストークは、魔法の薬や毛生え薬、ウエストの脂肪を燃やす振動ベルトのたぐいを売り込むセールストークと何ら変わらない。使い古された手法である。

とはいえ、数学破壊兵器を破壊兵器と呼ぶ理由は、多くの人の生活にダメージを与えるからだ。これまでに見てきたような種類の略奪型広告によるダメージは、学生が授業料と入学料を払うために高額の学費ローンを抱え込んでから、現れ始める。

ここで重要な指標となるのが、１９６５年の高等教育法で定められた「90／10ルール」である。大学が連邦政府から受給できる学資援助額の上限を定めたもので、財源の90％を超える額を受け取ることはできないとされている。ほんの一部でも身銭を切っているほうが、学生もより真剣に学ぶだろう、と考えてのことだ。しかし、営利大学はこの比率をすぐに自分たちの事業計画に組み入れた。学生が、貯金からでも銀行ローンからでも、とにかく数千ドルをかき集めれば、営利大学はその9倍の額を政府のローンで用立てることができる。つまり、学生の一人ひとりが金づるになる。

大学から説明を聞いた学生の多くは、ローンのことをまるで打ち出の小槌のように思うだろうし、大学側はそのような学生の誤解をわざわざ訂正するような真似はしない。だが、ローンとは、借金である。ローンを利用した学生の多くは、気づいたときには、借金で首が回らなくなっている。コリンシアン大学が倒産したとき、同大学の学生が抱えていた未払いの借金の総額は35億ドルに及んでいた。その大半は納税者の負担となり、返済されることはない。

なかには、営利大学に通い、知識と技能を上手に活用して身を立てた人もいるだろう。しかし、営利大学の数分の1の学費で学位を取得できるコミュニティ大学に通うよりも良かったと言えるのか？　2014年、CALDER／米国研究所の研究員らは、9000件近い架空の履歴書を作成した。学歴欄に営利大学の準学士号〔短期大学卒業に相当する学位〕を記載したもの、コミュニティ大学の準学士号を記載したもの、大学教育の記載のないもの、という3通りを用意し、主要7都市の人材募集に応募して、その応答率を測定した。すると、営利大学で取得した学位の職場での価値はコミュニティ大学の学位よりも低く、高卒と同等に扱われることがわかった。にもかかわらず、営利大学の学費は、主要公立大学よりも平均で20％も高い。

数学破壊兵器のフィードバックループは、それほど複雑ではないが、きわめて非道である。米国人口の最貧困層にいる40％の人々を標的とし、絶望の淵に追いやる。産業界では機械化や海外転出が進み、至るところで職が消失している。労働組合も活力を失っている。上位20％の人々が国内の富の89％を手にしており、下位40％の人々には何も回ってこない。下層の人々の資産といえば消極資産、すなわち負債である。社会の底辺でぎりぎりの生活を送る家庭の数は多く、この層の平均的家庭が抱える借金の額は1万4800ドルで、その大半は、法外な金利を課すクレジットカード口座で発生している。この層の人々に必要なのはお金である。そして彼らは、より多くのお金を稼ぐには教育が重要だ、と繰り返し聞かされている。

そこに、営利大学が現れる。高精度化された数学破壊兵器を携えて、誰よりも困窮している人々に、法外な学費をふっかける。教育を受ければ上位層に上がれる、という期待をもたせ、つけ入る。そして、さらに深い借金の沼へと陥れるのだ。営利大学は貧困家庭の差し迫ったニーズと、無知と憧れを、利用するだけ利用して、搾取する。しかも、それを大々的な規模で行っている。このような行為は、人々を絶望させると同時に、教育の価値に対する疑念を広め、国内の貧富格差を増幅させる。

ここで留意すべきは、このような営利大学の存在によって、社会の不公平が両方向に広げられている点である。大手営利大学の学長らは、毎年、巨額の金を稼いでいる。たとえば、フェニックス大学の親会社であるアポロ・エデュケーション・グループのCEO、グレゴリー・W・カッペリの2011年の手取り額は、総額2510万ドルだった。公立大学でそのような大金を稼げる望みがあるのは、フットボールかバスケットボールの名コーチぐらいなものだ。

規制を巧みにかいくぐる

残念ながら、略奪型広告を展開しているのは営利大学だけではない。同類はたくさんいる。人々が苦しみ絶望している場所をちょっと考えてみれば、そこには必ず広告業者の影があり、略奪型モデルが威力を発揮している。とくに狙われやすいのは、当然ながら、ローンを求めて人が集まる場所である。誰にとってもお金は必要だ。しかし、ほかの誰よりも差し迫ってお金を必要としている人がいるものだ。そのような人を探し出すのは難しいことではない。最もお金を必要としている人は、貧困地域に居住している可能性が高く、そのような地域の郵便番号は調べればすぐにわかる。略奪型の広告主にしてみれば、彼らは検索エンジンに入力された検索ワードやクーポンのクリック実績に基づいて、とくに興味をもってくれそうな人々に向けて大声で叫んでいるだけなのだ。

営利大学と同じく、ペイデイローン業界も数学破壊兵器を使っている。法に則って運用されているものもあるが、この業界自体が根本的には弱者から搾取する業態であり、短期ローンに平均で574%という法外な金利を請求しているため、借入額は平均で8倍にまで膨れ上がり、長期ローンのように借り手の肩にのしかかる。ペイデイローン業界は、詐欺師まがいの連中が集まるデータブローカーやリード・ジェネレーターの軍団に支えられている。彼らの広告は、コンピューターや携帯電話の画面にポップ表示され、すぐに現金が手に入ると宣伝している。申請フォームには銀行口座情報などを記入する欄があるが、情報を記入すれば、窃盗や不正使用の危険に身を晒すことになるだろう。

2015年、連邦取引委員会は、50万人を超す消費者のローン申請情報を販売したとして、データブローカー2社を告発した。訴状によれば、この2社は、フロリダ州のセコイア・ワン・オブ・タンパと、クリアウォーター近隣のジェン・エックス・マーケティング・グループで、顧客の電話番号、就職先の詳細、社会保障番号、銀行口座情報を盗み出し、1件あたり約50セントで販売していた。規制当局によれば、この情報を購入した企業数社が、顧客の銀行口座から少なくとも710万ドルを不正に引き出していた。被害者の多くは、後になって、口座からの全額引き落としや不渡り小切手の手数料を銀行から請求されたのだ。

被害額の数字だけを見れば、気の毒になるほど低額である。50万件を超える銀行口座から、総額710万ドルということは、1口座あたりわずか14ドルだ。窃盗犯も、情報を入手した口座のすべてにアクセスできたわけではないだろう。だとしても、彼らが各口座から盗んだお金は間違いなく低額であり、それは、貧しい人々が口座に残していた最後の50ドルや100ドルだった。

　現在、規制当局は個人データ市場を規制する新たな法律の策定を急いでいる。そのような個人データは、あらゆる種類の数学破壊兵器に不可欠な入力情報である。これまでも、「公正信用報告法（FCRA）」や「医療保険の携行性と責任に関する法律（HIPAA）」といった2、3の連邦法によって、医療データと信用データの使用にはいくらか制限が設けられていた。リード・ジェネレーターのような業者の存在を念頭に置けば、今後、さまざまな規制が追加されるだろう。

　しかし、次章以降でこれから順に見ていくとおり、際立った威力をもつ極悪非道な数学破壊兵器のなかには、規制を巧妙にかいくぐっているものもある。そのようなモデルは、近隣情報からフェイスブックの友達まで、あらゆるものを研究し、私たちの行動を予測し、そして、私たちの自由を奪うことさえあるのだ。

第5章 [正義]

「公平」が「効率」の犠牲になる

犯罪を予測する

ペンシルバニア州にあるレディングという小都市は、脱工業化時代を迎え、厳しい時期を過ごしている。フィラデルフィアから西に50マイル（80キロメートル）の緑の丘に位置するレディングは、鉄道、鋼鉄、石炭、織物で栄えた。しかし、ここ何十年かはこれらの産業が急激に衰え、この街は衰退している。2011年には、貧困率が国内最高の41・3％になった（翌年には、デトロイトに僅差で抜かれた）。2008年の市場崩壊後に押し寄せた不況の波が、レディングの経済を打ちのめした。税収入が急落し、警察官45名を解雇しなければならなかった――犯罪は一向に減らないのに。

レディングの警察署長ウィリアム・ハイムは、少ない人員でこれまでと同レベルかそれ以上の治安維持活動を行う方法を考え出さなければならなかった。そこで、２０１３年、カリフォルニア州サンタクルーズを拠点とするビッグデータ関連のスタートアップ企業、プレドポル社の犯罪予測システムを投入した。このシステムは、過去の犯罪データを処理し、犯罪が起きる可能性の高い場所を絶えず計算し続ける。レディングの街の警官たちは、このプログラムが出した結論を地図上の四角い区画として見ることができる。各区画は、フットボール場2個分ほどの大きさである。その区画を重点的にパトロールすれば、犯罪を阻止できる見込みが高い。そして1年後、ハイム署長は、住居侵入の件数が23％減少したと発表した。

今では全米の警察でプレドポルのような予測プログラムが予算に組み込まれている。アトランタでもロサンゼルスでも、予測された区画に警官が配備され、犯罪率の低下が報告されている。ニューヨーク市警でも、コンプスタットという同様のプログラムが使用されている。フィラデルフィア警察が導入した地元のハンチラボ社の製品には、リスク地域分析機能が備わっており、ATM設置場所やコンビニエンスストアなど、犯罪者の襲撃を受ける可能性のある特徴が組み込まれている。ビッグデータ産業の御多分に漏れず、犯罪予測システムの開発者は、モデルの精度を急速に高めるために、ありとあらゆる情報を早急に組み込んでいる。

この犯罪多発区画を予測するモデルについて、第1章で考察した野球の守備配置モデルに似ていると考えた読者もいることだろう。野球モデルでは、各打者の過去の打席の記録を調べたうえで、ボールが飛んでくる確率の高い場所に重点的に守備陣を配置した。犯罪予測システムもこれと同様の分析を実行し、犯罪が発生する確率の高い場所に警官を重点的に配備する。どちらも限られたリソースの活用を最適化している。ただし、犯罪予測モデルのほうが野球モデルよりも高度に洗練されたものが多い。というのも、犯罪の波ともいうべき数列を予測するからだ。たとえば、プレドポルのモデルは地震予測システムをベースとして作られている。ある地域で起きた1件の犯罪を調べ、それを過去のパターンに組み入れ、次にいつどこで発生するかを予測する（この予測モデルから、ある単純な相関が導き出されている。隣家に泥棒が入ったら、あなたも備えを厳重にしたほうがいい）。

プレドポルのような犯罪予測モデルには、特筆すべき優れた点がある。スティーヴン・スピルバーグ監督の映画『マイノリティ・リポート』に登場する犯罪予知システムや犯罪予防局とは異なり（そして、現実社会で間もなく施行されようとしている不吉な政策構想とも異なり）、犯罪予測モデルを使った捜査では、犯罪の実行前に警官が人々を逮捕するようなことはない。また、カリフォルニア大学ロサンゼルス校（UCLA）の人類学教授であり、プレドポル社の創設者でもあるジェフリー・ブランティンガムの話では、同社の犯罪予測モデルに入力されるデータには、人種や民族に関するデータは一切含まれていないそうだ。さらに、第1章で紹介した、裁判所の量刑ガイドラインとして使用されている再犯リスク予測モデルのようなプログラムとも異なる。プレドポルが照準を合わせるのは、個人ではなく、区画である。主な入力情報は、個々の犯罪の種類・発生場所・発生日時だ。公正さは十分に確保されていると考えられる。犯罪発生リスクの高い区画に警官が長く留まれば、住居侵入や車上窃盗を阻止できるのだから、地域社会のためになると考える正当な理由になる。

しかし、ほとんどの犯罪は住居侵入や重窃盗ほど重大な犯罪ではない。実はそのことが、深刻な問題を生んでいる。警察は、プレドポルのシステムの導入時に、1つの選択を迫られる。いわゆる重罪のみに特化する設定を選ぶこともできるのだ。重罪というのは、殺人罪、放火罪、暴行罪などの暴力的な犯罪であり、これらの犯罪は、必ず警察に通報が来る。一方で、対象範囲を非暴力的な犯罪にまで広げて設定することもできる。路上で生活する浮浪者、執拗な物乞い、少量の薬物の販売・使用などが該当する。このような、社会規範に反する迷惑行為の多くは、警官が現場で目撃しなければ、通報されることはない。

迷惑犯罪は、貧しい地区ならたいていの場所で見られる、地域特有の犯罪であり、地域によっては反社会的行動（ＡＳＢ）とも呼ばれている。残念ながら、このような軽犯罪までモデルに組み入れてしまうと、分析結果が歪む恐れがある。迷惑犯罪データが多発すれば、その区画に配備される警官の数は増える。すると、その区画で逮捕される人数はさらに増える。住居侵入や殺人、強姦を阻止するのが本来の目的だとしても、そちらはすぐに成果が出るわけではない。パトロールとはそういうものだ。巡回中に、16歳未満とおぼしき少年たちが鞄から瓶を取り出して煽るように飲むのを見かけたら、警官はその子たちを呼び止めるだろう。その程度の犯罪データまでモデルに次々に追加してしまうと、警官はその区画ばかりを巡回することになる。

　こうして、有害なフィードバックが生まれる。警察が巡回すればするほど、新たなデータが発生し、その場所を重点的に巡回することが正当化される。すると、「犠牲者なき犯罪」で有罪となった大勢の人で刑務所はあふれかえる。そのほとんどは貧しい地区の住人であり、黒人とヒスパニック系が大半を占める。そのため、モデルで人種を区別していなくても、結果は偏ることになる。人種ごとの住み分けがはっきりしている都市では、区画データは人種の代理データとして高い精度で機能する。区画を特定すれば、人種を特定したのとほぼ同等の意味をもつのだ。

　重犯罪を防止することがモデルの本来の目的なら、いったいなぜ、迷惑犯罪まで追跡しようとするのか？　それは、１９８２年に犯罪学者のジョージ・ケリングと公共政策の専門家ジェイムズ・Ｑ・ウィルソンが「割れ窓理論」に関する論文をアトランティック・マンスリー誌に発表して話題になって以来、反社会的行動と犯罪とのあいだには関連があるとする考え方が定説になっているからだ。軽犯罪や不品行が放置されると、その近隣に無秩序な雰囲気が生まれ、法を守って暮らす市民は近づかなくなる。後には人気のない暗い通りが残され、重犯罪の温床となる。この状況から脱却するには、地域をあげて無秩序の拡大に抵抗するしかない。割れた窓を修理し、地下鉄車両の落書きを消し、迷惑犯罪を阻止するための対策を講じなければならない、というのである。

この理論からの派生で、1990年代には全米各地で「ゼロ・トレランス（不寛容）」政策が実施されるようになった。なかでも有名なのが、ニューヨーク市の事例である。地下鉄の無賃乗車を試みた少年らを逮捕し、マリファナたばこの喫煙者を取り押さえ、護送車に乗せて何時間も市中を練り走ったあとで、調書を取った。暴力犯罪が激減したのはこうした積極的な取り締まりのおかげだと言う人もいるが、それに異を唱える人もいる。ベストセラー『ヤバい経済学』（東洋経済新報社）の著者らは、犯罪が減少したのは1970年代に妊娠中絶を合法化したことと関連しているとさえ言っている。このほかにも、クラック・コカイン中毒の発生率の低下から、1990年代の好景気まで、さまざまな理論が浮上した。それでも、ゼロ・トレランス政策は幅広い支持を受け、刑事司法制度によって大勢の人が刑務所に送られた。その大半はマイノリティの若い男性であり、罪状の多くは軽犯罪だった。

ところが実は、ゼロ・トレランス政策は、ケリングとウィルソンの「割れ窓理論」とはかけ離れたものだった。ケリングとウィルソンは、「割れ窓理論」における警察活動の成功例がどのようなものであるかを強調するためのケーススタディとして、ニュージャージー州ニューアークの例を紹介している。同プログラムでは、担当区域を巡回する警官に高い寛容性が求められる。警官の仕事は、その区域特有の秩序基準に順応し、その維持に力を貸すことだからだ。秩序基準は同じ都市でも区域によって異なる。ある区域では、酔っ払いが道を歩くときは、酒瓶を鞄から出してはいけないし、大通りは避けて通らなければならないが、脇道であれば問題ない。中毒者も、路上に横たわってはいけないが、道端にかがみ込むのは許される、という具合である。要するに、その区域の秩序基準を下回らないようにするだけでいい。この枠組みのなかで警官が果たすべき役目は、その区域に特有の秩序が維持されるように後押しすることであって、警察側の秩序を強制することではなかった。

数理モデルが法の執行を支配する

話が本題から逸れているのではないかって？　プレドポルシステムや数理モデル、数学破壊兵器とどう関係するのか疑問に思った読者もいるかもしれないが、ここで言いたいのは、割れ窓理論にせよ、ゼロ・トレランス政策にせよ、いずれの警察活動も、1つのモデルであるということだ。私の献立モデルやUSニューズの大学ランキングと同じで、どちらの犯罪阻止モデルも、ある特定の入力データを必要とし、一連の応答を返したあと、目的達成のために調整されていく。警察活動のあり方についても、そのつもりで注視することが重要だ。なぜなら、このような数理モデルが、今まさに、法の執行を支配しているからである。そして、そのような数理モデルのなかには、数学破壊兵器も紛れ込んでいる。

とはいえ、警察が迷惑犯罪のデータまで入力対象に含めたがる理由も理解できる。ゼロ・トレランス政策が掲げる正論を聞けば、多くの人は、軽犯罪と重犯罪の関連を否定するのは、煙と火の関連を否定するようなものだと感じるだろう。英国ケント州の市警は、2013年、プレドポルを試験的に導入し、迷惑犯罪データをモデルに組み込む設定を選択した。モデルはうまく機能しているように思われた。プレドポルの画面表示に従うことで、効率は、ランダムにパトロールしていた頃の10倍に高まり、正確さも、警察の情報機関から配信される分析結果の2倍に高まった。しかし、このモデル予測の的中率が最も高かった犯罪の種類は？　迷惑犯罪だった。これは、世界中のどこで試しても同じである。酔っ払いは、毎日毎日、同じ壁の前で立ち小便をするし、麻薬常習者は同じ公園の同じベンチの上で伸びている。一方で、車上窃盗犯や住居侵入犯は、警察の動きを熱心に予測し、犯行場所をつねに変えている。

暴力犯罪との闘いを強調するなら、警察署長は、予測モデルに大量の迷惑犯罪データが流れ込むことのないように、はっきりとした制限をかけるべきだろう。私たちは、データは多いほど良いと単純に思い込んでしまう。モデルの照準を暴力犯罪のみに絞れば、画面に表示される区画はまばらになるが、迷惑犯罪データまで含めれば、画面いっぱいに、より鮮明に、その都市の無法ぶりが描き出される。

そして不幸なことに、たいていの管轄区域で、犯罪マップは貧困層を追跡することになる。貧困区域での逮捕数が多いとわかったところで、それはただ、社会の中産・上流階級で広く信じられている主張——貧困層が抱える問題の責任は彼ら自身にあり、街の犯罪の大半は貧困層によって起こされるという主張――を裏付けるだけで、何の役にも立たない。

しかし、警察が別の種類の犯罪に目を向けたとすれば、どうだろう？　この問いかけは、直観に反するかもしれない。なぜなら、警察も私たちも、犯罪をピラミッド構造で捉えているからだ。ピラミッドの頂点は、殺人罪である。その下の強姦と暴行になると発生頻度が高まり、さらに下に位置する万引きや悪質な詐欺行為、駐車違反にもなると、日常茶飯事になる。こういった、犯罪ピラミッドの上層に位置する犯罪を優先的に取り締まるのはうなずける。暴力犯罪の発生を最小限に抑えることが警察の使命の中心であるし、中心であるべきだ。

では、プレドポルの犯罪マップに表示される四角い区画から遠く離れた場所で発生する犯罪――お金持ちの人々が手を染める犯罪については、どうだろうか？　２０００年代、金融界の支配者たちは、贅沢なパーティに明け暮れていた。彼らは嘘をつき、自分の顧客に数十億ドルを賭け、詐欺を働き、格付け機関に金を渡した。そこでは、無数の犯罪が行われ、その結果として、世界経済はその最良の時を迎えるはずだった5年間をぶち壊された。おびただしい数の人々が、家を失い、職を失い、保健医療を失った。

金融界では今もそのような犯罪が重ねられているはずだ。そう考える理由は、いくらでもある。私たちが何か学んだことがあるとすれば、それは、金融界は巨額の利益を生むことを目標としてひた走っているということだ。利益は大きければ大きいほど良く、自己規制のようなものはまったく働いていない。業界の富と、強力なロビー活動のおかげで、金融業界は警察の庇護下にある。

警察がゼロ・トレランス政策を金融業界に適用したら、どうなるだろう？　確定拠出年金（４０１ｋ）について投資家に嘘を教えたり、判断を誤らせるような助言をしたり、小さな不正を働いたり、とにかくほんのちょっとでも違法なことをした人は逮捕される。ヘッジファンド会社が多く集まるコネティカット州グリニッジには、ＳＷＡＴのような特殊部隊が出動し、シカゴ商品取引所の周辺の酒場では、潜入捜査も行われることだろう。

もちろん実際には、そんなことは起こりそうにない。警官は、そのような職務で必要になる専門知識を持ち合わせていない。彼らが受けた訓練も、着用する防弾チョッキも、都市部の貧困区域での職務が前提とされている。ホワイトカラー職を取り締まるには、また別のツールやスキルが必要になる。そして、連邦捜査局（ＦＢＩ）にせよ証券取引委員会の調査員にせよ、そのような仕事を扱う少人数・低予算チームの人間は、事実上、銀行家は難攻不落である、ということを何十年もかけて学んできた。銀行家は政治家に多額の献金を行っている。そのような献金は役に立つし、国の経済に欠かせないものだと考えられている。それが、銀行家の身を守っている。彼らが銀行を南に移転させれば、経済の中心も南に移ることになるだろう（貧しい人々にそのような余地はない）。そのため、巨額の金融詐欺事件を起こしたバーナード・マドフのような極端な犯罪者を除けば、資本家は逮捕されない。２００８年の市場崩壊の時も、彼らは一致団結し、実質的にはほとんど無傷であった。だとしたら、彼らに火傷を負わせることができるのは、いったい誰なのか？

私が言いたいのは、どのような犯罪に注目するかを選択しているのは警察である、ということだ。現在、彼らの注意は貧しい人々にのみ向けられている。それが警察の昔からの職務であり、使命であると、彼らは考えているのだ。そして今、データサイエンティストは、そのような社会秩序の現状を、プレドポルのようなモデルに織り込もうとしている。そうなれば、社会秩序はますます大きく傾き、私たちは死ぬまでその支配下に置かれることになる。

結果的に、プレドポル社が提供するソフトウェアは、完璧に役に立つ高尚なツールでありながら、お手製の数学破壊兵器になりかねない状況にある。つまり、悪気はまったくないまま、警察権力の矛先が貧困層にのみ向けられる状況を生み出してしまっている。貧しい人々ばかりが職務質問され、逮捕され、刑務所に送られる。全員とまでは言わないが、多くの警察署長は、そうすることが犯罪撲滅のための唯一の合理的方法だと考えている。貧しい人々が住む区画を地図上に浮かび上がらせることが、犯罪と闘うことなのだと。そして今、彼らのそのような認識は、ビッグデータに駆動される最先端テクノロジーによって一層強化され、そのプロセスに精密さと「科学」の要素が加えられている。

そして私たちは、自分たちが扱っているツールは科学的かつ公平であると信じ込み、貧しい人々を犯罪者に仕立て上げるのだ。

可能性があるだけでも

２０１１年の春。ある週末に、私はニューヨークシティで開催された「データハッカソン」に出席した。このようなイベントは、ハッカー、ナード〔社交性に欠けるが数学・コンピューターが得意なタイプ〕、数学者、ソフトウェアギークなど、プログラマーが一堂に会し、頭脳を集結し、私たちの生活に大きな力を行使するデジタルシステムの実態を明るみに出すことを目的としている。私はニューヨーク自由人権協会（ＮＹＣＬＵ）とペアを組み、ニューヨーク市警（ＮＹＰＤ）の主要な犯罪撲滅対策の１つ、「ストップ・クエスチョン・アンド・フリスク」政策に関するデータの取り出しを担当した。呼び止め、職務質問し、所持品検査やボディチェックを行うこの政策は、実際には「ストップ・アンド・フリスク（呼び止め＆ボディチェック）」として知られており、コンプスタットを用いたデータ駆動型の取り締まり時代に入ってから、盛んに実施されるようになった。

警察は、ストップ・アンド・フリスク政策によって犯罪をフィルタリングできると考えていた。発想はいたって単純で、巡回中の警官が、疑わしいと思った人物を呼び止める。服を着て歩いているだけの人が呼び止められることもあるし、タトゥーを刺《い》れているという理由で呼び止められることもある。警官は、まず彼らに話しかけ、それから品定めをする。壁や車のボンネットに両手をつかせ、身分証明書を提示させ、所持品検査やボディチェックを行う。十分な人数を呼び止めれば、数多くの軽犯罪を阻止できるし、ひょっとしたら重犯罪もいくつか阻止できるかもしれない、というのだ。ニューヨーク市長のマイケル・ブルームバーグによって施行されたこの政策は、多くの市民の支持を得た。過去10年間で、実施件数は６００％増加し、70万件に達しようとしていた。呼び止められた人の大半は無実だった。彼らにしてみれば、そのような待遇を受けるのはきわめて不愉快なことで、腹立たしくさえある。それでも市民の多くは、市内の犯罪件数の大幅な減少にこのプログラムが一役買っていると考えた。ニューヨークは以前よりも安全になった、と多くの人が感じていたのだ。統計データでも同様の結果が示された。殺人の件数は、１９９０年には２２４５件だったのが、５１５件まで減少していた（さらに、２０１４年には４００件を下回る）。

警察に呼び止められた人の大部分が黒人の若者であることは、誰もが知っていた。では、いったい何人が呼び止められたのか？　実際に逮捕や犯罪阻止につながる頻度はどの程度だったのか？　そういった情報は、厳密に言えば公開されているのだが、アクセスの難しいデータベースに格納されている。閲覧ソフトは一般のコンピューターでは起動せず、エクセルデータとして開くこともできなかった。このハッカソンで私たちが担当したのは、このプログラムをこじ開け、データを自由に閲覧できるようにし、呼び止め＆ボディチェック活動の特性と有効性をすべて分析できるようにすることだった。

そうしてたどり着いた結果は、大方の予想どおりだった。呼び止められた人の圧倒的大多数

——約85%——が、アフリカ系アメリカ人かラテン系の若者だった。ある特定地区では、若者の多くが繰り返し呼び止められていた。そのうち、暴力犯罪に何らかのつながりがあったのは、わずか0・1%、1000件に1件だった。それでも、薬物所持や未成年の飲酒など、このフィルタリング活動が行われていなければ見過ごされていたような小さな犯罪が数多く検挙された。容易に予想できることだが、なかには腹を立てる者もいて、かなりの人数が呼び止めに抵抗したという理由で起訴されていた。

ニューヨーク自由人権協会（NYCLU）は、「ストップ・アンド・フリスク」は人種差別政策であるとしてブルームバーグ市長らを訴えた。これは不平等政策の一例であり、刑事司法制度の適用を受けて刑務所送りにされるマイノリティの人々の数を不当に増やす政策である、と。黒人が収監される確率は、白人の6倍も高く、警察官に殺される確率は21倍に及ぶ。この数字はあくまで公開されているデータ（実際よりも低く見積もられていることで有名）に基づくものだ。

ストップ・アンド・フリスク政策は、人間の判断に依存しており、アルゴリズムとして公式化されているわけではないので、厳密には数学破壊兵器ではない。しかし、単純で破壊的な計算に基づいて構築されている。ある特定区域で警官が1000人を呼び止めて阻止できるのは、平均で、重要な容疑1件、そのほかの微細な容疑多数件である。略奪型広告やスパム広告の顧客獲得率と大差はない。しかし、勝率が極端に低くても、数打てば当たる。このプログラムがブルームバーグの監督下でこれほど急激に成長した理由も、それで説明がつく。呼び止める人数を6倍に増やすことで逮捕数が6倍になったとなれば、大勢の無実の人々を苦しめる不愉快な嫌がらせも正当化される。彼らは、犯罪を阻止することに本当に関心があったのだろうか？

ストップ・アンド・フリスク政策には、数学破壊兵器とよく似た特徴がある。その1つが、有害なフィードバックである。この政策によって大勢の黒人男性とラテン系男性が逮捕されたが、逮捕理由の多くは、土曜の夜に大学の学生パーティで誰も罰せられることなく盛んに行われているような軽犯罪や非行だった。ほとんどの大学生は羽目を外しても安心して眠れたが、ストップ・アンド・フリスク政策の犠牲者は警官に調書を取られ、場合によっては刑務所送りにされて地獄を見る。それだけではない。逮捕者が出るたびに、新たなデータが生まれ、この政策の正当性を裏付けることになるのだ。

ストップ・アンド・フリスク政策が拡大するにつれ、逮捕するには犯行を疑うに足る「相当な理由」が必要である、という尊重されるべき法的概念が、事実上、意味をなさなくなっていった。警官たちは、すでに罪を犯した可能性のある人々だけでなく、これから罪を犯す可能性のある人々まで捜索するようになっていたからだ。確かに、時には、その目的が達成されることもあった。服の下の怪しい膨らみを理由に若い男性を逮捕してみたら、実際に未登録の銃を隠し持っていた、ということはある。おかげで、殺人事件や武装強盗事件、あるいは連続強盗殺人事件から近隣住民を守れたのかもしれないが、そうでない可能性もある。いずれにせよ、このケースでは、呼び止めてボディチェックを行う理由があったし、その理由は多くの人を納得させるものだった。

では、この政策は合憲なのか？　2013年8月、連邦裁判所のシーラ・A・シェインドリン判事は、この政策に違憲判決を下した。判決理由には、警官らは日常的に「白人であれば呼び止められないような理由で黒人とヒスパニック系の人々を呼び止めていた」とある。また、ストップ・アンド・フリスクは、政府による不当な捜索と差し押さえを禁じた合衆国憲法修正第4条に反し、合衆国憲法修正第14条で保証された平等保護を提供できていない、とも書かれている。そのうえで、巡回中の警官のボディカメラ装着を普及させるなど、包括的な改革を要求している。ボディカメラが装着されれば、逮捕の「相当な理由」の確認――もしくは「相当な理由」がなかったことの確認――がしやすくなり、ストップ・アンド・フリスクモデルの不透明性をいくらか取り除くことができるだろう。しかし、不平等政策の課題そのものに取り組む役には立たない。

公平性か効率性か

数学破壊兵器について考えていくと、私たちはたびたび、公平性を選ぶか効率性を選ぶかで選択を迫られることになる。法の伝統では、公平性に比重が置かれる。憲法は、推定無罪を原則としたうえで有罪無罪を見極めるように立案されている。モデル設計者の立場から言えば、推定無罪は制約である。その制約に従えば、有罪な人物、なかでも優秀な弁護士を雇う余裕のある人物を、いくらか野放しにする結果になる。有罪が確定された後も、かなりの時間とリソースを取られはするが、控訴する権利が認められている。このように刑事司法制度は、公平性を確保するために、効率性をかなり犠牲にしている。憲法の暗黙の了解では、罪を犯した可能性の高い人物を証拠不十分で釈放することより、無実の人を冤罪で投獄したり刑を施行したりすることのほうが、社会にとって脅威になるとされている。

一方、数学破壊兵器は効率性を重視する傾向にある。その性質上、数えたり測定したりできるデータを糧とする。しかし、公平性というのは概念なので、捉えようがなく、定量化は難しい。コンピューターは、言語や論理の扱いについては目覚ましい進歩を遂げているが、概念の扱いにはいまだに苦戦している。たとえば「美しさ」については、グランドキャニオン、海に沈む夕陽、ヴォーグ誌に掲載された「お手入れの秘訣」に紐づけられる「言葉」だという理解しかもたない。フェイスブック上では、「いいね」や「友達」の数を数えて「友情」を測る、などという無駄な努力がされている。「公平性」という概念に対しては、手も足も出ない状況だ。プログラマーも、何をどうコード化してよいやらわからずにいるし、そもそも、公平性をコード化しろと要求する上司もほとんどいない。

そんなわけで、公平性は数学破壊兵器の計算には組み込まれない。その結果、「不公平」が大量生産される。数学破壊兵器が工場だとすれば、不公平は煙突から吹き出る黒い煙――有害排出物――に相当する。

問題は社会が、つまり私たちが、公平性を守るために少しばかり効率性を犠牲にすることを厭わずにいられるかだ。モデルの効率を落とす結果になるとわかっていても、ある特定のデータを除外すべきか。反社会的行動に関する数ギガバイトのデータを追加すれば、プレドポルは犯罪の発生に連動した予測マップを表示してくれるが、その代償として、有害なフィードバックが発生する。ならば、私たちはそのデータを放棄すべきではないか。

これは苦渋の決断を迫る問題だ。多くの点で、国家安全保障局による盗聴の是非をめぐる論争にも似ている。擁護派は、社会の安全を守るためには欠かせない行為だと主張する。国家の安全を保障するという巨大組織内部の人々は、自分たちの使命を達成するために、より多くの情報を収集しようとする。憲法に違反しない範囲内で任務を遂行する方法を模索すべきだとするメッセージを突きつけられない限り、人々のプライバシーを侵害し続ける。制約を受ければ、任務遂行はより難しくなるだろう。それでも、そのような制約は必要である。

公平性のほかに、平等性の問題もある。ストップ・アンド・フリスク政策による嫌がらせや侮辱行為がすべての人に向けられることになっても、社会は、逮捕には「相当な理由」が必要という考えを犠牲にしてもかまわないと言えるのか？　シカゴ市警にも、独自のストップ・アンド・フリスクプログラムがあるのだが、公平性の名のもとに、高級住宅の立ち並ぶゴールドコーストに大勢の警官が送り込まれ、巡回したとしたら、どうだろうか？　ジョギング中に公園を出てそのまま強引に道路を横断した人は交通規則違反で逮捕される。湖岸道路の脇でプードルに糞をさせた飼い主も厳しく取り締まられる。巡回する警官の数が増えれば、飲酒運転の検挙数は増えるだろうし、保険金詐欺や配偶者への虐待、脅迫行為も何件か明るみに出るだろう。時に警官は、すべての人にありのままを経験させるためだけに、裕福な市民をパトカーのトランクの上に放り投げ、腕をねじり、蔑称で呼んで罵倒しながら、手錠をかけるようなこともあるかもしれない。

ゴールドコーストを重点的に巡回していれば、おのずとデータが蓄積され、この区域での犯罪数は増加し、より多くの警官が動員される。そうなれば確実に、怒りや敵対心が高まるだろう。二重駐車で取り締まりを受けたドライバーが警官に口答えし、メルセデスベンツから降りるのを拒否し、逮捕に抵抗した罪で告発される様子が目に浮かぶ。また1件、ゴールドコーストで犯罪が増えたことになる。

こんな話をしても、真剣には聞いてもらえないかもしれないが、それでも、正義の核心をなすのは平等である。その具体的な意味は数多くあるが、なかでも重要なのは、すべての人が刑事司法を平等に受ける、ということだ。ストップ・アンド・フリスクのような政策を支持する人は、自分も同じ目に遭うべきだ。正義とは、社会の一部の人間が他者に振りかざすものではあってはならない。

刑務所というブラックボックス

ストップ・アンド・フリスク政策にしても、プレドポルのような予測モデルにしても、不平等政策による悪影響は、刑事司法制度のもとで容疑者が逮捕され、調書を取られた時点で終わるわけではない。一度でもその罠に落ちれば、多くの場合、第1章で取り上げた別の数学破壊兵器に直面することになる。そう、判決時に量刑ガイドラインとして使用される再犯モデルである。不平等政策によって生み出された偏りのあるデータが、そのまま、再犯モデルに送り込まれる。入力されたデータは、本当のところはわからないが建前上は科学的とされている分析にかけられ、裁判官は、分析によって出された「リスクスコア」だけを目にする。このスコアを真に受けた人は、再犯リスクが高そうな囚人の刑期をより長くするのは当然だと考える。

しかし、貧しい地区出身の非白人であれば再犯の可能性が高い、と考える根拠はどこにあるのか？　再犯モデルの入力データによれば、その条件を満たす囚人は、無職で、高校を卒業しておらず、警察沙汰の前歴をもつことが多く、彼らの友人にも同様の傾向が見られる。

だがそれは、別の見方をすれば、劣悪な学校しかなく、教育の機会も就職の機会も極端に少ない貧しい地区で彼らは暮らしている、ということだ。そのような地区は警察による取り締まりも厳しい。そのため、その地区に戻った前科者が警察と再び接触する可能性は、当然、緑の多い郊外で暮らす脱税者よりも高くなる。この制度では、貧しい非白人が、貧しい非白人であることを理由に、あるいは住んでいる場所が原因で、ほかの人々より不当に扱われているのだ。

それだけではない。再犯モデルは、科学的な制度であるはずだと思われているからこそ、論理的な欠陥を抱えている。人々は、「再犯リスクの高い」囚人を塀のなかに長く囲っておけば、社会をより安全な場所にできるはずだと、疑いもせずに信じ込んでいる。確かに、塀のなかにいるあいだは、社会に対して罪を犯すことはない。しかし、刑務所で過ごした期間の長さが、社会に出てからの彼らの行動を左右する可能性もあるのでは？　重犯罪者に囲まれて非人道的な環境で過ごした歳月は、彼らの再犯率を高めることはあっても、低下させることはないだろう。この見解は、再犯予測に基づく量刑ガイドラインを根底から覆すものだ。しかし、刑務所制度はデータにどっぷりと浸かっているため、このきわめて重要な調査が実施されることはない。現行制度の仕組みを正当化するためにデータが使われることはあっても、制度を疑い、改善を図るためにデータが使われることはほとんどないのだ。

このような態度は、アマゾン・ドットコムでも見られる。この大手インターネット小売業者も、刑事司法制度と同じく、常習性に注目している。ただし、アマゾンの目的は、刑事司法制度とは逆である。客に何度でも戻ってきてもらうこと、何度でも買い物をしてもらうことを目指している、アマゾンのソフトウェアシステムは、常連客を標的にし、再購入してもらえるように仕向ける。

アマゾンのオペレーションが司法制度の運用に似ているとすれば、まずは、常連客になりそうな買い物客をスコアリングするはずだ。ある特定の地域に住んでいる人や大学を卒業している人は常連客になりやすい、というようなことがあるかもしれない。その場合、アマゾンはその条件に合う人々に対して、より重点的にマーケティングを行う。たとえば値下げを提示する。それが購入につながれば、常連客見込みスコアの高い客は戻って来ることが多い、ということになる。表面的には、アマゾンのスコアリングの正しさを裏付けているように見える。

ただし、アマゾンのシステムは、刑事司法制度で使われる数学破壊兵器とは異なる。そんな見せかけの相関だけでは満足しない。同社はデータラボを運営しており、再購入を促すきっかけを探りたいと思えば、調査を実施する。同社のデータサイエンティストは、郵便番号と学歴の調査だけでは終わらない。「アマゾン」というエコシステム内で顧客がどんな体験をしたのかまで、綿密に調査する。おそらくは、アマゾンで1〜2回買い物をしたきり戻ってこない客のパターンを調べるところから始めることだろう。精算時に何か問題はなかったか？　商品の到着は予定どおりだったか？　そのような客の大半が低評価のレビューを残しているのではないか？　こうした疑問について延々と調査する。なぜなら、同社の未来は、絶えず学習し続けるシステム、何が顧客を動かすのかを解明するシステムにかかっているからだ。

もし私が司法制度のデータサイエンティストだったら、刑務所内部で何が起こっているのか、刑務所内での経験が囚人の行動にどう影響するのかを深く掘り下げて学習するようなシステムの構築に全力を尽くすだろう。まずは、独房監禁について調査する。何十万人もの囚人が1日のうち23時間を、刑務所のなかの刑務所であるその場所で過ごす。独房の大きさは、馬小屋内で馬1頭に与えられるスペースよりも狭いことがほとんどだ。研究によれば、独房で過ごす時間は、希望を奪い、深い絶望感を生む。それが再犯率に影響する可能性もあるのではないか？　そのような検証もしてみたいが、十分なデータが集まるかどうかもわからない。

強姦についてはどうだろうか？『不公平：刑事的不正義の新しい科学（*Unfair: The New Science of Criminal Injustice*）』の著者アダム・ベンフォラドによれば、刑務所内ではある特定タイプの囚人が強姦の標的にされる。若くて小柄な者がとくに被害に遭いやすく、知的障害者も狙われやすい。なかには、何年も性奴隷として過ごす者もいる。これもまた、重要な分析テーマである。関連データと専門知識を持ち合わせた者でなければ解明できないが、これまでのところ、刑務所制度はそのような虐待の長期的影響を調べ上げて分類することに関心を示してこなかった。

この問題に真剣に向き合う科学者であれば、刑務所での経験から得られる前向きなシグナルについても調査するだろう。自然光を増やし、スポーツを取り入れ、食事の質を見直し、読み書きの訓練を実施すれば、どう影響するのか？　こうした取り組みは、受刑者の出所後の行動を改善することだろう。影響の出方はさまざまに異なるはずだ。司法制度に関する本格的な研究プログラムが立ち上がれば、各要素の影響や複数の要素を組み合わせた場合の効果、各要素の好影響を受けやすい人の特徴について、徹底的に調査されることだろう。そうしたデータを建設的に使用すれば、囚人と社会全体の双方にとって利益になるように刑務所を最適化することを目指せる。ちょうど、アマゾンのような企業がウェブサイトや供給チェーンを最適化するのと同じように。

しかし、刑務所側には、こうしたデータ駆動型の手法を回避しようとする動機がいくらでもある。まず、内情の開示に伴う広報上のリスクがあまりにも大きい――どこの都市も、ニューヨーク・タイムズ紙で叩かれるようなことはしたがらない。もちろん、刑務所の過密状態の陰で、大金も動いている。民間が運営する刑務所が存在し、収容数は受刑者人口のわずか10%だが、50億ドル規模の産業になっている。航空会社と同じで、民営の刑務所が利益を生むのは満員の状態で運営されている場合だけだ。下手につつき回せば、その収入源を脅かしかねない。

そういうわけで刑務所は、分析や最適化の対象にされることなく、ブラックボックスとして扱われている。刑務所に入った囚人たちは、私たちの視界から消える。厚い壁の向こう側で良くないことが起きているのは間違いない。そこでいったい何が起きているのか？　問いかけても無駄だ。現行のモデルは、あやふやながら真偽を問われることのない仮説に頑なにしがみついている。再犯リスクが高いと推定される囚人を刑務所内に長く留めることで社会の安全性は高まる、と信じ込んでいる。その論理を覆すような研究結果が出ても、あっさり無視される可能性がある。

いや、今まさに、そのようなことが起きている。ミシガン大学のマイケル・ミュラー＝スミス経済学教授による再犯に関する研究がいい例だ。彼は、テキサス州ハリス郡の刑事裁判記録260万件を調査した。そして、テキサス州ハリス郡では、収容期間が長くなるほど、受刑者は出所後に就職できず、食料配給券その他の公的支援を必要とし、再犯を重ねる可能性が高くなると結論づけた。この研究結果をうまく政策に取り込めれば、公正さを高めることができる。だが、（大多数とは言わないまでも）多くの有権者はこの研究を無視することを選ぶのではないかと、マイノリティの人々は恐れおののいている。政策に反映するには、政治家たちは、そんなマイノリティの味方となることを公言しなければならない。それは難しい相談だろう。

地域住民との信頼を築くことから

ストップ・アンド・フリスク政策は、侵害性が高く不公平な政策のように思われるが、それだけに留まらない。間もなく、あれが始まりだった、という見方がされるようにもなるだろう。というのも、警察は地球規模のテロ対策に使用されたツールや技術を持ち帰り、地方での犯罪の取り締まりに適用しようとしているからだ。たとえば、サンディエゴの警察は、人々を呼び止めて身分証明書の提示を要求し、所持品検査を実施するだけでは終わらない。場合によっては、ｉＰａｄで顔写真を撮り、クラウド型の顔認証サービスに送信し、犯罪者と容疑者の登録データベースに照会する。ニューヨーク・タイムズ紙の記事によれば、サンディエゴ警察は２０１１～１５年のあいだに2万６００人に対してこの顔認証プログラムを使用した。さらに、対象者の多くはＤＮＡ検査用に口腔粘膜も採取された。

顔認証技術の進歩に伴い、間もなく、これまでになく幅広い調査・監視が行えるようになる。たとえば、ボストン当局は、野外コンサート会場の防犯カメラを使用して何千もの人々の顔をスキャンすることを検討していた。取得した顔データをアップロードし、1秒につき１００万件の顔と照合できるサービスを利用しようというのだ。最終的に、当局はこの計画を見送った。効率よりも、プライバシーに関する懸念を優先させたのだ。しかし、いつもこうなるとは限らない。

テクノロジーの進歩に合わせて、調査・監視活動は目覚ましい成長を遂げるに違いない。ただ、朗報と言えるかどうかわからないが、都市部や町中に設置された膨大な数の防犯カメラから一斉に解析用画像が送信されたとしても、警察が一度にそれだけの量を判別しなければならないわけではない。ボストンマラソン爆破事件の時のように、テクノロジーは、容疑者を割り出し追跡するときに役立つはずだ。しかし、同時にそれは、私たち全員がデジタル版ストップ・アンド・フリスクの対象にされるということでもある。私たちの顔が、既知の犯罪者とテロリストのデータベースと照会されるのだ。

そのうちに、監視の矛先は法律違反が疑われる人物へと向けられるようになるだろう。地図上の地域や区画の特定に留まらず、個人まで特定されるようになる。そのような先制措置は、テロ対策の分野ではすでに十分に確立され、数学破壊兵器の温床になっている。

２００９年、シカゴ市警は犯罪予測プログラムの開発費として国立司法研究所から２００万ドルの資金提供を受けた。期待を集めたシカゴ市警のアプリケーションの背後にあったのは、調査とデータが十分であれば、犯罪も伝染病のように、ある特定パターンに従って拡大することを実証できる可能性がある、という理屈だった。この理屈が正しければ、犯罪の拡大は予測可能となり、予防できる望みもある。

シカゴのこの取り組みを率いた科学者は、イリノイ工科大学（ＩＩＴ）の医用画像研究所長マイルズ・ワーニックだった。ワーニックは、数十年前には米軍のもとで戦場での標的選びのためにデータ解析を行っていたが、その後、医療分野に移り、認知症の進行などのデータ解析を行ってきた。ただ、たいていのデータサイエンティストは、自分の専門知識は特定の業界に縛られるものではないと考えており、ワーニックも同じだった。彼の仕事は、データのなかにパターンを見出すことだ。シカゴでも、彼は犯罪のパターンと犯罪者のパターンに意識を集中した。

ワーニックのチームがまず手掛けたのは、プレドポルのモデル同様、犯罪多発地区の抽出だった。ただし、ワーニックのシカゴチームのほうが、遥かに芸が細かい。暴力犯罪を起こす可能性が高そうな人物約４００人を選び出してリスト化し、殺人にかかわる可能性の高さでランク付けしたのだ。

リストに記載された1人、高校を中退した22歳のロバート・マクダニエルは、2013年、ある夏の日、玄関の呼び鈴に応えて扉を開けると、そこには警官が立っていた。後にマクダニエルがシカゴ・トリビューン紙に語ったところによると、彼は銃規制に違反したことも、暴力犯罪で訴えられたこともなかった。彼が住むシカゴ西部のオースティン地区は治安が悪く、この地区の若者なら誰でも1度や2度は警察ともめたことがあり、マクダニエルも例外ではなかった。刑事司法制度のもとで逮捕された知り合いも大勢いた。そしてその日、彼は、玄関先に現れた婦人警官から告げられたのだ。警察はあなたを監視しているので、気をつけるように、と。

警察がマクダニエルを監視するに至った理由の一部は、ソーシャルネットワーク解析にあった。彼の知り合いに、犯罪者がいたのだ。否定できない事実として、統計学的には、共に時間を過ごす仲間同士は似た行動を取る可能性が高い。たとえば、フェイスブック上で頻繁にやり取りしている友達同士は、同じ広告をクリックする可能性が非常に高い。統計学的に見れば、類は友を呼ぶのである。

公平を期すために言っておくと、シカゴ市警は、ロバート・マクダニエルのような人々を、少なくともまだ、逮捕しようというわけではない。警察がこのような手段に出た目的は、人命を守ることにある。暴力犯罪を起こす可能性が高いと考えられる400人の家を訪ね、警告すれば、そのうちの何人かは、銃の携帯を思い留まるのではないか。

しかし、公平性の観点からも、マクダニエルの事例を考えてみる必要がある。彼はたまたま、貧しくて治安の悪い地域で育った。これは、不運としか言いようがない。彼は犯罪に囲まれて暮らしており、知り合いの多くが犯罪に巻き込まれて逮捕されている。彼は、彼自身の行動ではなく、彼を取り囲む環境を主な理由として、危険人物であるとみなされたのだ。現在、警察は彼を監視している。彼がちょっとでも愚かな行動を取れば――薬物を買ったり、酒場で喧嘩に参戦したり、未登録の銃を所持したりすれば――それがほかの大勢のアメリカ人が日常的にしているようなことであっても、警察は通常ではありえないほどの総力をあげて、彼を取り押さえにかかるだろう。警告を受けたということは、そういうことだ。

警察をロバート・マクダニエルの家に向かわせるようなモデルは間違っている、と私は主張したい。目的をはき違えているのだ。警察は、単に犯罪を撲滅しようとするのではなく、地域住民と信頼関係を築くための努力をすべきだ。それこそが、「割れ窓理論」の本来の指針の1つなのだから。警官は地域を歩いて回り、人々に話しかけ、その地域に特有の秩序基準が維持されるように力を貸せばいい。ところが、逮捕と安全を同一視するようなモデルに押し切られると、そのような本来の目的は見失われがちだ。

場所によっては、こうならないこともある。最近、私はニュージャージー州のカムデンを訪れた。2011年の殺人件数で全米1位だった地域である。カムデンの警察は、組織再建のため2012年に州の直轄に置かれ、私が訪れたときは、2つの使命を帯びていた。1つは犯罪を減らすこと、もう1つは地域住民の信頼を得ることだった。信頼関係を築くことが目的なら、逮捕は最終手段であって、最初の一手にはならない。より親身になって接すれば、取り締まる側と取り締まられる側との関係も少しは温かなものになり、近年、目にしてきたような悲劇――警察が黒人の若者を射殺し、その後の暴動に対しても銃を向けるような悲劇――も減るだろう。

だが、数学者としての観点で言えば、信頼も、定量化するのは難しい。モデルを構築する者にとっては難問である。悲しいことに、逮捕数をカウントし、類は友を呼ぶという前提でモデルを構築するほうが、遥かに簡単なのだ。犯罪者に囲まれて暮らす無実の人々が酷い扱いを受ける一方で、法に従う人々に囲まれて暮らす犯罪者は、罰を受けることなくぬくぬくと過ごしている。貧困と犯罪報告件数とのあいだに強い相関が見られるせいで、貧しい人ばかりがデジタル捜査の網に引っ掛かる。それ以外の人々は、そのことについて考える必要性さえほとんど感じていないのが現状なのだ。

第6章 ［就職］ふさわしい求職者でも落とされる

「適性検査」は適正か？

数年前のこと、カイル・ベームという名の若者がバンダービルト大学を休学した。双極性障害を患い、治療を受ける必要があったのだ。1年半後、健康を取り戻したカイルは、別の大学で勉学を再開した。そして、ちょうどその頃、友人から大手スーパーマーケットのクローガーでパートタイムの仕事に空きがあると聞いた。スーパーマーケットの仕事としては最低賃金の職だったが、手堅いように思えた。パートを辞めるその友人が、自分の後任としてカイルの身元保証をしてくれると言う。カイルは成績優秀な学生だったので、応募すればすぐに採用されるものと思われた。

ところが、カイルは面接に呼ばれなかった。どうなっているのか友人に尋ねると、応募の際に受けた適性検査の判定で「赤信号」が出たのだという。その適性検査は、ボストン郊外に拠点を置くワークフォース管理会社〔人事管理サービスを提供する会社〕のクロノスが開発した従業員選抜プログラムの一部として実施されたものだった。カイルはこの顛末を父親に話した。弁護士をしている父ローランドが適性検査の内容について尋ねると、カイルは、病院で受けた「性格特性5因子モデル」の検査にとてもよく似ていたと答えた。個人の特性を、外向性、協調性、誠実性、情緒不安定性、知的開放性に分けて評価しようとするものだ。

当初は、疑問の余地のある検査の判定を理由に最低賃金の仕事を1つ失っただけのことが、どれほどの影響力をもつのか、想像もしていなかった。ローランド・ベームは息子に、どこか別のところに応募するよう勧めた。ところが、毎回、結果は同じだった。カイルが応募した会社はどこも同じ適性検査を使用していて、どこからも採用の連絡は来なかった。ローランドは当時を振り返って次のように言った。「カイルが私に言うのです。自分は大学進学適性試験（SAT）の点数もほぼ満点だし、ほんの数年前にはバンダービルト大学に在籍していたのに、最低賃金のパート職にさえ就けないなんて、いったい僕のどこがいけないのか、と。私は息子に、お前はどこも悪くない、と答えました」

そうは言っても、ローランド・ベームは困惑した。どうやらメンタルヘルスにかかわる質問のせいで、息子が就職市場から追放されようとしているように思えたからだ。彼は、この件について詳しく調べた。すると、大手企業のあいだで採用時の適性検査の使用が広まっていることがわかった。しかも、この慣習に対する法的な異議申し立てはほとんどなされていなかった。彼の説明によると、求人に応募して「赤信号」を出された人は、適性検査の結果のせいで不採用になったことに滅多に気づかない。たとえ気づいたとしても、弁護士に相談する人の割合は低い。

ベームは、シューズ・ショップのフィニッシュライン社、ホームセンターのホームデポ社、スーパーマーケットのクローガー社、住宅リフォーム・生活家電チェーンのロウズ社、ペットショップのペットスマート社、薬局チェーンのウォルグリーン社、ファーストフードのヤム・ブランズ社の7社に対し、応募に際して適性検査を受けさせるのは違法である旨を申し立てる集団訴訟を起こすつもりだと知らせる通告書を送付した。

私がこの本を書いている時点で、この訴訟はまだ係争中である。クロノス社が開発した適性検査を健康診断とみなすかどうかが議論の焦点になるものと思われる。雇用時の健康診断の使用は、1990年米国障害者法（ADA）で違法とされている。もし健康診断とみなすなら、裁判所は、ADA違反の責任が雇用会社にあるのか、クロノス社にあるのかを判断しなければならない。

この告発で問われているのは、雇用時に自動システムは求職者をどのように審査し、何を判定基準として評価しているのか、である。前章までですでに見てきたように、富裕層にとっても中産階級にとっても、大学進学プロセスは数学破壊兵器で毒されている。刑事司法の分野でも、大勢の人が数学破壊兵器にからめ捕られている。その大半は貧困ゆえに進学の機会を得られなかった人々だ。各集団の当事者が直面する課題はそれぞれ根本的に異なるが、共通する部分もある。最終的には全員が仕事を必要としている、ということだ。

かつて職探しでは、「誰と知り合いであるか」が非常に重要だった。現にカイル・ベームも、クローガーのパートタイム職に応募する際には従来のルートを辿ろうとした。人員に空きが出ることを友人から知らされ、その友人に口添えを頼んだ。何十年ものあいだ、人々はそうやって就職の足掛かりを得てきた。食料雑貨店でも、造船会社でも、銀行でも、法律事務所でも同じである。そうやって入口に一歩足を踏み入れた候補者は、次に面接を受ける。管理職の人間が候補者と話して感触を探るのだ。よく言われることだが、面接での評価基準は次の1点に集約される。この人物は自分と似ているか（あるいは、自分とは違っていても、うまくやっていけそうか）？　そのため、内部に友人がいない求職者は、就職の機会がなかなか得られない。人種・民族、宗教が異なる場合はなおさらである。このような「身内」に甘い世界では、女性も排除されてきた。

クロノスのような会社が企業人事に科学を持ち込んだのは、ある意味、人事プロセスの公平性を高めるためだった。クロノス社は、１９７０年代にＭＩＴの卒業生らによって創業された。クロノスの最初の製品は、新しい種類のタイムレコーダーで、マイクロプロセッサが搭載されており、従業員の勤務時間を自動集計する機能が備わっていた。平凡に聞こえるかもしれないが、それが、従業員を追跡し最適化するエレクトロニクスの躍進の始まりだった（今も超高速で快進撃を続けている）。

クロノス社は成長を続け、幅広い種類の人事管理用ソフトウェアを開発した。たとえば、同社ウェブサイトの製品紹介ページには、ワークフォース・レディー・HRというソフトウェアを使用すると、従業員雇用の際に、勘《かん》や推測に頼る必要がなくなると書かれている。「生産性の高い候補者、つまり能力が高く、長く在職する可能性の高い、最適な従業員の選抜・雇用・新人研修をお手伝いします」

クロノス社が属する業界は、今、急成長を遂げている。雇用ビジネスは自動化が進んでおり、カイル・ベームが受けた適性検査のように個人の特性を診断するものなど、新しいプログラムが数多く開発されている。診断ツール会社ホーガン・アセスメント・システムズによれば、今や年商は5億ドルで、成長率は年間10～15％である。コンサルタント会社デロイトのジョシュ・バーシンによる推定では、米国の求職者の60～70％にこのような診断ツールが使用されており、5年前の30～40％から増えている。

当然ながら、こうした雇用プログラムには、各候補者が入社後に実際にどのような働きをするのかに関する情報を組み込むことはできない。未来のことなど、わかるはずがない。そこで、ほかの多くのビッグデータプログラムと同じく、代理データが使用される。すでに見てきたように、代理データを使用すれば、どうしても不正確になり、公平さが失われることも多い。実際に最高裁判所も、１９７１年のグリッグス対デューク・パワー社事件の判決において、雇用のための知能検査は差別的であり、違法だとしている。この判決をきっかけに、態度を改めた企業もあるのではないかと考える読者もいるだろう。ところが、産業界は単なる置き換えに走った。知能検査の代わりに、適性検査を導入したのである。

公平性と合法性の問題を脇に置いたとしても、適性検査は、仕事能力の予測には役に立たないことが研究によって示されている。アイオワ大学のフランク・シュミット経営学教授は、多様な選抜プロセスの予測適中率を測定するために、１世紀分の職場生産性データを分析した。適性検査の評価ランクは低く、予測適中率は認知テストのわずか３分の１ほどで、身元照会と比べても遥かに低かった。これは、なんとも腹立たしい結果である。とはいえ、ある特定の適性検査は、従業員が自己の特性について洞察を得る助けになることが、研究によって示されている。正しく利用すれば、チーム作りやコミュニケーションの円滑化にも役立てられる。そのような適性検査は、人々が一緒に働くための方法を明示的に考える状況を生み、職場環境を改善していくことだけを意図して作られている。つまり、その会社で働く人の幸せを目標に定めれば、適性検査は有用なツールにもなりえるのだ。

それなのに、求職者を振るい落とすためのフィルターとして利用されている。「適性検査の主な使用目的は、最適な従業員を見つけ出すことではありません。できるだけ多くの人を、できるだけ費用をかけずに除外するために使用されているのです」とローランド・ベームは言う。

　適性検査は簡単に裏をかくことができる、と考える人もいるだろう。オンライン版の「性格特性5因子モデル」検査を受けてみると、確かにそう思える。「気分にむらがある」という質問項目には、おそらく、「まったく当てはまらない」と回答するのが賢明だろう。「すぐに腹を立てる」という質問も、「当てはまらない」と答えたほうがよさそうだ。怒りっぽい人間を雇いたがる会社は多くはないだろうから。

　実際には、このような質問を頼りに求職者を選別しようとして、面倒な事態に陥った会社もある。薬局・コンビニエンスストアチェーンのCVSファーマシーは、応募者に適性試験を受けさせ、「まわりの人間はあなたを怒らせるようなことばかりする」「親しい友人を作るのは無駄である。足をひっぱられるだけだ」といった質問項目が自分に「当てはまる」か「当てはまらない」かを答えさせていたのだが、ロードアイランド州規制当局はこれを、精神疾患を伴う応募者を違法に除外する行為であるとした。しかし、質問の意図が容易には読めない込み入った質問を並べれば、会社は面倒な事態を回避できる可能性が高い。そのため、現在使用されている検査の多くは、応募者に難しい選択を迫る内容で、「どちらで答えても困ったことになりそうだ」という印象を後に残すものになっている。

　たとえば、マクドナルドの場合、応募者に対して次のような選択肢を示し、自分に最も当てはまる記述を選択するよう求めた。

「対処すべき問題がたくさんあるときに明るく元気よくふるまうのは難しい」という記述と、「時々、背中を押してもらわないと仕事を始められないことがある」という記述なら、あなたはどちらを選ぶだろうか。

産業心理学者のトマス・チャモロ‐プリミュージクは、ウォール・ストリート・ジャーナル紙の取材を受け、この2つの選択肢の選びにくさについて分析した。その解説によると、1つ目の記述は「情緒不安定性と誠実性の個人差」を表し、2つ目の記述は「熱意や意欲の低さ」を表している。そのため候補者は、自分は神経質な性格であると認めるか、怠惰な性格であると認めるかで、選択を迫られることになるのだ。

これに比べると、クローガー社でカイルが受けた検査は遥かに単純だった。職場でのあなたを表す形容として最もふさわしいものを選べ、というもので、選択肢には「ユニークである」と「秩序正しい」が並んでいた。

チャモロ‐プリミュージクの説明によれば、「ユニークである」を選んだ人は「自己概念が高く、開放的で、自己愛が強い」傾向にあり、「秩序正しい」を選んだ人は「誠実性が高く、自制心が強い」ことを表している。

留意すべきは、「どちらも当てはまる」という選択ができない点である。候補者は、このプログラムでその答えがどう解釈されるのかわからないまま、どちらか1つを選択しなければならない。分析の仕方によっては、実際よりも悪い結論が導き出されることもある。たとえば、どこの国でも、幼稚園の教室に行けば、先生が園児に向かって、あなたたちはほかの誰とも違うユニークな存在なのよ、と言って聞かせているのを耳にするだろう。そうやって、子供たちの自尊心を育もうとしているのだ。もちろん、その言葉に嘘はない。しかし、その12年後、園児だった彼らが成長して学生になり、最低賃金の職に応募し、適性検査で「ユニークである」を選択すると、その回答を分析したプログラムから「赤信号」を突きつけられる可能性がある。職場で求められるのは、自己愛の強い人ではないからだ。

「個人」ではなく「群れ」を管理する

適性検査を擁護する人々は、質問は多数用意されていて、どれか1つの回答だけで応募者を不適格と判定するようなことはない、と言う。ただ、複数の質問に対する回答に、ある特定パターンが認められれば、不適格とみなされることがある。それがどのようなパターンなのかは、私たちにはわからない。その検査で何を探ろうとしているのかは、私たちには告げられない。選考プロセスは完全に不透明だ。

さらに悪いことに、モデルは、専門技術者による調整を受けたあと、貴重なフィードバックを受け取ることがほとんどない。またしても、スポーツの世界とは対照的である。バスケットボールのプロチームはデータの専門家を雇い、選手の足の速さ、ジャンプ力、フリースローの成功率、その他、多くの変数について、モデルを使って分析している。たとえば、ある年のドラフトの時期に、ロサンゼルス・レイカーズは、統計データ上のアシスト数が低いことを理由にデューク大学出身の有能なポイント・ガード〔得点も上げるしガードもこなす、ゲームメイクの要となるポジション〕の獲得を見送ったとする。ポイント・ガードはパスの名手でなければならないからだ。ところが翌シーズン、その選手が最優秀新人賞を獲得してユタ・ジャズを優勝に導き、アシスト数もリーグ最多を記録していたのを見て、レイカーズは落胆する。このような場合、レイカーズはモデルを見直し、何がいけなかったのかを考えることができる。もしかしたら、その新人選手は、大学チームにいた頃は自分で点を入れることが多く、そのせいでアシスト数が低かったのかもしれない。あるいは、ユタのチームに入ってから、パスについて何か重要なことを学んだのかもしれない。いずれにせよ、レイカーズはモデル改善のために何かしらの手を打つことができる。

　では、カイル・ベームの場合はどうか？　クローガーで赤信号の判定を受けたあと、やがてカイルはマクドナルドで職に就き、非常に優秀な社員になった。入社から4ヵ月も経たない内にキッチンの責任者を任され、1年後にはフランチャイズ店の店長になっていた。しかし、このような輝かしい結果が出ても、クローガーの適性検査にまで立ち返り、なぜこんなにも結果を読み違えたのかを調査する人は、誰もいない。

　私が言いたいのは、その違いは機会《チャンス》の有無ではないということだ。プロのバスケットボールチームは「個人」を管理している。どの選手も数百万ドル級の選手に化ける可能性がある。チームが競争で優位に立つためには分析エンジンが不可欠であり、分析エンジンはデータに飢えている。絶え間ないフィードバックがなければ、チームのシステムは時代遅れになって使い物にならなくなる。一方、最低賃金で労働者を雇う企業は、「個人」ではなく「群れ」を管理している。採用のプロを機械に置き換えることによって人件費を削減し、その機械を使って、大勢のなかから管理しやすい集団を選別している。窃盗事件の発生や生産性の急激な低下など、職場で何か問題が起きない限り、企業が選別モデルに手を加える理由はない。たとえ優秀な候補者を逃していたとしても、モデルは役目を果たせているのだから。

企業は現状に満足しているかもしれないが、自動システムの犠牲者は苦しんでいる。そして、ご推察どおり、採用部門が使用する適性検査は数学破壊兵器であると私は考える。数学破壊兵器の要件をすべて満たしているからだ。第一に、広く普及しており、多大な影響力をもつ。クロノス社が開発した検査は、欠陥がまったく是正されないまま、雇用経済全体へと規模拡大される。これまでも、雇用主は偏見をもっていた。しかし、どのような偏見をもつかは企業ごとに異なっていたため、カイル・ベームのような人も、どこかに入り込める場所があった。だが、徐々にそう言えなくなってきている。カイルは、ある意味、幸運だった。求職者、なかでも最低賃金職への応募者は、どこに応募しても断られ、なぜ断られるのかわからないままでいることがほとんどだ。カイルの場合は、たまたま、友人が理由を尋ねて彼に教えてくれたからわかったのだ。それでも、クロノス製品を使用する複数の大企業を相手取った訴訟は、カイルの父親が大きな問題として法に訴えるだけの時間とお金を有する弁護士でなければ、とっくの昔に暗礁に乗り上げていただろう。今回のように、低賃金職の応募者の立場で裁判が争われるのは、稀なことだ。*

最後に、クロノス社の適性検査によって生み出されるフィードバックについて考えてみよう。メンタルヘルスに何らかの問題があり「赤信号」と判定された人々は、標準的な職に就いて標準的な生活を送る道を阻まれ、下手をすれば孤立する。それはまさに、米国障害者法（ADA）が防ごうとしている事態である。

電子審査と勝ち組

求職者の大多数は、幸いなことに、自動システムによって追放されたりはしない。それでも、大勢の候補者の上位に入り、面接に漕ぎつけなければならないという問題に直面してい

*もちろん、多くの大学生がひと夏、ふた夏のあいだ、最低賃金職で働いている。しかし、そこで悲惨な経験をしたとしても、また独裁的な数学破壊兵器によって誤った判定を受けたとしても、学生は学業に専念すべきであり、そんな地獄のような職場は去るべきだというメッセージの裏付けにされるばかりだ。

る。これは人種的・民族的マイノリティにとっては昔から難しい問題だったし、女性の立場も似たようなものだった。

履歴書の自動読み取り機が広く普及する前、２００１〜０２年にかけて、シカゴ大学とＭＩＴの研究者らは、偽の履歴書５００人分を用意し、ボストン・グローブ紙とシカゴ・トリビューン紙で公募されていた求人宛てに送付した。職種は事務職やカスタマーサービス職、営業職などだった。どの履歴書にも、人種のモデルケースとなるような内容が書かれていた。半数は、エミリー・ウォルシュやブレンダン・ベイカーといった典型的な白人の名前で作成され、残りの半数は、同等の資質ながら、ラキーシャ・ワシントンやジャマール・ジョーンズといったアフリカ系アメリカ人を思わせる名前で作成された。結果を見ると、白人名の履歴書に対する反応率は、黒人名の履歴書よりも50％高かった。だが、この結果よりも、副次的に得られた知見のほうが注目に値するかもしれない。白人名の履歴書の場合は、優秀な内容の履歴書のほうが、内容の劣る履歴書よりも反応率が高かった。つまり、応募者が白人の場合は、内容に注意が払われているということだ。ところが、黒人名の履歴書の場合は、内容の優劣による反応率に差はほとんどみられなかった。雇用市場は、依然として偏見に毒されていたのだ。

そのような偏見を回避するには、応募者の素性を隠した状態で選考を検討するのが理想的である。有名な話だが、昔からメンバーの大多数を男性が占めていたオーケストラの世界では、１９７０年代から、演奏者の姿が見えないように薄いカーテンを隔てて行うブラインド・オーディションが実施されるようになった。コネや評判は一切通用しなくなり、演奏者の人種や出身校も関係なくなり、カーテンの向こうから聞こえてくる音楽だけが評価されるようになったのだ。すると、女性演奏者の割合は5倍に急増した――といっても、まだ演奏者の4分の1でしかなかったが。

厄介なのは、求職者向けにそのような公平な選抜試験を設計できる専門家がほとんどいないことだ。カーテン越しの演奏なら、ドボルザークのチェロ協奏曲にせよ、ギターで弾くボサノバにせよ、募集されている仕事そのものを実演できる。だが、ほかの職業では、雇用主は履歴書を通じて、成功を予測させる特性を探しながら人を採用しなければならない。

お察しのとおり、人事部は履歴書の山の選別を自動システムに頼っている。実のところ、履歴書の72％は人の目に触れずに終わる。コンピュータープログラムによってパラパラと中身が確認され、雇用主が探しているスキルや経験が記載されている履歴書のみが抜き出される。それから、募集中の職への適合度が履歴書ごとにスコア化される。最後の合否の線引きは、人事部の人間に委ねられているが、最初の選別で候補者をより多く除外すれば、最終選考に人間が費やす時間を短縮できる。

ということは、求職者は、自動読み取り機にかけられることを念頭に置いて履歴書を作成しなければならない。となると、募集されている職に合わせて、選別で拾ってもらえそうな用語を履歴書の至る所に散りばめておくことが重要になる。たとえば、職務（営業管理職、財務主任、ソフトウェア設計者）や言語（標準中国語、プログラミング言語のＪａｖａ）、受賞歴（大学卒業成績で最優など、ボーイスカウトで最高位のイーグル・スカウト）などである。

最新情報に通じている応募者は、機械が何を高く評価し、何に引き寄せられるのかを学んでいる。たとえば、画像は役に立たない。履歴書スキャナーでは画像を処理できないことが多いからだ。意匠を凝らしたフォントも何の役にも立たない。むしろ、履歴書読み取り機を混乱させるだけだと、モナ・アブデル - ハリムは言う。彼女は求職ツールを提供するResunate.comの共同創業者だ。使用するフォントは、平凡でありきたりなものが無難だと言う。矢印などのシンボル記号の存在も忘れたほうがいい。混乱を招くばかりで、自動システムによる正しい情報解析の妨げになる。

大学入試と同じで、こうしたプログラムの導入により、履歴書の作成準備にお金とリソースを割ける人が最終選考に残ることになる。そういう手順を踏まない人は、どれだけ履歴書を送ってもブラックホールに吸い込まれるばかりだということに、いつまで経っても気づかない可能性がある。ここでも、富と情報をもつ者が優位に立ち、貧しい者はますます失うのだ。

公平を期すために言っておくが、履歴書ビジネスには必ず、ある種の偏見がついて回る。私たちより上の世代でも、内情に通じている者が作成する履歴書は、内容がわかりやすく、一貫性があった。彼らは高品質のコンピューター上で慎重に作成し、質の良い紙に印刷する。そのような履歴書は、人間による審査で選ばれる可能性が高い。手書きの履歴書やガリ版印刷機で印字された履歴書は、半分以上がゴミ箱行きで終わっていた。そういう意味では、雇用機会の不平等は今に始まった話ではない。ただ形を変えて戻ってきただけで、今回は社会の勝ち組が電子審査を通過しやすい形になっている。

このような電子審査で不平等な扱いを受けるのは履歴書だけに留まらない。私たちは暮らしのなかのさまざまな場面で、自分の能力を機械に向かって実証しなければならなくなってきている。最もわかりやすい例がグーグルである。ベッド・アンド・ブレックファスト（B&B）経営にせよ、自動車修理サービスにせよ、ビジネスが成功するかどうかは、グーグルの検索結果で1ページ目に登場するかどうかに大きく左右される。今では個人も、企業への就職の足掛かりを得るため、出世の階段を昇るため、あるいは解雇の波をくぐり抜けるためにも、同様の課題と対峙することになる。重要なのは、機械が何を見て審査しているのかを知ることだ。デジタルの宇宙は公平で、科学的で、民主的だと謳われているが、やはり、内情を知る者が優位に立ちやすいことに変わりはない。

デジタル版のブラインド・オーディションを

1970年代、英国、トゥーティングのサウスロンドン地区にあるセントジョージ医科大学の採用担当事務局は、好機に見舞われていた。毎年、150名の募集枠に対して12倍を超える応募が寄せられていたのだ。そのすべてに丁寧に目を通すのは大仕事であり、何人もの審査員を必要とする。審査員が異なれば考え方も好みも異なり、選考プロセスにむらが出る。応募者の選別作業をコンピューターにプログラムし、評価対象を数字に変換して、管理の簡易化を図れないものか？

米国防総省やＩＢＭのような巨大組織では、こうした作業はすでにコンピューター化されていた。しかし、70年代後半、ちょうどアップル社が最初のパーソナルコンピューターを公開しようかという頃に、医科大学が独自に自動評価プログラムを用意しようというのは、かなり思い切った試みだった。

しかし、この試みは完全な失敗に終わった。セントジョージ医科大学の数理モデルの使用は、早熟すぎただけでなく、知らないうちに数学破壊兵器の先駆けにもなっていたようだ。

数学破壊兵器の御多分に漏れず、このケースでも、大学経営陣がモデル構築の２つの目的を打ち立てた最初の時点から、すでに問題を孕んでいた。目的の１つ目は、膨大な単純作業を機械に処理させて効率を高めることだ。約２０００人の応募者を自動的に５００人にまで絞り込み、そこから先を人間が引き継ぎ、時間をかけて面接を行う。２つ目の目的は、公平性を高めることだ。コンピューターなら、経営陣の気分や偏見にも、権力者や閣僚からの緊急の嘆願にも左右されない。第１段階の自動選別では、すべての応募者が同じ基準で判定される。

では、どのような基準で判定するのか？　簡単なことのように思えた。セントジョージ医科大学にはすでに、初期の年代からの大量の選考記録が存在する。それまで人間が実施してきたのと同じ手順の再現方法をコンピューター化されたシステムに教え込めばいい。だが、読者の皆さんはすでにお気づきだろう。そう、この入力データが問題だった。コンピューターは、人間から「差別の仕方」を学習し、驚くほどの効率で実行した。

公平を期すために言っておくが、モデル用の学習データに含まれていた差別がすべてあからさまな人種差別だったわけではない。名前が外国人名の場合や住所が国外の場合は、英語習得度が明らかに低い人からの応募が相当な数に及ぶ。優れた医者であれば英語を習得できる可能性があり、今やそれは疑いようもないが、その点はあまり考慮されず、外国からの応募は一様に切り捨てられる傾向にあった（どのみち、大学側は応募者の4分の3を切り捨てなければならないのだから、そこから手をつけるのが簡単だったのだろう）。

実のところ、セントジョージ医科大学は、長年、人間による審査で、文法の誤りやスペルミスが散見される応募者を大量に切り捨ててきたのだが、コンピューターはそもそも自分で読み書きができないため、同じように選別することはできない。だが、そうやって過去に切り捨てられた応募者は、出生地とのあいだに相関が見られ、苗字との相関もないとは言えなかった。つまり、アフリカやパキスタン、英国内でも移民の多い地域など、ある特定地域の出身者は全体的にスコアが低く、面接に呼ばれていなかった。そのような人々の大半を占めていたのは、非白人である。また、人間による審査では、女性の応募者も切り捨てられていた。女性は出産や子育てでキャリアが中断される可能性があるからという、使い古された言い訳が理由だった。当然ながら、機械もこれを踏襲した。

1988年、英国政府の人種差別撤廃委員会は、セントジョージ医科大学の採用基準に人種差別と性差別が見受けられるとした。委員会によれば、毎年、約2000人のうち60人もの応募者が、人種・民族、性別だけを理由に、面接を受けられずにいた。

セントジョージ医科大学の統計学者――ひいては、他業界の統計学者――がとるべき解決策は、地理的要因、性別、人種、名前など、素性を示す代理データを除外し、医学教育に関係のあるデータのみに注目する「ブラインド・オーディション」のデジタル版を構築することだ。重要なのは、各候補者が医科大学に持ち込むスキルを分析することであって、候補者の人物を同類他者との比較から判断することではない。さらに言えば、セントジョージ医科大学でほんの少し創造的思考が発揮されれば、女性や外国人が直面している問題に対処できる可能性もある。人種差別撤廃委員会の判断に添えられていた英国医学会会報誌（BMJ）の報告にも、同様のことが書かれていた。言葉の問題と子供の世話の問題以外に問題の見当たらない優秀な候補者がいたなら、そのような候補者を拒むのではなく、英語教室を開設したり職場に保育所を設置したりして、彼らが問題を克服できるように支援すればいい。

これは重要なことなので、次章以降でも触れるつもりだが、これまで繰り返し見てきたとおり、数理モデルにデータの選別をさせると、犯罪、貧困、教育が原因で大きな問題に直面していると考えられる人々を特定することができる。この知能を、そうした人々を拒絶して叩くために使うのか、それとも、彼らに手を差し伸べ、不足している資源を届けるために使うのかは、社会に委ねられている。数学破壊兵器を有害なものに変える「拡大性」も「効率性」も、うまく使えば、人々を救うために使うことができる。すべては、私たちが選ぶ「目的」次第なのだ。

才能を発掘するために

本章ではここまで、求職者を選別するモデルについて詳しく見てきた。たいていの企業は、管理費を削減し、低質な雇用（もしくは入社後に余計な教育を必要とするような雇用）のリスクを軽減する目的でこの手の数学破壊兵器を設計している。つまり、選別モデルの目的は経費削減である。

当然ながら人事部も、雇用の選択にかかる経費を削減したがっている。企業にとって最大の出費となるのは、従業員の入れ替わり、すなわち離職である。シンクタンクのアメリカ進歩センター（CAP）によれば、年収5万ドルの社員1人の離職に伴う企業の出費は約1万ドル、すなわち、その社員への年間支払額の20％に相当する。上層部の社員が離職した場合の出費はさらに大きく、2年分の給料に相当する。

そのため、多くの雇用モデルが、求職者の定着率の予測にも取り組んでいる。今はコーナーストーンオンデマンドの傘下に入ったエボルブ社は、かつて、ゼロックス社コールセンターの求人に適した候補者探しを支援していた。ゼロックス社のコールセンターには4万人を超える社員が配属されていた。離職予測モデルでは、候補者の以前の職場での平均定着期間など、たいていの人が思いつくような評価項目が考慮される一方で、いくつかの興味深い相関も見つかっていた。予測システムで「クリエイティブ型」に分類される人は、職への定着期間が長い傾向にあるが、「知的好奇心」のスコアが高い人は、探求心をほかの職場に向けやすい、というのである。

だが、最も問題を孕んだ相関は、地理的なものだった。求職者の居住地が職場から遠いほど、離職する可能性が高いのだ。これはつじつまが合う。長時間の通勤は辛いものだ。しかし、ゼロックス社の責任者はもうひとつの相関にも気づいた。長時間通勤に苦しむ人の多くは、貧しい地域の出身者だったのだ。そこでゼロックス社は、離職と高い相関を示すこのデータをモデルから除外した。それは優れた判断だ。公平性を保つために、効率をほんの少し犠牲にしたのである。

離職分析では、候補者が失点を犯す可能性に着目するが、人事部にとって戦略的重要度がより高い任務は、将来有望な候補者、企業活動全体の方向性を決めるほどの知能、独創性、意欲を備えた人物を特定することだ。経済構造の上層に位置する企業は、創造的に思考し、チームの一員として働ける人物を社員として求めている。ということは、モデル設計者が取り組むべき課題は、巨大なビッグデータの世界で、オリジナリティとソーシャルスキルに相関を示す情報の欠片を正確に特定することだ。

履歴書だけでそこまで切り込むことなど、できるはずがない。記載項目——卒業大学、受賞歴、特技・資格——のほとんどは、職務能力が高いことを大まかに示す代理データにすぎない。一流大学の学位と技能のあいだに一定の相関があるのは確かだが、完璧な相関とはほど遠い。あふれんばかりのソフトウェアの才能は、別のところから来るものだ——高校生ハッカーだっているのだから。それに、履歴書というのは誇張して書かれるもので、時には嘘も書かれている。リンクトイン（LinkedIn）やフェイスブックでちょっと検索すれば、かなり踏み込んで調べることができるし、候補者の友人や同僚も確認できるが、それでも、そうしたデータから、ある特定のエンジニアがパロアルトやフォートワースを拠点とする社員12名のコンサルタント会社の求人に完璧に合うかどうかを予測するのは、難しい。そのような職務をこなせる人物を見つけ出すには、もっと幅広いデータをかき集め、もっと野心的なモデルを構築する必要がある。

この分野の先駆者と言えば、サンフランシスコを拠点とするスタートアップ企業のギルド社だろう。同社は、有望な求職者について、出身校や履歴書の枠を遥かに超えて、膨大な数の就職サイトを調べ上げ、各人物の「ソーシャルデータ」を分析する。顧客のために候補者のプロフィールを作成するわけだ。顧客企業の多くはテクノロジー企業で、候補者が新たなスキルを追加すれば、ギルド社もその候補者のプロフィールを更新する。ギルド社によれば、有能な社員が転職を考えていることも予測することができ、声をかけるのに最適な時期が来たら顧客企業に知らせることもできるそうだ。ただし、ギルド社のモデルは労働者の「ソーシャルキャピタル」の定量化だけでなく、定性化も試みている。この人物はプログラマー仲間のコミュニティにとってどれくらい不可欠な存在なのか？　彼らはプログラムコードをシェアしたり提供したりしているのか？　たとえば、サンパウロ在住のブラジル人プログラマー（仮名ペドロ）は、毎夜、夕食から翌朝の朝食までの時間を世界中のプログラマー仲間と交信して過ごし、クラウドコンピューティングの問題点を解決したり、ギットハブ（GitHub）やスタックオーバーフロー（Stack Overflow）のようなコミュニティサイトでゲームのアルゴリズムについてブレインストーミングに興じたりしている。ギルド社のモデルは、このようなペドロの情熱（おそらく高スコア）と他者への貢献度を測定しようとする。同時に、彼のスキルや、彼のやり取りの社会的重要度も評価する。支持者の数が多いほど、その人物の価値は高く評価される。オンラインでの主要な連絡相手がたまたまグーグルの共同創業者セルゲイ・ブリンやバーチャルリアリティ製作会社オキュラスVRの共同設立者パルマー・ラッキーであれば、ペドロのソーシャルスコアは間違いなく天井を突き抜ける。

ところが、ギルド社で使用されているようなモデルがそのような露骨なシグナルをデータから受け取ることは滅多にない。だからこそ、より広く網を張り、探せる場所であればどこでも、職場のスターとの相関を探し求める。ギルド社のデータベースには、600万人を超えるプログラマーの情報が格納されており、あらゆるパターンを探すことができる。同社チーフ・サイエンティストのビビアン・ミンは、アトランティック・マンスリー誌のインタビュー記事のなかで、多くの才能ある人々が日本のとある漫画サイトを頻繁に訪れていた、と述べている。もちろん、ペドロが漫画サイトに時間を費やしていたとしても、それだけで超有能な社員になると予測されるわけではないが、それでも、彼のスコアはほんの少し上がることになる。

ペドロの場合はそれでよかった。しかし、労働者のなかには、オフラインでほかに何かしている者もいるだろうし、それは、少なくとも現在のところは、どれだけ洗練されたアルゴリズムでも推測できないことかもしれない。子供の世話をしているかもしれないし、読書会に参加しているのかもしれない。毎晩、漫画についての議論に6時間を費やしていないからといって、その候補者がそのような活動に反対していることにはならない。テクノロジー界はどこもたいていそうだが、その漫画サイトも参加者の大半を男性が占めており、性的な色合いが強いのだとしたら、業界内の女性の相当数はそのサイトを避けるだろう。

このような問題があるとはいえ、ギルド社はプレイヤーの一員にすぎない。世界的大企業ほどの影響力はないし、1つの業界の標準を定められるような立場でもない。私たちがこれまでに見てきた恐ろしい実態——多くの家庭を借金地獄に追いやる略奪型広告や人々を雇用の機会から排除する適性検査――に比べれば、ギルド社はかわいいものだ。同社のモデルのような「予測モデル」に分類されるタイプは、人々を罰することよりも、人々に見返りを与えることのほうが多い。その分析は、確かに平等ではない。有能であるにもかかわらず見過ごされる候補者は確実にいる。それでも、才能を発掘していることに変わりはなく、それで数学破壊兵器としてのレベルが高まるとは、私には思えない。

いずれにしても、こういった雇用モデルや新人研修モデルは絶えず進化しているということを、気に留めておくことが重要である。データの世界は拡大し続けている。私たちはみな、自分の生活について絶えず情報を生み出し、更新データの流れを膨張させている。そうしたデータはすべて、未来の雇用主のもとに流れ込み、私たちに関する洞察を与える。

そうして得られた洞察を分析するのか、それとも、現状を正当化して偏見を固定化するためだけに使用するのか？　いくつもの企業がデータをぞんざいに扱い、利己的に使用していることを思うとき、私はしばしば、骨相学のことを思い出す。19世紀に一時的に流行した疑似科学である。骨相学者は患者の頭蓋骨を指でなぞり、表面のでこぼこを探る。隆起や陥没の一つひとつが、脳の27領域に存在する性格特性と関連していると考えられていた。そして、骨相学者の結論はいつも、彼の観察結果と一致した。患者が病的な心配性であったり、アルコール依存症に苦しんでいたりすれば、頭蓋骨による診断でも、そのような観察結果と相関する隆起や陥没が必ず見つかるのだ。つまり、骨相学の信用は、観察によって支えられていた。

骨相学は、診断に権威づけするために行われる意味のない疑似科学的言動に依存した、一種のモデルだった。それが何十年も検証されないまま続けられていたのだ。ビッグデータも、これと同じ罠に陥る可能性がある。モデルというのは、カイル・ベームに赤信号を突きつけたモデルや、セントジョージ医科大学で外国人医学生を追放したモデルのように、モデル内部の「科学」が実は未検証の仮説の寄せ集めにすぎない場合でも、人々を締め出すだけの力をもつことがあるのだ。

第7章 ［仕事］ 職場を支配する最悪のプログラム

勤務時間を効率化するソフト

近年、米国の大手企業で働く社員のあいだで、クロープニング（clopening）という新しい言葉が使われている。夜、店やカフェを閉めるために深夜まで働き、数時間だけ帰宅して、翌朝、夜明け前に店やカフェを開くために出勤することを表す言葉だ。同じ従業員に閉店作業《クロージング》と開店作業《オープニング》の両方《クロープニング》をさせるのは、企業のロジスティクスを考えれば理屈に合うことも多いのだが、従業員の睡眠を奪い、過酷な勤務スケジュールを生むことになる。

不規則で変動の大きい勤務スケジュールは、徐々に一般的になっており、とくにスターバックス、マクドナルド、ウォルマートのような企業で働く低賃金労働者へのしわ寄せは大きい。

事前通知がないことも問題を悪化させている。水曜の夜にシフトに入らなければならないことも、金曜のラッシュアワーに対処しなければならないことも、1～2日前にならないとわからないことが多い。生活リズムなどあったものではない。子供の世話もままならず、食べられる時に食べ、寝られる時に寝るような生活になる。

このような不規則なスケジュールは、データ経済の産物である。第6章で私たちは、数学破壊兵器が求職者を選別し、一部の者を追放し、大多数を無視する現状を見てきた。ソフトウェアによって有害な偏見がコード化される様子についても、過去の記録から不公平の作り方が学習される実態を見てきた。本章でも引き続き、職にまつわる話を扱う。効率重視の数学破壊兵器は、従業員を機械の歯車のように扱う。クロープニングという言葉も、その流れのなかで生まれた。従業員の歯車化は、監視範囲が職場へと拡張されることでさらに進む可能性があり、データ経済に拍車をかける。

企業がデータの海に漕ぎ出す前の数十年間、スケジュールを作成することは1つの「技術」だった。家族経営の工具店を想像してみてほしい。店員は週6日、朝9時から夕方5時まで働いている。ある年、その家の娘が大学に進学した。夏休みに戻ってきた娘は、実家のビジネスを新鮮な目で見つめた。そして、火曜日の午前中には客がめったに来ないことに気づく。店員は、誰にも邪魔されることなく自分の携帯電話でネットサーフィンに興じていた。まるで利益を溝に捨てているようなものである。一方で、土曜日には客が長い列をつくり、不満を漏らしていた。

観察から貴重なデータを得た娘は、両親のためにビジネスモデルを作成した。まず、火曜日の午前中は店を閉めることにしたうえで、土曜日の混雑を解消するためにパートタイムの店員を雇った。こうした変化のおかげで、愚直で融通の利かなかった経営に、ほんの少しの知性が加わった。

この大学1年生の娘を、高性能コンピューターを従えた博士軍団に置き換えれば、ビッグデータを使用するというのがどういうことなのかが見えてくる。現在のビジネスでは、客の流通量を分析することによって、何曜日の何時頃に何人の従業員が必要かを計算することができる。もちろん、その目的は出費をできる限り削減すること、つまり、スタッフの数を最小限に抑えつつ、忙しい時間帯のために補強要員を確保しておくことだ。

こうしたパターンは毎週同じように繰り返される、と思っている読者もいるだろう。先ほどの家族経営の仮想工具店のように、予め決められていたスケジュールを調整するだけで対応できるものだと。だが、今時のスケジューリングプログラムで提供されるオプションは、もっと遥かに洗練されている。天気予報から歩行者パターンまで、絶えず変化する最新のデータストリームを処理している。たとえば、午後に雨が降るなら、人々は公園からカフェへ移動するだろう。だとすれば、少なくとも1~2時間はカフェのスタッフを増員する必要がある。金曜日の夜に高校フットボールの試合があるなら、大通りの往来は普段よりも増えるだろう。ただし、歩行者が増えるのは試合の前後のみで、試合中は減るはずだ。ツイッターのつぶやき件数から推測すると、明日のブラック・フライデー（大規模な安売りセールが始まる11月の第4金曜日）のセールの人出は昨年の26％増しになりそうだ。このように、状況は刻々と変化する。店内には、絶えず変動する需要に合わせて人員を配置しなければならない。そうでなければ、企業は無駄にお金を使うことになる。

人件費が削減されるということは、従業員の財布に入るはずだったお金を企業が蓄えるということだ。確かに従来のままでは非効率かもしれないが、従業員は勤務時間を予測できるだけでなく、勤務時間中にひと息つける時間をもつこともできる。つまり、非効率であることの恩恵を受けていると言える。勤務中に本も読めるし、勉強することもできる。ところが、ソフトウェアによって仕事が割り振られるようになると、絶えず忙しくなる。しかも、プログラムが必要と判断すれば、時間帯への配慮もなく割り振られる。たとえ金曜日の夜から土曜日の朝にまたがるクロープニング勤務になろうと、お構いなしだ。

２０１４年、ニューヨーク・タイムズ紙は、働きづめのシングルマザーに関する記事を掲載した。彼女の名前はジャネット・ナバロ。スターバックスでバリスタとして働きながら大学に通う一方で、４歳の子供の世話もしている。絶えず変化するスケジュールに振り回され、時にはクロープニングも任されて、彼女の生活はぎりぎりの状態だった。通常の託児サービスでは間に合わず、大学を休学するしかなかった。それでも、仕事以外の予定を入れることができない。これは、彼女に限った話ではなかった。米国政府のデータによれば、フードサービス業に従事する労働者の3分の2と、小売業に従事する労働者の半数以上が、直前1週間以内のスケジュール変更に振り回されており、1〜2日前に急に言われて、交通機関の手配や子守りの確保に奔走することも少なくない。

この記事の掲載から1週間以内に、名指しされた大手企業数社は、スケジューリングの慣習を見直すと発表した。この記事に当惑した雇用主らは、自社のモデルに制限を1つ追加すると約束したのだ。クロープニング勤務をなくし、最適化の強度をわずかに引き下げる術《すべ》を学ぶと言う。なかでも、従業員をどこよりも公平に扱うことをブランドイメージとしているスターバックスは、さらに踏み込んで、13万人いるバリスタにとって悪夢のようだったスケジューリングが減るようにソフトウェアを調整すると発表した。勤務時間はすべて、1週間以上前に公表されることになった。

ところが、1年後、スターバックスはこの目標を達成できずにいた。ニューヨーク・タイムズ紙の追跡調査によれば、クロープニング勤務をなくすことさえできていなかった。厄介なことに、最小限のスタッフで切り盛りすることが社風として染みついてしまっていた。たいていの企業で、マネジャーが受け取る報酬は、勤務時間あたりの利益で測定されるスタッフの勤務効率によって決まる。マネジャーは、スケジューリングソフトウェアの助けを借りることで、営業成績の数字と自分の給料を押し上げている。役員がマネジャーに手を緩めるように伝えたとしても、多くのマネジャーは抵抗するだろう。それまでに教えられてきたことすべてに反するのだから。しかも、ある従業員から聞いた話によると、スターバックスでは、与えられた「労務費予算」を上回ったマネジャーは地域マネジャーから注意を受けるそうだ。それでは、白旗をあげたくもなる。1週間前までにスケジュールを知らせるという企業の誓約に反するとしても、誰かのスケジュールを動かすほうが簡単だ。スターバックスのような上場企業のビジネスモデルは、純利益を出すことを目的として構築されている。それは社風にも報奨金にも反映されており、昨今は業務ソフトウェアにも反映されつつある（スターバックスのように、ソフトウェアの微調整がされるにしても、結局、利益を増やすように調整されるのが落ちだ）。

最低最悪の数学破壊兵器

大半のスケジューリングテクノロジーのルーツは、実用性がきわめて高い、「オペレーションズ・リサーチ（OR）」と呼ばれる応用数学の領域にある。数学者らは、数世紀前からORの基礎を活用してきた。農家のために作物の植え付け計画を作成し、人や貨物の効率的な輸送を実現できる幹線道路地図を作成して土木技師を支えてきた。しかし、この学問領域が本領を発揮するようになったのは、第2次世界大戦が始まってからのことだった。米軍と英軍は、資源の使用を最適化するために、数学者チームを編成した。同盟国はさまざまな形で「交換比率」の記録をつけていた。味方の資源の投入量に対して、敵の資源をどれだけ破壊できたのか、その比率を計算したのだ。1945年3月〜8月に実施された米軍の飢餓作戦では、食糧その他の物資が日本に無事に到着するのを妨げるために、第21爆撃集団が日本の商船を破壊する任務を負って飛び立った。この時、ORチームは日本の商船を沈めるのに要する1隻あたりの機雷敷設用航空機の数を最小限に抑えるために働いた。その結果、「交換比率」は40対1を上回った――日本の商船606隻を沈めるために失った航空機の数はわずか15機であった。これはかなり高い効率であり、その一端はORチームの功績だった。

第2次世界大戦後、大手企業は（米国防総省も）膨大な資源をORに注いだ。ロジスティクスの科学は、商品の製造方法も市場への流通方法も一変させた。

1960年代に入ると、日本の自動車会社がさらなる大きな飛躍を生んだ。「ジャスト・イン・タイム（かんばん方式）」と呼ばれる生産システムを考案したのだ。ハンドル部品や変速機の在庫を大量に抱え、巨大倉庫から取り出すのではなく、組み立て工場で必要に応じて部品を注文し、部品の待機時間なしで使用する。トヨタとホンダは複雑な供給《サプライ》チェーンを確立し、連絡すれば絶えず部品が届くような体制を整えた。業界全体が1つの生命体のようであり、独自のホメオスタシス（恒常性）制御システムを備えているようだった。

ジャスト・イン・タイム生産システムはきわめて効率がよく、瞬く間に世界中に広まった。どこの国の企業もすぐにジャスト・イン・タイム方式の供給チェーンを確立できた。このモデルは、アマゾン（Amazon）、フェデックス・エクスプレス（FedEx Express）、UPS〔米国最大手の小口貨物輸送会社〕のような企業を支える数学的基礎にも組み込まれている。

スケジューリングソフトウェアも、このジャスト・イン・タイム経済の延長として捉えることができる。ただし、予定どおりに到着するのは芝刈り機の刃や携帯電話の液晶画面ではなく、人間である。たいていは、お金にとても困っている人々だ。どうしてもお金を必要としている人々だからこそ、企業は彼らを数理モデルの言いなりにできるのだ。

とはいえ、企業も、人々の生活が悲惨な状態になりすぎないように対策は講じている。どこの企業も、疲れ果てて辞める従業員の代わりを探すにも、少額とはいえ費用がかかることを知っているからだ。その具体的な数字も、データを見ればわかる。また、前章で取り上げたとおり、彼らはこのほかにも、すぐに転職しそうな求職者を除外するモデルを使用している。それも、離職率が上昇すれば利益は減少し効率は低下すると知っているからだ。

従業員にとって厄介なのは、低賃金労働者の過剰供給である。人々は仕事に飢えている。だからこそ、こんなにも多くの人が、時給わずか8ドルの仕事にしがみつく。過剰供給のせいで労働組合の影響力も弱まり、労働者は事実上、交渉力を失う。そうなれば大手小売業者もレストラン業者も、これまでになく不条理なスケジュールで従業員に不規則な生活を強いても、大量離職に怯えずに済む。企業がより多くの利益を得る一方で、従業員の生活は地獄の様相を増していく。このような最適化プログラムは社会の至るところに存在するので、転職をしたところで、生活が大きく改善される可能性は低いことを、労働者はみな、痛いほど知っている。要するに、このような力学が働くことで、企業はまるで囚人のような労働力を得ているのだ。

さて、読者の皆さんはもう驚かないと思うが、私はスケジューリングソフトウェアのことを最低最悪の数学破壊兵器だと考えている。すでに見てきたとおり、非常に規模が大きく、しかも、すでにぎりぎりの生活で苦しんでいる人々の弱みに付け込んで利用している。そのうえ、完全に不透明だ。従業員は、いつ職場に呼ばれるのかわからず、手掛かりも得られないことが多い。独裁的なプログラムに、ただ招集されるのだ。

また、スケジューリングソフトウェアは有害なフィードバックループも生んでいる。ジャネット・ナバロの場合もそうだった。彼女は場当たり的なスケジューリングに振り回され、学校に通い続けることができなくなった。おかげで、彼女が転職できる見通しは閉ざされ、低賃金労働者があふれる過剰供給の海から出られなくなった。不規則な長時間勤務が続けば、従業員は、労働条件の改善を求めて組織を作ることも、抗議することもままならない。それどころか、高まる不安と睡眠不足に苛まれ、情緒も不安定になる。高速道路での死亡事故の13％は、そのような精神状態が原因だと推定されている。さらに悪いことに、スケジューリングソフトウェアは、企業の経費削減を目的に設計されているため、従業員の勤務時間が週30時間未満になるように制御されている。つまり、従業員は企業の健康保険組合に加入する資格がないのだ。不規則な勤務スケジュールのせいで、従業員の多くは副業で稼ぐこともできない。スケジューリングソフトウェアは、まるで低賃金労働者をあからさまに罰して押さえつけるために設計されているかのようだ。

さらに、このソフトウェアのせいで、かなりの割合の子供が当たり前の日常を奪われている。虚ろな目で朝食を見つめる母親、夕食も食べずに飛び出していく母親、日曜の朝に子供の面倒を誰が見るのかで実母と喧嘩する母親を見ながら彼らは育つ。そんな殺伐とした生活は、子供に深く影響する。労働者擁護の立場をとる米国シンクタンクの経済政策研究所（ＥＰＩ）の調査によれば、「予測不可能なスケジュールで働く親や通常時間外に勤務する親をもつ若年小児と思春期青年は、認知力と行動成績が通常より低い割合が高い」。そういう親は、子供が学校で感情をあらわにしたり失敗したりするのは自分のせいだと思うかもしれないが、多くの場合、労働者を不規則なスケジュールの仕事に追いやる貧困こそが、そして、苦しい状況にある家族をさらに苦しめるスケジューリングモデルこそが、問題の元凶である。

ほかの多くの数学破壊兵器と同じで、この問題も元をたどれば、モデル作成者が選択した「目的」に行き着く。公平性やチームのためではなく、効率性と収益性の最適化が目的とされている。もちろん、それが資本主義の本質である。企業にとって収益は酸素みたいなもので、それなしでは生きられない。企業にしてみれば、削減可能な経費を削減しないのは愚の骨頂であり、あるべき姿に反する。だからこそ、社会はそれに対抗する力をもつ必要がある。たとえば、企業の効率偏重の誤りを浮き彫りにし、その誤りを正させるような精力的なマスコミ報道が必要なのだ。スターバックスの例のように、企業の改善努力が足りないうちは、何度でも暴き、追及していかなければならない。また、適正な状態を維持するには規制が必要であり、労働者を組織して彼らの要求と不満を訴えるには強力な労働組合が必要である。企業の行きすぎた行為に歯止めをかける法律の通過に前向きな政治家も必要だ。２０１４年のニューヨーク・タイムズ紙の記事によれば、民主党の議員らは、スケジューリングソフトウェアの使用を制限する法案を速やかに作成した。しかし、議会の過半数を占める共和党員は、政府による規制に激しく反対し、この法案が法律になる機会は失われた。法律は葬られたのだ。

アイデアが重視される仕事にも

２００８年、大不況が差し迫るなか、サンフランシスコのカタフォラ社は、多数の測定基準で技術者をランク付けするソフトウェアシステムを市場に出した。測定基準にはアイデアの創出力なども含まれた。それは生半可なタスクではない。結局のところ、ソフトウェアプログラムというのは、アイデアと単なる文字列の識別にも苦労するものだ。考えてみれば、その違いは文脈の問題であることが多い。昨日のアイデアが――地球は丸いということや、人々はソーシャルネットワークで写真をシェアするのが好きかもしれないということさえも――今日の事実になる。私たち人間は、アイデアが事実として確立される瞬間を感じることができるし、アイデアが誤りであることが証明されたり捨てられたりする瞬間（誤りを認めたがらないことも多いが）も知っている。しかし、その識別には、最高性能のＡＩ（人工知能）でさえ戸惑う。そのため、カタフォラ社のシステムにはガイド役として人間の助けが必要だった。

カタフォラ社のソフトウェアは、アイデアを探索するために企業の電子メールとメッセージの海に潜り込む。その際に指針となるのが、最良のアイデアはネットワークを通じてより広く拡散する傾向にある、という仮説だ。コピー＆ペーストで共有されている文章があれば、それはアイデアである可能性が高いとみなされ、ソフトウェアによって定量化される。

だが、そこにはややこしい問題が存在する。ソーシャルネットワークで広く共有される文章は、アイデアだけではない。ジョークだって勢いよく拡散される。そして、ソフトウェアシステムを混乱させる。噂話もロケット並みのスピードで広まる。しかし、ジョークや噂話は一定のパターンに従って広まるので、プログラムに教え込むことで、少なくともいくらかは選別して除外できる。時間が経つにつれ、システムはアイデアである可能性がきわめて高い文章を同定するようになる。ネットワークを通じてそのようなアイデアを追跡し、コピーされる回数をカウントし、流通度合を測定し、その発生源を特定する。

間もなく、従業員らが果たした役割が明確になり、そのうちの誰と誰がアイデア創出者だったのかまで、システムによって結論づけられる。カタフォラのソフトウェアは、システム内部の従業員評価チャート上でアイデア創設者らに丸印をつける。この丸印は、彼らがアイデアを出せば出すほど、大きく濃く表示されるようになる。ほかの人は、コネクターとして認識される。ネットワーク状に張りめぐらされた神経細胞のように、彼らは情報を伝達する。とくに影響力のあるコネクターは、引用文を一気に拡散させる。カタフォラのソフトウェアシステムは、そのような強力なコネクターにも濃い色で印をつける。

さて、このシステムでアイデアの流れが有効に測定できているにせよ、いないにせよ、コンセプト自体に不正はない。人々に何が広まっているのかを把握し、とりわけ有望な同僚と協力者を割り出すためにこのような解析を行うことは、理にかなっている。IBMもマイクロソフトも、社内プログラムを使って同様の解析を行っている。そのアルゴリズムは、デート相手を紹介するプログラムと非常に似ている（結果に当たり外れがあるところもよく似ている）。また、ビッグデータは、コールセンター勤務者の生産性の研究にも使用されている。

ほんの数年前のこと。ＭＩＴの研究者らは、バンク・オブ・アメリカのコールセンター勤務者の行動を解析し、あるチームの生産性が他チームより高い理由を明らかにした。この研究では、センター勤務者全員に「ソシオメトリー（計量社会学）バッジ」を首から下げてもらい、バッジに内蔵された電子機器で勤務者の居場所を追跡し、声のトーンと身振り手振りを16ミリ秒ごとに測定した。誰と誰が目を合わせ、誰がどれくらい話し手や、聞き手に回り、話に割って入ったのかも記録された。４チーム計80人のコールセンター勤務者はこのバッジを6週間、身につけた。

コールセンターの仕事は高度に組織化されていた。おしゃべりは慎み、1分でも多く電話に出て、顧客の問題を解決するように言われていた。コーヒー休憩は1人ずつ取るようにスケジュールが組まれていた。

ところが驚いたことに、コールセンターで最も仕事が速く、最も効率の良いチームは、最も社交的なチームであることがわかった。そのチームのメンバーは、社内ルールを軽んじ、ほかのチームよりも多くおしゃべりをしていた。そこで、全チームにおしゃべりを奨励したところ、コールセンターの生産性は跳ね上がった。

一方で、従業員の行動を追跡するデータ研究は、解雇すべき従業員の選別に利用される可能性もある。２００８年の景気後退で経済が破綻すると、テクノロジー産業界の人事部はカタフォラのチャートに目をつけ、新たな目的での使用を考えるようになった。一部の従業員には大きくて濃い丸印がつき、ほかの従業員には小さくて淡い丸印がつく。誰かを解雇しなければならないのなら、小さくて淡い丸印のついた従業員を辞めさせるのが合理的である。

だが、彼らを本当に辞めさせてよいのか？　これも、骨相学のデジタル版ではないのか？　ある従業員がシステムによって「アイデア創出力が低く」「影響力の低いコネクター」として指名された場合、そのシステムのなかではその決定こそが真実となり、それが当人のスコアとして表示される。

その決定に対抗する証拠を示して、誰かが割って入ってくれる可能性もあるのではないか。

システムのチャートでは小さな淡い丸印がつけられていた従業員が、実は素晴らしいアイデアを生み出す人で、ただ、ネットワーク上でシェアしていなかっただけだということもありうる。あるいは、その人は昼休みに貴重なアドバイスをくれたり、職場の緊張が高まった時にちょっとしたジョークで場を和ませるのがうまかったりするかもしれない。みんなに好かれている人だったとしたら、それは職場ではとても価値のあることだ。しかし、コンピューターシステムは、そのようなスキルの測定を可能にするデジタル代理データを見つけ出せない。単に、そのスキルに関連するデータが収集されていないのだ。データがあったとしても、数値化するのは難しい。モデルに組み込まずにおくほうが、よほど簡単である。

そんなわけで、システムは、貢献度が低そうに見える者を「解雇対象者」として同定する。こうして、相当な数の従業員が不景気の最中に職を失った。それだけでも十分に不当なのに、話はそれで終わらなかった。カタフォラのシステムが受け取るフィードバックデータはごくごく限られていた。解雇対象者として同定され、解雇された人が、次の職を見つけ、いくつもの特許を生んだとしても、通常、そのようなデータは収集されない。解雇すべきでない従業員を1人、あるいは1000人解雇してしまっても、システムはその過ちに気づけないのだ。

これは問題である。なぜなら、エラーフィードバックがなければ、サイエンティストはフォレンジック（科学捜査的）解析を行うことができないからだ。今回で言えば、誤った判別が存在するという情報がなければ、どこに間違いがあり、どこを読み間違え、どんなデータを見落としたのかを解明できない。システムというのは、そういう学習を重ねながら賢くなっていくものだ。しかし、これまで見てきたとおり、再犯予測モデルから教師評価モデルに至るまで、数多くの数学破壊兵器が、実に軽率に、独りよがりな現実を生み出している。マネジャーは、モデルによって算出されたスコアを真に受ける。アルゴリズムのおかげで、難しいはずの判断が手軽に行えるようになる。そうやって従業員を解雇し、経費を削減し、その決定の責任を客観的数字のせいにすることができる――その数字が正確かどうかにかかわらず。

カタフォラ社は小さな会社だったし、同社の従業員評価モデルも主力製品ではなかった。同社が請けていた仕事の大半は、企業内部での不正行為やインサイダー取引のパターン同定だった。そして、２０１２年には廃業し、同社のソフトウェアはスタートアップ企業チェノープ社に売却された。しかし、カタフォラのソフトウェアのようなシステムは、真正の数学破壊兵器になる可能性がある。人々を誤解し、システムが算出したスコアと仕事の質とのあいだに相関があることを示す確証もないまま、人々を罰する可能性がある。

このようなソフトウェアの登場は、新たな領域で数学破壊兵器が台頭してきたことを知らせてくれている。これまで数十年間、モデル化や最適化の標的にされてきたのは産業労働者とサービス労働者だけで、法律家や化学エンジニアなど、アイデアを扱う労働者は、少なくとも職場では、数学破壊兵器を回避できていた。だが、いつまでも回避できるわけではないことを、カタフォラのシステムは教えてくれている。現に、テクノロジー業界では、多くの企業がホワイトカラー労働者のコミュニケーションパターンに注目し、人員の最適化に果敢に取り組んでいる。グーグル、フェイスブック、アマゾン、IBM、その他の巨大テクノロジー企業も、この流れを熱心に追いかけている。

少なくとも今のところは、このような多様性は歓迎である。どれか1つのモデルで否定されても、別のモデルでは高く評価されるかもしれないという希望がもてる。だが、いずれ、1つのモデルが業界のスタンダードになり、誰もがみなトラブルに巻き込まれることになるだろう。

推測のうえに推測を重ねて

1983年、レーガン政権は米国の学校の状況について恐ろしい警告を発した。『危機に立つ国家（*A Nation at Risk*）』と称される報告書のなかで、大統領の諮問委員会は、学校教育における「凡庸性の台頭」、すなわち、優位性の喪失が「国家と国民の未来」を脅かしていると警告したのだ。この報告書ではさらに、「非友好的な外国の力」によって質の低い学校教育を強要されているのだとしたら、「私たちはそれを戦争行為とみなす可能性がある」とも述べている。

衰退の兆候のなかでも特筆すべきは、SATスコアの急落だった。1963～80年のあいだに、言語能力のスコアは50点低下し、数学のスコアは40点低下した。世界経済における競争力はスキルに左右されるものだが、どうも、そのスキルが低下している様子だった。

この残念な状況を生んだ責任は誰にあったのか？　報告書はその点を明確にしていた。責任は教師にあると。『危機に立つ国家』では、直ちに対策を講じる必要があるとされていたが、それはつまり、学生に試験を受けさせ、その結果に基づき、業績の低い教師を追い出すということだった。本書の「はじめに」で紹介したとおり、こうした施策は、教師から職を奪う可能性があった。ワシントンで働く教師のサラ・ウィソッキーも、犠牲者の1人だ。担当クラスの試験結果が驚くほど低かったため、解雇された。私がこの事例を紹介したのは、数学破壊兵器が実際にどう働くかを示すためだった。数学破壊兵器がいかに独裁的で、不公平で、当事者の訴えに耳を貸さないものかを伝えたかったのだ。

しかし教師は、教育者であり子供の世話役でもある一方で、れっきとした労働者だ。ここで、教師の業績にスコアをつけるモデルについて、もう少し掘り下げておきたいと思う。なぜなら、同様のモデルがほかの職場にも広まる可能性があるからだ。今度は、ニューヨーク市で英語を教える中学教師のティム・クリフォードの例について考えてみよう。何年か前のこと、教師歴26年のクリフォードは、「付加価値モデル」と呼ばれる教師評価モデルで自分が解雇の標的にされたことを知った。ワシントンのサラ・ウィソッキーを解雇に追いやったものとよく似たモデルである。クリフォードのスコアは、100点満点中6点という最悪の結果だった。

彼は衝撃を受けたようで、「あんなに懸命に働いて、こんな悪い結果が出るなんてことがどうして起こるのか、さっぱりわかりませんでした」と、のちに私に語っている。「正直なところ、最初にスコアを知った時、恥ずかしくて、しばらく誰にも話せませんでした。ところが、僕よりもスコアの低い教師が同じ学校に2人いると知ったのです。それで僕も周りに打ち明ける気になりました。その2人に、君たちだけじゃないと知らせたかったのです」

終身雇用を保証されていなかったら、クリフォードはその年に解雇されていてもおかしくなかった。「終身雇用を保証された身でも、スコアの低い年が続けば居づらくなります」と彼は言う。また、終身雇用を保証された教師が低いスコアを記録すると、終身雇用制度は無能な教師を保護する制度だと主張する学校改革論者を、勢いづかせることにもなる。クリフォードは、不安を抱えたまま翌年に臨んだ。

付加価値モデルはクリフォードに落第点をつけたが、改善方法については何のアドバイスもくれなかった。そのため、彼はこれまでどおりの教え方を続け、うまくいくように願った。翌年、彼の評価スコアは96点だった。

「喜んだとお思いかもしれませんが、うれしくありませんでした。僕は前年の低いスコアがデタラメであることを知っていましたから、同じ評価方法で高いスコアが出ても、ちっとも喜べませんでした。スコアに90%もの差が出るなんて、教育の成果を付加価値モデルで評価することがいかに馬鹿げたことかを痛感させられました」

そう、まさに「デタラメ」である。実のところ、教師の実績評価には、最初から最後まで解釈を誤った統計学が用いられていた。問題の発端は、そもそもの『危機に立つ国家』レポートの分析に大量の統計学的ミスが含まれていたことにある。国家の破滅的状況を非難していた当の研究者らが、根本的なところで思い違いをし、その思い違いに基づいて判断を下していたのだ。学部生が犯すような誤りだった。米国の教育の欠点を並べ立てたいのなら、最初に自分たちの統計解釈の誤りをあげつらうべきだろう。

『危機に立つ国家』が刊行された7年後、サンディア国立研究所の研究者らが、この報告書に使用されたデータを再調査した。彼らは、核兵器の組み立てとメンテナンスを任されるような統計学のプロだった。そして、この報告書の誤りにすぐに気づいた。確かに、SATスコアの平均は低下していたが、SAT試験を受ける学生の数は、過去17年間で急激に増えていた。大学は、貧しい学生やマイノリティの学生にも門戸を広く開くようになったのだ。教育の機会は拡大していた。これは、社会にとって成功である。当然、このような新参者の流入は、平均スコアを引き下げる。それでも、対象集団を所得層ごとに分けて分析すれば、貧困層から富裕層まで、すべての層でスコアは上昇している。

統計学の世界では、このような現象は「シンプソンのパラドックス」として知られている。データ全体を分析した時にある傾向が見られても、サブグループに分けて分析してみると、それとは逆の傾向が見られる現象である。『危機に立つ国家』レポートの手厳しい結論は、教師の業績を評価しようという全体の動きに拍車をかけたが、実は重大な解釈ミスから引き出された結論だったのだ。

ティム・クリフォードのスコアが大きく変動したのも、統計の誤解釈によるものだった。こういうことは日常茶飯事だ。学生の試験結果から導き出される教師の評価スコアは、実のところ、何の指標にもならない。試験を受けるのは学生で、学生の試験成績が、クリフォードのスコアに反映される。そこまでは、まあいい。だが、クリフォードのスコアは、6点の時も96点の時も、まったくの概算でしかなかった。根拠が弱すぎて、本質的には、サイコロを振るのと変わりなかった。

問題は、経営陣が、公平を期すために必要な「正確さを追求する方法」を見失っていたことにある。医者や弁護士の家の子供がエリート大学に進学したからといって、それを金持ち学校の教師の功績として高く評価するのが正しいわけではないことは、経営陣も理解していた。貧しい学区の教師にこれと同じ基準で成果を求めるべきではないことも理解していた。教師の力だけでそんな奇跡を起こせるわけがない。

そこで彼らは、教師の業績を絶対的尺度で評価するのではなく、モデルを使って社会的不平等を補正しながら評価しようとした。ティム・クリフォードの学生を近隣の別の学区の学生と比較するのではなく、学生の実際の成績（結果）を、事前に予測しておいたその学生の成績（予測）と比較することにしたのだ。学生の試験結果が予測を上回れば、教師は高く評価される。予測を下回れば、教師の責任が問われる。ずいぶん原始的な方法だと思ったそこのあなた、そのとおりだ。

統計用語で言えば、階級や肌の色が試験に影響しないようにするために、経営陣は1次モデルから2次モデルへと移行した。学生の成績スコアそのものではなく、予測と結果の差分──誤差──に基づいて評価しようというのだ。数学的に見て、これは不確かで大雑把な提案である。予測は統計学的に導き出されるのだから、推測のうえに推測を重ねることになる。そんなことをすれば、モデルはランダムな答えを大量に生むようになるだろう。統計用語では、これを「ノイズ」と呼ぶ。

こうした大量の数字が集約されてスコアになるのだな、と納得した読者もいるかもしれないが、意味のある予測を生むには、110万人の学生を抱えるニューヨーク市は、それ相応に大量のデータセットを提供しなければならない。第8学年の学生8000人が試験を受けるとして、果たして、貧しい学校、並みの学校、裕福な学校のそれぞれについて信頼できる平均値を確立するなどということは、実現可能なのか?

可能だ。もしティム・クリフォードの教え子が1万人に達するほど大勢いるなら、学生コホート〔統計学上の群〕の今年度の成績を前年度の成績と比較して何らかの結論を導き出すのも、妥当と言える。データが大量に存在すれば、例外値や異常値は相殺されて帳尻が合う。理論上、データは集約され、何らかの傾向を示す。しかし、それは大規模集団だから可能なのであって、25人か30人そこらの少人数クラスで実現するのはほぼ不可能だ。クラスにはいろんなタイプの学生がいる。平均より学習の速い学生もいるし、平均よりもゆっくりと上達する学生もいる。クリフォードは、自分に対する評価を大きく変えた不透明な数学破壊兵器について、事実上、何の情報も与えられていなかったが、評価が大きく揺れた理由には、学生の多様性が関係しているものと推測していた。評価の低かった年について、「僕は成績優秀な学生を多く教えていましたが、特殊教育を必要とする学生も多く教えていました。貧窮する学生を担当したり、トップクラスの学生を担当したり、あるいはその両方を担当したりすると、問題が起きるのだと思います。貧窮する学生は学習上の問題を抱えているので、成績が上がりにくくなっています。また、トップクラスの学生も、元からほぼ満点なので、成績が上がる余地は限られ、スコアはあまり変化しません」と説明してくれた。

その翌年に彼が担当したクラスは、前年とは異なる構成で、大半は極端に優秀でもなく、極端に劣るわけでもなく、その中間に位置する学生だった。すると、問題教師から素晴らしく優秀な教師へと生まれ変わったかのような結果になった。こういうことが、あまりにも多かった。ブロガーであり教育者でもあるゲーリー・ルービンスタインの分析によれば、同じ科目を何年か連続して教えた教師の4人に1人で、評価スコアが40点以上変動していた。これはつまり、評価データは実質的にはランダムであり、場所を問わず通用するような教師の能力を示しているわけではないということだ。教師の評価スコアは、数学破壊兵器がデタラメに弾き出した数字にすぎない。

意味のない数字であるにもかかわらず、付加価値モデルの悪影響は広く波及する。「素晴らしい教師でありながら、評価スコアを根拠に、自分はせいぜい二流教師だと思い込んでいる人を私は何人も見てきました。そのような先生方は、それまでの優れた授業を離れ、試験対策により多くの時間を割くようになりました。若い教師は、付加価値モデルの評価スコアが低いと罰せられたように感じ、スコアが高ければ、何をしたわけでもないのに偽りの達成感を覚えるのです」とクリフォードは言う。

多くの数学破壊兵器がそうであるように、付加価値モデルも、善意から生まれたものだ。運命を左右する標準試験を義務づけた2001年の「どの子も置き去りにしない法」(No Child Left Behind：NCLB法)による教育改革下では、経済的・社会的に恵まれない貧しい学区ほど罰せられやすい傾向にあるということに、オバマ政権は早い段階で気づいた。だからこそ、生徒の学習進度が遅くても学校が罰せられることのないように、教師らの働きを証明できた学区には免除措置を取っていた。*

付加価値モデルが使用されるようになったのも、この規制の変化によるところが大きい。ところが、2015年後半、教員試験の過熱により、さらなる劇的な転機が訪れた。まず、議会

＊NCLB法の制裁措置には、問題のある学校の学生に対し、ほかのもっと優秀な学校で授業を受ける選択肢を与えることも含まれている。緊急の場合には、問題のある学校を閉鎖し、代わりに、認可を受けた別の学校を設立させることも法律で定められている。

とホワイトハウスがＮＣＬＢ法の撤回に同意し、これに代わる法律として、「すべての生徒が成功する法」（Every Student Succeeds Act：ＥＳＳＡ法）を成立させた。州にこれまで以上に自由裁量をもたせ、業績の低い学区の教育を改善するために、独自手法の開発を許すことにしたのだ。この新法では、学生と教師のかかわり方、上級クラスの設置、校風、安全性など、考慮すべき幅広い基準も示している。つまり、それぞれの学校で実際に何が起きているのかを調査できるようになった――付加価値モデルのような数学破壊兵器を、あまり気にしなくて済むどころか、完全に無視してもよくなったのだ。

ちょうど同じ頃、ニューヨーク州知事アンドリュー・クオモの教育特別委員会が、教員評価試験について、４年の猶予期間を求めた。この変化は歓迎されたが、教師を評価する数学破壊兵器を明確に拒否したわけではなく、その不公平性を認めたわけでもなかった。この動きを後押ししたのは、試験制度のせいで子供が疲弊し、進級に時間がかかりすぎることを不満に思う親たちだった。２０１５年の春には、第３学年から第８学年までの学生の20％が試験をボイコットする事態となり、その運動は大きくなっていた。クオモ州知事は、親たちの要求を呑む形で、ついに付加価値モデルの導入を取りやめた。もっとも、全学生に学力試験を受けさせることができなかったため、ニューヨーク州は、付加価値モデルに入力すべきデータをそもそも揃えられなかったのだが。

ティム・クリフォードは、この知らせを聞いて喜んだが、慎重な態度は崩していない。彼は私宛てのメールに次のように書いている。「オプトアウト（拒否権）を行使する動きがクオモ知事を動かしました。彼は自分の支持基盤である、トップクラスの学区の裕福な有権者の支持を失うことを恐れ、問題の先手を打つために、試験スコアの使用について猶予期間を設けたわけです」。クリフォードは、いずれこの試験は復活するのではないかと不安に思っている。

もしかしたら、復活するかもしれない。付加価値モデルが教員労働組合に対抗する手段として実績を上げていることを考えれば、そう簡単に消えてなくなることはないだろう。このモデルは深く根づいている。今もまだ、40の州とワシントン・コロンビア特区でこの手のモデルが使用されている。だからこそ、同様の数学破壊兵器やほかの種類の数学破壊兵器について、世間に広く伝えなければならない。その存在を認識し、その統計学的な欠陥を理解するようになれば、人々は、学生にとっても教師にとってもより公正な評価方法を求めるようになるだろう。ただし、子供の成績の悪さをほかの誰かのせいにすることや、労働者を黙らせることが試験実施の目的なら、すでに見てきたように、意味のないスコアを出力する数学破壊兵器はきわめて優秀なモデルである。

第8章 [信用]

どこまでもついて回る格付け評価

信用度を格付けする「eスコア」

かつて、地方の銀行家は、その町の偉い人だった。彼らはお金を支配していた。新車を買いたい時も、住宅ローンを組みたい時も、あなたはよそ行きの服を着て銀行家を訪問する。銀行家は、同じ地域社会の一員でもあるので、あなたの生活について、かなり詳しく知っている。日曜日に教会に通う習慣があるかどうかも知っている。あなたの兄が警察沙汰を起こした話も知っている。ゴルフ仲間でもあるあなたの上司から、あなたの働きぶりについても聞いている。当然、あなたの人種・民族についても知っているし、申込用紙を一瞥すれば各種番号も把握できる。

銀行家が融資するかどうかを判断する際には、意識的にせよ無意識にせよ、まずこの4項目——教会、家族、職場、人種——が考慮された。そして彼らは、自分の同類と言える人を信用しやすい傾向にあった。これは人間に特有のことだ。しかし、これはつまり、大勢の米国人にとっては、デジタル時代以前の状況も数学破壊兵器に負けず劣らず恐ろしい状況であったということだ。マイノリティの人々や女性など、「部外者」は日常的に締め出されていた。締め出された人々は、関心をもたれるような金融ポートフォリオをまとめて、偏見にとらわれない銀行家を探し回らなければならない。

まったく不公平な話だ。そこにアルゴリズムが登場し、状況は改善された。数学者のアール・アイザックと彼の友人であるエンジニアのビル・フェアは、個人のローン債務不履行リスクを評価するモデルを考案し、FICOと名付けた。このFICOでスコアの算出に使用される公式では、借り手の財務状況——もっぱら債務負担状況と請求書の支払い記録——のみが精査された。肌の色がスコアに影響することはなかった。これは、銀行業界にとっても大きな転機だった。従来より遥かに正確にリスクを予測できるようになったおかげで、大勢の新規顧客に門戸を開くことができたからだ。もちろん、FICOスコアは今も健在である。エクスペリアン、トランスユニオン、エクイファクスなどの信用調査機関で使用されており、各社とも、さまざまな情報ソースをFICOモデルに与えて独自のスコアを算出している。これらのスコアには、数学破壊兵器にはない称賛すべき特性が数多く備わっている。まず、明確なフィードバックループが存在する。信販会社は、実際にどの借り手が支払いを滞らせているのか確認できる立場にある。その借り手の番号とスコアを照会することもできる。スコアの高い借り手がローンの債務不履行を起こす頻度が予測よりも高いようであれば、ＦＩＣＯと信用調査機関は、モデルを調整して正確度を高める。統計学の健全な使用のされ方である。

クレジット（信用度）スコアは、透明性も比較的高い。たとえば、ＦＩＣＯのウェブサイトには、スコアの改善方法について簡単な説明が記載されている（借金を減らし、請求書を期日までに支払い、新たなクレジットカードの発行をやめよう）。同じくらい重要なのが、信用格付け業界が法で規制されていることだ。自分のクレジットスコアについて質問がある場合、私たちには信用情報の開示を要求する法的権利がある。開示されるクレジットレポート（信用報告書）には、住宅ローンの記録、公共料金の支払い状況、総負債額、貸付限度額に占める利用額の割合など、クレジットスコアに反映される情報がすべて記載されている。間違いが見つかった場合、恐ろしく時間はかかるかもしれないが、内容を修正することもできる。

フェアとアイザックによる開拓時代以降、スコアリングが活用される場面は急速に広まった。今も、郵便番号、ネットサーフィン時の閲覧パターンから最近の購入履歴に至るまで、寄せ集めにすぎないデータを統計学者と数学者が考えつく限りの方法でまとめ上げ、日々、集計している。こうした疑似科学的なモデルの多くは、クレジット（信用度）を予測しようとするものので、私たち一人ひとりに、いわゆる「ｅスコア」を付けている。その数字を私たちが目にすることは滅多になく、一部の者には開示されるが、そのほかの者が見たいと思っても見ることはできない。ＦＩＣＯスコアとは異なり、ｅスコアは独裁的で、不可解で、規制がなく、往々にして不公平である——そう、ｅスコアは数学破壊兵器なのだ。

バージニア州を拠点とするニュースターという会社は、その典型例だ。ニュースターは企業向けに顧客ターゲティングサービスを提供しており、たとえばコールセンターの通話管理サービスなどを扱っている。このテクノロジーは、連絡があった時に相手について入手済みのデータを素早く読み込み、ヒエラルキーのどこに位置する顧客なのかを判断する。最上層の顧客なら、大きな売り上げが見込めるため、すぐに人間のオペレーターにつなぐ。最下層の顧客であれば、後回しにして待たせるか、人手が足りない際の対応のために外注しているアウトソースセンターに転送する。こちらは機械による自動応答で処理されることがほとんどだ。

キャピタル・ワンのようなクレジットカード会社も、ウェブサイト訪問者に対して同じように矢継ぎ早の計算を実行している。訪問者のウェブ閲覧履歴と購入パターンに関するデータにアクセスすることも多く、得られた情報をもとに、見込み客について多くの洞察を得る。ジャガーの新車をネット購入している人物は、カーファックス（Carfax.com）で２００３年式フォードトーラスの車両情報をチェックしている人物よりも裕福だろうと察しがつく。たいていのスコアリングシステムでは、訪問者のコンピューターの位置情報も取得している。位置情報をもとに不動産データを照会すれば、懐具合を推測できる。サンフランシスコのバルボアテラスでコンピューターを使用している人物は、対岸のイースト・オークランドで使用している人物よりも遥かに上客とみなされる。

このようなeスコアの存在は、今さら驚くようなことでもない。略奪型ローンの標的を探るにも、ある人物が車を盗むオッズを計算するにも、同様のデータが収集され、モデルで処理されていた。良くも悪くも、私たちはモデルに導かれて学校（や刑務所）に入り、就職し、職場で最適化されてきた。そして今度は、家や車を買う番だ。金融モデルにデータを発掘・収集され、品定めされるのは当然の流れである。

しかし、eスコアが有害なフィードバックループによって生成されている事実は、見過ごすわけにいかない。イースト・オークランドの治安の悪い区域からアクセスして中古車を調べていた人物は、eスコアリングシステムで低いスコアを付けられる可能性がきわめて高い。この区域の住人の多くが債務不履行を起こしているからだ。そのため、コンピューター画面のポップアップで提案されるクレジットカード払いの条件は、リスクの高い客層向けの内容になる。つまり、すでにお金に困っている信用度の低い人向けの、金利の高い内容が表示される。

ペイデイローンや営利大学の広告など、これまでに見てきた略奪型広告の多くは、こうしたeスコアを利用して作成される。企業がマーケティング目的でクレジットスコアを使用することは法律で禁じられているため、クレジットスコアの代用として、ずさんな作りのeスコアを使っているのだ。

クレジットスコアのマーケティング利用が禁止されているのには、相応の理由がある。クレジット履歴には、厳重に扱われるべき個人データが含まれるため、情報提供先を本人が管理するのは道理である。そのため、企業は仕方なく、クリック情報や地理情報など、ほとんど規制されないまま蓄積されたデータの海に飛び込み、代理データ市場を生み出した。これなら、政府の監視の目をかい潜ることができるし、効率、キャッシュフロー、収益の増減でマーケティング効果を測定することもできる。この手のアルゴリズムに公平性や透明性といった概念は存在しないことがほとんどだ。

巻き添え被害

この現状を、1950年代の銀行家の場合と比較してみよう。意識的にせよ無意識にせよ、かつての銀行家は、借金を申し込みにきた人物を評価する際に、住宅ローンを背負う能力とはほとんど、あるいはまったく関係のないさまざまなデータポイントを検討していた。デスクを挟んで向かい合い、相手の人種を見て、融資するかどうかを判断した。父親に犯罪歴があれば不利になり、毎週日曜日に教会に行く習慣があれば有利になる。

このようなデータポイントは、すべて代理データである。財務責任能力を調べようと思ったら、数字を冷静に検討すればいい（まともな銀行家は必ずそうしていた）。それなのにそうせず、人種、信仰、家族関係と財務責任能力とのあいだにある相関を見ていた。そうすることで、銀行家は相手を「個人」として精査するのを避け、「集団」の一員として見ていた——統計学用語ではこれを「バケット」と呼ぶ。「あなたとよく似た人々」がどんな人たちなのかを考えたうえで、その人々が信用できるかどうかを判断した。

フェアとアイザックの偉業が先進的だった点は、代理データを使わず、過去の請求書の支払い状況など、意味のある財務データを好んで使用したところだ。属性の似たほかの人々ではなく、融資対象となる個人の分析に重点を置いていた。ところが、その後に登場したｅスコアは、時代を逆戻りさせた。個人を分析するのに、ひたすら代理データを用いたのだ。ほんの数ミリ秒のあいだに、「あなたに似ている人々」に関する計算を数千回実行する。そして、「似た人々」が借金を踏み倒していたり、それどころか犯罪者であったりすれば、あなたも「そういう人」として扱われる。

私は時々、データサイエンティスト養成クラスでは倫理をどのように教えているのか、と質問を受ける。私の教え方はこうだ。まず、ｅスコアモデルの構築方法について議論する。そして、このモデルの入力データとして「人種」を用いるのは妥当かどうか、学生に問いかける。すると学生たちは当然、そのような質問は不公平であり、おそらく違法だろう、と答える。次に、「郵便番号」を用いるのはどうかと問いかける。最初のうちは、郵便番号なら別に問題ないのではないか、という反応が返ってくる。だが間もなく学生たちは、自分たちが過去の不当な習慣をモデルに組み込もうとしていたことに気づく。「郵便番号」のような属性をモデルに組み込むということは、ある人物が組むべきローンの種類は、その人が住む地域の住民の行動履歴によってある程度まで決定される、という見解を表明することにほかならない。

つまり、eスコアのモデル作成者は、「あなたは、過去にどのような行動を取りましたか?」と質問すべき時に、質問をすり替えて、「あなたと似た人々は、過去にどのような行動を取りましたか?」という質問の答えを探し出してごまかそうとしていたのだ。

この2つの質問の違いは大きい。たとえば、移住してきたばかりで質素な生活をしているが非常に意欲的で責任感の強い人物が、起業準備をしていて、初期投資のために資金を借りようとしていたとする。さて、この人物に賭けてみようという人は現れるだろうか? おそらく、移民という属性と質素な生活行動をデータとして取り込んだモデルでは、この人物の有望さに気づけないだろう。

念のために言っておくが、統計学の世界では、代理データは役に立つ存在だ。類は友を呼ぶもので、確かに、似た者同士は同じような行動を取ることが多い。裕福な人々は、クルーズ旅行を楽しみ、BMWを買う。貧しい人々は、ペイデイローンを必要とする。このような統計モデルは、見かけ上は有用であることが多く、うまく活用すれば、効率も収益も上向く。だからこそ投資家は、大勢の人をそれらしい「バケット」に分類する科学的なシステムに倍賭けする。ビッグデータの勝利だ。

しかし、誤解され、誤ったバケットに分類された人物はどうなるのか？　そういうことは必ず起きる。しかし、その間違いを正すフィードバックは存在しない。統計データを高速処理するエンジンには、学習する術《すべ》がない。貴重な見込み客をコールセンターの底辺に送り込んでしまっても、そのことに気づく日は来ない。さらに悪くすると、規制のないeスコアの世界で負け組に組み込まれれば、苦情を訴える手段はほとんどなく、システムの誤りを修正できる機会はさらに少ない。これはまさに、数学破壊兵器の世界の「巻き添え被害」である。この得体の知れないシステムは、遠く離れたサーバー会社で稼働しているため、巻き添え被害が起きても、なかなか判明しない。人生はもとから不公平なものだと、理性的に受けとめている被害者も多いのではないか。

借金はモラルの問題ではない

ここまでに私が説明してきた世界では、たくさんの代理データから算出されるeスコアは、そうはいっても日陰の存在だったし、一方の、関連のある適切なデータが詰まったクレジットレポートは、きちんと法規制を受けていた。だが残念ながら、そんな簡単な話のままでは終わらない。実は、クレジットレポートが代理データとして使用されることも多いのだ。

この社会では、大企業から政府に至るまで、多くの機関が信頼できる人を探している。就職活動の章で見たとおり、求職者を履歴書で選別し、心理学的検査で望ましい個人特性を示さなかった候補者には赤信号が出される。履歴書と適性検査のほかに、もうひとつ頻繁に選考に使用されるのが、求人応募者のクレジットスコアである。請求書を期日までに支払い、借金をしていない人なら、信頼できる人物に違いない、と考えてのことだ。しかし、お金の問題と信用の問題は、厳密には一致しない。本当は雇用主もわかっている。それでも、この2つはかなり重なるのでは？

そんなわけで、クレジットレポートは、本来の役割を大きく超える範囲で使用されている。信用度——つまり弁済能力——を代理データとして、ほかの美徳まで安易に測られるようになったのだ。逆に言えば、信用格付けが低ければ、請求書の支払いと何の関係もないことについても、欠陥を多く抱えているとみなされる世の中になったということだ。これから見ていくとおり、クレジットレポートは、あらゆる業種で、その企業独自のクレジットスコアに変換され、代用品として使用されている。この習慣は有害だが、すでに広く普及している。

代用のされ方によっては、たいして害がないように見えることもある。たとえば、オンラインデートサービスでは、クレジットスコアに基づいて人々のマッチングが行われている。そのようなサービスの1つ、クレジットスコア・デーティングでは、「クレジットスコアが高い人は、セクシーだ」と謳っている。ここで、お金の支払い習慣を愛情関係と結びつけて考えることの是非についてじっくり議論することもできなくはないが、この場合、少なくとも利用者本人は、自分が相手のどこに惹かれ、なぜ夢中になるのかわかっている。何をセクシーと感じるかは、本人しだいだ。

しかし、職を探すとなると、クレジットカード代金の引き落とし日に残高不足を起こしたことや、学資ローンの手数料を滞納したことが、そのまま不利に働く可能性が高い。米国人材マネジメント協会（SHRM）の調査によれば、米国の雇用主の約半数が、従業員候補者の選別のためにクレジットレポートを調査している。企業によっては、現役従業員のクレジット状況も、とくに昇進がかかっている場合などに確認されている。

こうした確認を行う場合、企業はまず許可を求める必要がある。しかし、その手続きは形ばかりで、クレジットデータの引き渡しを拒否した者は候補から外されることがほとんどだ。かといって、クレジットレコードが悪ければ、採用を見送られる可能性が高い。こうした実態は、低所得層と中間所得層のクレジットカード負債に関する２０１２年の調査でも明らかになった。回答者の10人に1人が、クレジット履歴の汚点を理由に不採用の通知を受けていた。クレジットレポートのせいで資格を奪われ、暗闇に取り残された人がいったいどれだけいるのかは、見当もつかない。法律の規定により、クレジットの問題で不採用とする場合、雇用主は求職者にその旨を告げなければならない。だが実際には、条件に合わない、ほかにもっとふさわしい人がいた、などと言われることがほとんどだ。

雇用や昇進の選考にクレジットスコアを使用する習慣は、危険な貧困サイクルを生み出す。

クレジットレコードが原因で仕事を得られなければ、クレジットレコードはさらに悪化する可能性が高く、そのせいでますます仕事を得にくくなる。これは、若者が最初の仕事を探す時に直面する問題——経験がないせいで就職できず、そのせいで経験を積めないという問題——と本質的に同じである。あるいは、無職の期間が長すぎるという理由でなかなか就職できない長期失業者の状況にも似ている。不幸な人々を捉えて離さない、循環する負のフィードバックループだ。

当然ながら、このようなことをいくら議論しても、雇用主の同情を引くことはできない。優れたクレジットは責任感のある人物の特性の1つであり、自分はそういう人を雇いたいのだと、彼らは言うだろう。しかし、借金をモラルの問題として捉えるのは間違いだ。企業の倒産、人員削減、職場移転のせいで、勤勉で信頼のできる人々が毎日大勢、職を失っている。その数は、不景気の煽りで急上昇している。新たに無職になった人は、健康保険も適用されないことが多い。この状態でケガや病気をすれば、すぐにローンは払えなくなる。医療費負担適正化法によって無保険者層の数は減っているが、医療費はいまだに米国で最大の破産原因になっている。

もちろん、貯金があれば、苦しい時期もクレジットに傷をつけずに済むが、ぎりぎりの生活をしていた場合、簡単に傷がつく。そんなわけで、クレジットの格付けでは、責任感や賢明な決断力を測ることはできない。その人の金銭的余裕を測っているにすぎないのだ。そして、金銭的余裕は人種と強い相関を示す。

考えてみてほしい。２０１５年の時点で、白人家庭の貯金と資産は平均で黒人・ヒスパニック系家庭の約10倍である。貯金がゼロまたはマイナスの白人は15％のみだが、黒人・ヒスパニック系では蓄えのない人が3分の1を上回る。このような富の格差は年齢とともに大きくなる。60歳になる頃には、白人の資産はアフリカ系アメリカ人の11倍になっている。この数字を見れば、雇用主がクレジットをチェックすることで生まれた貧困トラップが社会の不平等に寄与している、と主張するのは難しいことではない。本書を書いている時点で、10州が雇用時のクレジットスコアの使用を禁止する法律を成立させている。禁止するにあたり、ニューヨークシティ当局は、クレジットチェックの活用は「低所得層と有色人種の応募者に不均衡に影響する」と表明している。それでも、40州ではまだこの習慣は合法である。

米国中の人事部が貧困トラップを意図的に仕掛けていると言っているわけではないし、まして、人種差別トラップを構築していると言っているわけでもない。彼らはただ、自分たちが重要な判断を下す際に、クレジットレポートに書かれている内容が参考になると信じているのだ。情報時代にあっては、「データは多いほど良い」とされている。それでも、公平の名の下に、一部のデータは取り込まずにおくべきではないか。

危ない「消費者プロファイル」

想像してみよう。あなたは、スタンフォード大学法科大学院を最近卒業し、サンフランシスコの一流法律事務所に入社面接を受けにきている。事務所のシニアパートナーは、手元の資料に目を通すなり笑い出し、首を横に振りながら、「きみはロードアイランド州で覚醒剤を密造して逮捕されたことになっているぞ」と言った。そのファイルは自動生成されたものだった。あなたの名前はよくある名前だから、きっとコンピューターが馬鹿な取り違えをしたのだろう。面接はそのまま続けられた。

経済の最上層では、便利なツールとしてコンピューターを頼りながらも、重要な決断は人間が行う傾向にある。しかし、経済の主流、なかでも下層では、自動化されていることが多い。調査書類に誤りは付き物だが、調査書類に誤りがあれば、どんなに優れたアルゴリズムも間違った判断を下す。データマニアのあいだでも昔からよく言われているように、「ゴミを入れれば、ゴミしか出てこない」のだ。

この自動化プロセスを「受ける側」の人は、その結果しだいで、何年も苦境に立たされる可能性がある。たとえば、コンピューターで自動生成される「テロ防止用の搭乗拒否リスト」は、誤りが多いことで有名である。テロリストの疑いがある人物と名前が似ているせいで、無実の人が毎回、飛行場で恐ろしい試練を受けている（裕福な旅行者の場合は、お金を支払うことで、セキュリティチェックをスムーズに通過できる「信頼できる旅行者」の地位を取得できる。つまり、数学破壊兵器から身を守るためにお金を支払っている)。

このような誤りはどこでも起きる。連邦取引委員会の2013年の報告によれば、消費者の5%——推定1000万人——のクレジットレポートに深刻な誤りがあり、融資を受ける時に本来よりも高い金利を強いられることになるという。これは、由々しきことだ。それでも、少なくともクレジットレポートは、データ経済のなかでも「規制を受けている側」に存在している。消費者は、年に1回は情報開示を請求し、手痛い結果につながりかねない誤りを修正することができるし、そうすべきだ。*

だが、データ経済の「規制を受けていない側」は、なお一層危険である。アクシオム社のような巨大企業から先行きの怪しい事業まで、多数の企業が、国中のすべての消費者に関する膨大な事実を集めるために、小売業者、広告主、スマートフォン向けのアプリメーカー、宝くじ運営会社、ソーシャルネットワーク運用会社から情報を購入している。たとえば、糖尿病を患っていないか、同居人のなかに喫煙者はいるか、といった情報や、SUV車を運転している、2匹のコリー犬を飼っている、といった情報に彼らは着目する(ひょっとすると、本人がこの世を去ってだいぶ経った後も、書類上では生き続けることになるかもしれない)。また、こうした企業は、投票記録や逮捕歴、住宅販売データなど、政府の公開データについても片っ端からかき集める。そして、そのすべてを消費者プロファイルに詰め込んで、販売する。

もちろん、データブローカーのなかにも比較的信頼できる会社はある。それでも、雑多な情報源をもとに数億人分の情報をプロファイルにまとめようとすれば、どうしても誤った情報も大量に取得することになる。フィラデルフィア在住のヘレン・ストークスの場合を見てみよう。彼女は地元の高齢者センターに入居したかったが、身元調査の記録に逮捕歴の記載があるという理由で拒否され続けた。確かに、元夫と激しい口論をして2回逮捕されたことがある。しかし、有罪判決は受けていないし、しかるべき手続きによって政府のデータベースの記録は抹消されている。それなのに、入居手続きの際に身元調査書としてリアルページ社から提供されたファイルには、逮捕の記録が残っていた。

リアルページ社に限らず、このような会社にとって、調査書の作成・販売は利益を生む商売だ。そして、ヘレン・ストークスのような人々は顧客ではなく、売り物である。そんな人々の苦情にいちいち対応していると、時間も費用もかかる。一方、ストークスが逮捕歴は抹消済みだと主張するにしても、その事実確認には時間もお金もかかる。人件費のかかる人間の手で、ほんの数分でもインターネットで調べなければならないし、場合によってはさらに、1〜2か

＊そうは言っても、修正には恐ろしく時間と手間がかかることは、言い添えておかなければならない。ミシシッピ州在住のパトリシア・アーマーは、すでに支払い終えた借金4万ドルの記載をエクスペリアン社に削除させるために、2年を費やした。ミシシッピ州検事総長に電話し、ニューヨーク・タイムズ紙にも話を持ち込んだすえに、ようやく、エクスペリアン社の彼女に関する調査記録を修正させることができた。

所に電話確認しなければならない。そんなわけで、ストークスが訴訟を起こすまで、彼女の逮捕記録は消去されなかった。リアルページ社が対応した後も、ほかのデータブローカーが扱うファイルには、この有害な誤情報が残っているはずだ。いったい何社ぐらいあるのかは、誰にもわからない。

データブローカーのなかには、消費者にデータを公開しているところもある。しかし、こうしたレポートには、公開する側の意図が反映されている。公開ページに掲載されるのは収集された「事実」であって、その事実からデータブローカーのアルゴリズムがどのような結論を導き出したのかは公開されていない。たとえば、数あるブローカーのうちの1社の公開サイトで彼女のファイルを見ると、そこには、住宅ローンの貸付金、通信会社の請求金額、ガレージの扉の修理代459ドル、といった情報が掲載されている。しかし、彼女が「田舎者で、成功する可能性は低い」バケット、あるいは「貯金のないまま引退する」バケットに指定されていることまでは見えない。データブローカーにとって幸いなことに、そのような詳細が消費者の目に留まることはまずない。もし目に留まるようなことがあれば、そして、連邦取引委員会から今以上の説明責任を求められるようになれば、ブローカーのもとには消費者から苦情が殺到するだろう。そうなれば、データブローカーのビジネスモデルは崩壊する。だが、今のところ、消費者が自分に関する誤った情報ファイルの存在を知るのは、誰かが口を滑らせた時ぐらいで、たいていは、偶然に発覚する。

たとえば、アーカンソー州在住のキャサリン・テイラーの場合。彼女は数年前に、地元の赤十字の仕事を逃した。そういうことは、よくある。だが、テイラーのもとに届いた不採用通知には、貴重な情報が添えられていた。彼女の身元調査レポートに、覚醒剤の製造販売を企図して刑事責任を問われた記録が含まれていたというのだ。そのような人を赤十字が雇うわけがない。

テイラーは、この件を詳しく調べ、自分と同じ日に生まれた同姓同名の別人がそのような刑事告発を受けていた事実を突き止めた。その後、不正確なレポートを作成して彼女に汚名を着せていた会社が、ほかに少なくとも10社は存在したことが明らかになった。そのうちの1社が作成したレポートは、彼女が連邦住宅支援に申し込んだ際に参照されていた。結局、住宅支援は断られたのだが、許可が下りなかったのは、本人確認の取り違えが原因だったのだろうか？

自動化されたプロセスでは、得てしてこういうことが起こる。だが、そこには人間も介在する。連邦住宅支援に申し込んだ時、テイラーは夫と一緒に手続きに赴き、身元確認を完了するために支援当局の職員と面会した。その時の職員、ワンダ・テイラー（親戚ではない）は、データブローカーのテナント・トラッカー社から提供された情報を参照していた。そこには、誤った情報や複数の人物の情報が混在していた。たとえば、有罪判決を受けた重罪犯人であり、誕生日が偶然同じであるシャンテル・テイラーという人物が、偽名を使っている可能性があると示唆されていた。ほかに、彼女も存在を聞いたことのある、窃盗、偽造、規制薬物所持で有罪判決を受けているイリノイ州在住の別人のキャサリン・テイラーとも関連づけられていた。

要するに、その調査書類の内容はめちゃくちゃで、有害だった。しかし、ワンダ・テイラーは経験豊富で、過去にも同じような事例に遭遇していた。そこで、掘り下げた質問をし始めた。シャンテルの偽名である可能性はすぐに消えた。そういうことができる人物には見えなかったからだ。情報ファイルを読み進めると、イリノイ州の窃盗犯は足首に「トロイ」という名前をタトゥーで入れていると書かれていた。目の前にいるキャサリン・テイラーの足首を確認したワンダは、この可能性も排除した。面会が終わる頃には、ウェブを徘徊する情報収集プログラムによって生み出された混乱は、良心的な人間の手で解消されていた。住宅支援当局は、自分たちがどのキャサリン・テイラーを相手にしているのか知っていたのだ。

だが、次のような疑問が残る。ワンダ・テイラーは、他人との混同をいくつ解消したのか？ データの誤りをいくつ正したのか？ 実のところ、とても十分とは言えない数しか修正できていなかった。データ経済においては、人間は部外者であり、時代遅れでもある。システムはできる限り自動的に運用できるように構築されている。それこそが効率的なやり方であり、利益を生む方法だからだ。どんな統計プログラムも、誤りは避けられないが、誤りをいち早く減らすには、マシンを動かしているアルゴリズムを細やかに調整するのが一番である。人間がいちいち現場で対処していたら、台無しになるだけだ。

システムは「公平性」を判断できない

自動化に向かうこの傾向は、コンピューターが人間の言葉を理解するようになればなるほど進んでいく。今では、1秒間に数千枚もの書類を処理するコンピューターも存在する。それでも、コンピューターはありとあらゆる誤解をする。クイズ番組で王者に輝いたIBMのスーパーコンピューター「ワトソン」でさえ、その輝かしい頭脳をもってしても、言葉の意味や文脈を約10％の確率で読み違えている。最近流行りのダイエット法「バタフライ・ダイエット」のことを、ユダヤ教の戒律に従って調理された食事である「コーシャー」と勘違いしたり、チャールズ・ディケンズの長編小説の主人公オリバー・ツイストを、1980年代のテクノポップバンド「ペット・ショップ・ボーイズ」と混同したりしている。

消費者のプロファイルにも、そのような誤りが大量に蓄積されているはずだ。意味を混同し、無関係の事柄を誤って関係づけるようなアルゴリズムが、私たちの生活にますます入り込み、監視の目を強めている。自動データ収集によって導き出されるこうした誤りは、予測モデルを汚染し、数学破壊兵器へと変えていく。しかも、データ量は増えるばかりだ。コンピューターはデータ収集の手を緩めることなく働き続け、書き言葉だけでなく、話し言葉や画像にまで手を伸ばし、そうすることで、この世のすべてに関する情報——あなたに関する情報も——を捉えようとしている。この新しいテクノロジーは、私たちのプロファイルを充実させるために、今後も新たな情報源を発掘していくことだろう。同時に、誤情報のリスクも拡大する。

最近、グーグルが提供するフォト管理サイトで、アフリカ系アメリカ人の陽気な若者３人が写る画像データに「ゴリラ」というタグが自動タグ付けされる出来事があった。グーグルは平謝りしていたが、グーグルのようなシステムでは、この手の誤りは避けられない。機械学習の過程に不備があり、我らホモ・サピエンスと、進化上きわめて近しい関係にあるゴリラとを混同したものと考えられる（グーグル社内に潜む人種差別主義者の仕業ではなさそうだ）。ソフトウェア自体が、膨大な量の霊長類の写真を見て、識別の仕方を独自に習得していた。色合い、目と目のあいだの距離、耳の形など、ありとあらゆる点が考慮されていた。だが、おそらく公開前のテストが徹底されていなかったのだろう。

このような間違いは、学習する絶好の機会になる——ただし、システムが誤りについてフィードバックを受けている場合に限る。今回の事例では、フィードバックは行われていた。それでも、不正はなくならない。自動化システムは、私たちのデータをふるいにかけ、eスコアを算出する。当然、私たちの過去を未来に反映させることになる。再犯予測モデルや略奪型ローンのアルゴリズムで見てきたとおり、貧しい人々は永遠に貧しいままであると予測され、それ相応に扱われる。そうやって機会を奪われ、刑務所に入る回数も増え、軍役についたりローンを組んだりせずにはいられなくなる。無情な仕打ちだが、表沙汰になりにくいため訴えることもままならず、不公平である。

だからといって、この問題への対応を自動化システムに任せてはおけない。その圧倒的な処理能力が仇となり、マシンは、少なくとも自分では、公平性を調整できないのだ。データを取捨選択し、公平とは何かを判断するのは、マシンにとって完全に未知の領域であり、あまりに複雑すぎる。そのような芸当ができるのは、人間だけだ。

ここに、パラドックスが存在する。もう一度、あの50年代の銀行家を思い出してみよう。彼の心のなかは人間の歪んだ気持ち——欲望、偏見、部外者に対する不信——で一杯だった。だからこそ彼も、彼の同業者も、公平性と効率性を高めるために、自分の仕事をアルゴリズムに引き継がせたのだ。

そして60年後、世界は、間違いだらけの調査書類を撒き散らす自動化システムに支配されている。人間しか提供できないはずの文脈、良識、公平性を、システムに早急に導入しなければならない。この問題を市場に委ねたらどうなるだろうか。市場は効率、成長、キャッシュフローを重んじる（一方で、ある程度まで誤りには寛容である）。おせっかいな人間は、機械の邪魔をするなと教育指導を受けることになるだろう。

あらゆるデータが信用データに

これは今後も、難しい課題になりそうだ。古いタイプのクレジットモデルの問題が表面化するだけでなく、強力な新顔も乗り込んでくるからだ。たとえば、フェイスブックはソーシャルネットワークに基づく新しい種類のクレジット格付け機能で特許を取得している。その目的は、表面的には妥当なものだ。どういうことかというと、ある大学卒業生が、宗教的な使命感に駆られ、この5年間継続して、アフリカの貧しい村に飲料水を届ける手伝いをしていたとする。久々に帰国した彼には、クレジット情報が何もないため、ローンを組みたくてもなかなか組めない。だが、彼がフェイスブックでつながっているクラスメイトには、投資銀行家、博士号取得者、ソフトウェアデザイナーが何人もいる。「類は友を呼ぶ」の法則に基づいて分析すれば、彼は信用の置ける人物ということになる。だが逆に、治安の悪いイーストセントルイス市でハウスクリーニングの仕事を熱心にこなす人物がいたとしても、その人には無職の友人が大勢いて、そのうち何人かが刑務所に入っていたとしたら、同じ「類は友を呼ぶ」分析に足を引っ張られる可能性が高い。

一方で、お堅い銀行業界も、事業を急速に拡大しようと、個人情報データによる格付けに必死で取り組んでいる。だが、認定銀行は連邦政府による規制を受けており、情報公開の義務を負っている。つまり、顧客プロファイルの作成には、風評被害のリスクと法的リスクが伴う。2009年、クレジットカード会社のアメリカンエキスプレス（アメックス）社は、そのことを手痛い経験を通して学んだ。ちょうど大不況が混迷を深めようとしている頃だった。おそらくアメックス社は、貸借対照表上のリスクを軽減する道を模索していたのだろう。一部の顧客を対象に、利用限度額を引き下げた。だが、大手クレジットカード会社はeスコア経済の非公式プレイヤーとは立場が異なる。限度額を引き下げるには、その理由を説明する書類を送付しなければならない。

ここで、アメックス社は反則技を使った。同社が送付した書類には、限度額引き下げの理由として、ある特定の施設で買い物をしたカード所有者は支払いを滞納する割合が高いから、と書かれていたのだ。統計学的に見て、単純明快に、買い物のパターンと債務不履行率とのあいだにはっきりとした相関があったというのだ。気の毒なアメックス利用者は、どの施設で買い物をするとクレジットが汚れるのか、自分で推測するよりほかなかった。週に1回、ウォルマートでまとめ買いをしたのがいけなかったのか？　滞納者の多い地域にある自動車整備工場でブレーキの修理をしたのがまずかったのか？

理由が何であれ、そのせいで、彼らはクレジットの格付けを下げられた状態で不景気に突入することになった。さらに悪いことに、限度額が引き下げられた事実は、数日以内にクレジットレポートにも反映される。実際には、説明書類が届くより先に反映されていた可能性もある。そうなれば、彼らのスコアは下がり、融資を受ける際の手数料は引き上げられる。そして、対象となったカード所有者の多くは、もて余すほどお金をもっているわけではなかったので、「返済率の低い利用者の割合が多い」店舗で、頻繁にお金を借りていた。そう、結局そうなのだ。そこにアルゴリズムが目をつけたせいで、彼らの生活はさらに苦しくなった。

カード所有者の怒りは、大手マスコミの注目を集め、ニューヨーク・タイムズ紙にも取り上げられた。これを受けて、アメックス社はすぐに、店舗とリスクの関連づけは行わないと公表した（後日、アメックス社は、書類の文言については言葉の選択の誤りであったとし、特定の業者ではなく、幅広い消費者の行動パターンを精査しただけであると主張している）。

この流れはアメックス社を困惑させ、頭痛の種となった。仮に、同社が実際に特定の店舗とクレジットリスクとのあいだに強い相関を見出していたのだとしても、こうなっては、その相関を利用することはできない。インターネット経済に属する多くの企業とは異なり、アメックス社のような大手企業は実店舗をもち、規制を受け、ある意味、ハンディキャップを抱えているのだ（だからといって、この現状に文句を言える立場にあるとは思わない。何十年もロビー活動を続けて現職議員に働きかけ、既得権益を守るために多くの規制を作らせ、そうすることで、面倒な新興企業を締め出してきたのだから）。

というわけで、金融業界の新規参入事業者が、より自由で規制の少ないルートを選んだとしても、何の不思議もない。イノベーションというのは、自由に実験できる場所で起きるものだ。ペタバイト規模の行動データがすぐ手の届くところにあり、事実上、まったく監視を受けないとなれば、新たなビジネスモデルを生み出す絶好の機会である。

たとえば、複合種目を扱う保険会社がペイデイ・レンダー〔給料日に返済することを条件に短期の資金を貸し付ける業者〕に成り代わろうとしている。お金に困った時の最後の手段となるこの手の銀行は、低収入労働者をターゲットにしており、給料日から次の給料日までを乗り切らせ、法外な金利を請求する。500ドルの貸付金が、22週間後には1500ドルに膨らむこともある。だからこそ、新規参入事業者も、新たな手法でリスクを効率よく格付けできれば、そして、救いようのない貧しい人々のなかから信用度の高い人だけを選び出すことができれば、既存業者よりもわずかに低い金利で融資を行い、大金を稼ぐことができる。

ダグラス・メリルのアイデアがまさにそうだった。グーグルの最高情報責任者（CIO）だったメリルは、ビッグデータを使ってリスクを計算すれば、ペイデイローンの金利を引き下げられると考えた。そして、2009年、ゼストファイナンス社を設立した。同社のウェブサイトでは、メリルが「すべてのデータがクレジット（信用）データになる」と公言している。つまり、何でもありなのだ。

ゼストファイナンス社は、申込者の携帯電話代の支払い状況を示すデータの購入はもちろん、公開データも市販データも大量にかき集めている。メリルの当初の約束どおり、同社の金利は、たいていのペイデイ・レンダーが請求する金利より低い。ゼストファイナンス社で500ドルの融資を受けた場合、通常、22週間後の返済額は900ドルである。これは、業界標準を60％下回る。

これは改善ではあるが、はたして、公平だろうか？　同社のアルゴリズムは、申込者1人につき最大1万件のデータポイントを処理する。そのなかには、申込書類に記入されたスペルが正しいかどうか、大文字と小文字の使い分けが適切かどうか、契約書類を読むのにどれくらい時間がかかったか、契約条件について十分に検討していたか、といった項目も含まれる。同社では、「ルールに従う人」はリスクが低い、とみなされる。

確かにそうなのかもしれない。しかし、句読点やスペルの間違いは、学歴が低いことを示す特徴でもあり、階級や人種と強い相関がある。そのため、貧しい人や移住者が融資を受けようとすると、言語スキルが基準以下であることを理由に手数料を高く取られる可能性がある。そして、その高い手数料の支払いが滞れば、リスクの高さを実証したことになり、クレジットスコアをさらに下げる結果になりかねない。これは悪質なフィードバックループだ。肝心の、請求額を期日までに支払うかどうかは、わずかしか考慮されていない。

新しいベンチャー事業が数学破壊兵器を基礎として築き上げられている場合には、まったくの善意でビジネスが行われていたとしても、トラブルが後を絶たないことが多い。ピアツーピア（P2P）レンディングを例にあげて考えてみよう。お金を借りたい人とお金を貸したい人をマッチングするためのプラットフォームというビジョンで、ここ10年ほどのあいだに登場した業態である。銀行業の民主化の象徴とも思われた。より多くの人が気軽にローンを組むようになり、同時に、大勢の平凡な人々がちょっとした銀行家になってかなりの利益を上げている。

ごく初期にできたP2P仲介サービスの1つ、レンディング・クラブは、２００６年、フェイスブック上で、あるアプリケーションを立ち上げ、その1年後には、新しい種類の銀行になるために資金調達を行った。レンディング・クラブは、借り手のリスクを計算するために、従来のクレジットレポートに、ウェブ上の至る所からかき集めたデータをブレンドした。そうやって彼らのアルゴリズムで生成されたｅスコアは、クレジットスコアよりも正確だと彼らは主張する。

レンディング・クラブも、その一番のライバルであるプロスパーも、まだ小さい。これまでに扱ったローンの総額は１００億ドルにも満たず、３兆ドルとも言われる消費者レンディング市場のなかでは米粒ほどの存在だ。それでも、大きな注目を集めている。レンディング・クラブは、シティグループとモルガン・スタンレーの重役をＰ２Ｐプレイヤーの責任者として迎えており、同社の最大出資者はウェルズ・ファーゴの投資ファンドである。２０１４年12月に公開された同社の株は、その年最大の新規上場（ＩＰＯ）テクノロジー株となった。８億７０００万ドルの資金調達で資産総額は90億ドルに達し、米国の銀行業界の15位になった。

この騒動は、資本の民主化とも、中間業者の排除ともほとんど関係がない。フォーブス誌に掲載された報告によると、今では、Ｐ２Ｐプラットフォームで動いている資金の80％以上を機関投資家の資金が占めているという。大手銀行にとって、新しいプラットフォームは、厳しく規制された従来の銀行の経済活動に代わる、便利な活動の舞台となる。Ｐ２Ｐシステムを通して活動すれば、レンダー（貸し手）は好きなようにデータを選んで解析し、独自のｅスコアを開発することができる。地域、郵便番号、顧客が買い物をする店とリスクとの相関についても、説明文書を送付して顧客を当惑させることなく、すべて活用することができる。

さて、この流れは、私たち一般消費者にとってどういう意味をもつのだろうか？　ｅスコアは容赦なく発展し、私たちは秘密の公式に従って一括処理される。なかには、間違いだらけのポートフォリオを取り込んで動く公式もある。私たちは個人としてではなく、同類集団の一員として評価され、どこに行ってもその評価がついて回る。ｅスコアによる金融業界の汚染が進むにつれ、「持たざる者」に対する機会は閉ざされていく。猛威を振るう大量の数学破壊兵器に比べれば、かつての偏見に満ちた融資担当者など可愛いものだ。お金を借りる時に、担当者の目に浮かぶ表情を読み、人情に訴えようと試みることができただけましだった。

第9章 ［身体］

行動や健康のデータも利用される

群衆から個人へ

19世紀後半、有名なドイツ人統計学者フレデリック・ホフマンは、強力な数学破壊兵器を生み出した。悪意があったわけではない。プルデンシャル生命保険の研究員だったホフマンは、人生の後半には公衆衛生に大きく貢献した。マラリアに関して重要な研究を行い、がんとタバコの関連を示唆した最初の研究にも名を連ねた。だが、1896年の春にホフマンが発表した330ページに及ぶレポートは、米国における「人種的平等」の理念を後退させ、市民のなかに大勢の「二流市民」がいるという考えを増長させた。綿密な統計学を用いて、黒人アメリカ人は生活が不安定すぎて誰も保険に加入できない、という結論を導き出したのだ。

だが、これまでに見てきた数学破壊兵器の多くがそうだったように、ホフマンの分析にも、統計学的な不備があった。自分が集めた膨大なデータを、自分の主張を裏づけるためだけに使おうとするあまり、「因果関係」と「相関」を混同したのだ。「人の寿命は人種によって大きく左右される」「人種は寿命の重要な予測因子」というのが彼の主張だった。このような人種差別意識は彼の思想に深くしっかりと根づいていた。そのため、貧困や不公平がアフリカ系アメリカ人の死亡率に何らかの形で寄与しているのではないか、という考えが脳裏をよぎることはなかったものと思われる。彼らの多くが早くに亡くなるのは、まともな学校、近代的な水道設備、安全な職場、医療サービスの利用機会がなかなか得られないせいではないか、と立ち止まって考えることもなかっただろう。

ホフマンはほかにも、統計学における基本的な誤りを犯していた。1983年に『危機に立つ国家』レポートを発行した大統領諮問委員会と同じで、ホフマンも、結果の層別化を怠ったのだ。黒人全体を1つの大きな集団として扱い、全員が同質であるという前提でしか見ていなかった。地域ごと、交流グループごと、経済集団ごとに分類して眺めるのを怠ったのだ。彼のなかでは、ボストンやニューヨークで秩序ある生活を送っている黒人教師も、ミシシッピ川デルタ地帯で1日12時間、裸足で働く小作人も、区別なく一括りにされていた。

いや、彼だけでなく、業界全体がそうだった。もちろん、時代の流れとともに保険会社も考え方を少しずつ改め、アフリカ系アメリカ人家庭にも保険を販売するようになった。結局のところ、儲けが出るからだ。それでも彼らは、「黒人のなかにはずば抜けてリスクの高い人がいるし、そうでなくても黒人は皆、黒人以外の人よりリスクが高い」というホフマンの主張に何十年もしがみついた。保険会社にも銀行家にも、「絶対に投資しない地域」というものが存在した。「赤線引き」として知られるこの残酷な慣習は、1968年の公正住宅法など、さまざまな法律に抵触する行為だ。

ところが半世紀近く経った今も、赤線引きの慣習は、かつてより遥かに狡猾な形で残っている。最新世代の数学破壊兵器にコードとして組み込まれているのだ。ホフマン同様、新しいモデルの作成者らも、相関と因果関係を混同し、貧しい人々、なかでも人種・民族的マイノリティの人々を不当に扱っている。しかも、大量の統計データで自分たちの分析を裏づけているため、公正な科学によって明らかにされたかのような雰囲気をまとっている。

アルゴリズムに支配されながら人生を歩む私たちは、必死の思いで進学し、就職した（そして、無秩序なスケジュールに翻弄されながら休みなく働く）。ローンも組んだ。クレジットスコアを代理データとしてほかの長所短所が測られる事実もすでに見てきた。今度は、私たちにとって最も貴重な資産――住居、車、家族の健康――を保護し、いつかその資産を残してこの世を去る日のために、備えておく番だ。

保険は、保険数理から生まれた。保険数理のルーツは17世紀まで遡れる。その時期、ヨーロッパではブルジョア階級（中産階級）が形成されつつあり、巨万の富を得ていた。自分より後の世代のことを前もって考える、などという贅沢ができるようになったのは、多くの人にとって初めてのことだった。

数学が進歩したおかげで、予測を立てるために必要なツールは揃っていた。データ主義の先駆者ともいうべき人々は、新たに何か計測できないかと探し回っていた。ロンドン在住の織物屋だったジョン・グラントもその1人だった。彼は出生記録と死亡記録を細かく調べ、1682年、コミュニティ全体の死亡率に関する最初の研究を考えついた。たとえば、彼はロンドンの小児が人生の最初の6年間に毎年6％の死亡リスクに直面することを計算で割り出した（さらに、統計学を用いて、疫病が流行した年には新たな支配者が権力を握るという神話を一掃することもできた）。ある人物がたどる可能性の高い人生の先行きを、数学者は初めて算出できるようになった。もちろん、そうして出される数字は個々人に当てはまるわけではない。それでも、十分な量のデータが集まれば、平均値や分布範囲は予測できる。

数学者らは、個人の運命を予測できるかのように装ったりはしなかった。運命は誰にもわからないからだ。しかし、大集団における事故、火事、死亡の発生率なら予測できる。以降、3世紀かけて、そのような予測を軸に、保険産業は大きく成長した。保険は、リスクに備えて共同出資する機会を私たちに与え、不運に襲われた個人を保護してくれる。こんなことは初めてだった。

そして今、データサイエンスとネットワーク・コンピューターの進化に伴い、保険は根本的に変わろうとしている。ゲノムデータ、睡眠・運動・食事のパターン、運転技術の習熟など、これまでになく多くの情報が得られるようになり、保険は少しずつ、個人のリスクを計算するようになってきている。「同質な群衆の一員」という立場から「個人」が解き放たれようとしている。多くの人にとって、これは歓迎すべき変化だ。健康意識の高い人は、自分が夜8時間眠り、1日に10マイル（16キロメートル）歩き、少食でありながら緑黄色野菜、ナッツ類、魚油をしっかり摂取している事実をデータで実証できるだろう。ならば、それを医療保険に活かした優遇措置があってもいいのでは？

カスタマイズサービスの問題点

これから詳しく見ていくが、この「群衆」から「個人」へと移行する動きは、まだ芽生えたばかりだ。しかし、保険業界ではすでに、データを使用して私たちをより小さな集団へと分割し、集団ごとに異なる製品・サービスを、異なる価格で提供する動きも出ている。カスタマイズサービスとも呼ばれるこのサービスには、しかし、問題点がある。個別化されているわけではない点だ。モデルは、私たちには見えないところで、私たちをグループ分けする。似たような行動を取る人々が一括りにされるのだ。そのような不透明性は、分析の質にかかわらず、暴利行為を招きかねない。

自動車保険を例にあげよう。2015年、消費者向け月刊誌コンシューマーレポートの調査員らは、価格の格差を調べるために、全米を対象とする大規模調査を実施した。米国内3万3419の郵便番号すべてについて仮想顧客を準備し、すべての大手保険会社から計20億通り以上の見積価格を集めて分析した。すると、かなり不公平な実態が明らかになった。そして、そのような実態は——前章で見たとおり——クレジットスコアに基づいたものだった。

保険会社はクレジットレポートからスコアを取得し、そのうえで各社専用のアルゴリズムを使用して独自の格付けやeスコアを導き出し、それを代理データとして自動車所有者の運転責任能力を測っているのだが、コンシューマーレポート誌の調査によれば、そのeスコアには、ドライバーの運転記録だけでなく、あらゆる種類の人口統計データが反映されている。つまり、運転技術よりも金銭管理状況が重視される可能性がある。たとえばニューヨーク州では、ドライバーのクレジットの格付けが「優」から「良」に下がっただけで、年間の保険料が255ドル値上がりする事例が見られた。フロリダ州では、運転記録に減点はまったくないがクレジットスコアの低い成人ドライバーのほうが、飲酒運転で有罪判決を受けたがクレジットスコアの高いドライバーよりも、保険料が平均で1552ドル高かった。

本書ではこれまでにも、クレジットスコアが経済に広く浸透するほど貧しい人が苦境に追いやられる現状について、考察してきた。今ここで紹介した話も、同じ流れで生じた問題なのだが、自動車保険はすべてのドライバーに必須の保険であるだけに、なおさら悪質である。1つ異なる点があるとすれば、関連の深い重要データが入手可能であるにもかかわらず、代理データが重視されている点である。自動車保険の査定で、飲酒運転の記録よりも大きな意味をもつデータが存在するとは、私には思いも寄らないことだ。ドライバーが飲酒運転をするかどうかは、保険会社がまず予測すべき項目であり、飲酒運転の記録はそのリスクが高いことを示す証拠にほかならない。高校時代の平均成績などといったほかのどの代理データよりも、確実なデータだ。それなのに、保険会社の公式ではずいぶん軽く扱われ、（間違いを多く含む）クレジットレポートの財務データから算出されるスコアのほうが重視される。

なぜ、保険会社のモデルはクレジットスコアを基準にするのか。それは、ほかの数学破壊兵器の場合と同じで、自動化システムにとってクレジットスコアは、効率よく処理でき、しかも広く規模拡大しやすいという側面があるからだろう。だが、それ以上に、収益との関係が主な理由だと私は考えている。運転記録に減点のないドライバーから年間1552ドルずつ余分に引き出せるようなシステムを、保険会社が変更したがるはずがない。そして、その犠牲になる可能性が高いのは、ほかの数学破壊兵器のときと同様、貧しく、学歴の低い人々であり、その多くは移民である。彼らは、自分たちが搾取されていることにも滅多に気づかない。保険ブローカーよりもペイデイローン営業所のほうが多く立ち並ぶ地区では、保険料を比較して安い店を探すのも難しい。つまりeスコアは、安全運転とは相関しないかもしれないが、搾取しやすい社会的に弱い立場にあるドライバー層からお金を取れる状況を生み出してくれる。標的にされるドライバーの多くは、仕事上、どうしても運転しなければならない立場にある。そんな彼らに割増料金を請求できれば、収益はおのずと底上げされる。

保険会社に言わせれば、これはＷｉｎ-Ｗｉｎ（ウィンウィン）の関係なのだと言う。クレジットスコアの低い優良ドライバーは、低リスクで超高リターンをもたらしてくれる。おかげで保険会社は、得られた収益の一部を、自社モデルの非効率性への対処――クレジットレポートに傷がなく、保険料の支払額が安いドライバーが、飲酒運転中に衝突事故を起こして自動車を破損したときの対処など――に充てることができるのだと。

いったい何の皮肉だろうか。さらにここで、「優れた専門家集団」としてセルフブランディングしている米国の大手個人向け保険会社オールステートの価格最適化アルゴリズムについても見てみよう。米国消費者連盟（ＣＦＡ）の調査によれば、オールステート社は消費者動向と人口統計データを分析し、目の前の顧客がより安い商品に流れる可能性を検討している。可能性が低くければ、請求額を上げやすい。現に、オールステート社ではそうしているようだ。

それだけに留まらない。ＣＦＡがウィスコンシン州保険局に提出した調査書類には、オールステート社の価格表の小区分として10万通りの価格一覧が添えられていた。各区分の価格は、顧客の予想支払可能額に基づいて設定されており、結果的に、平均レートよりも最大90％の割引を受けている層もあれば、８００％の割増価格を支払っている層もある。「オールステートの保険料は、リスクに応じて保険料を上乗せするというルールからも、法律で定められた規則からも外れている」と、CFAの保険部門責任者であり元テキサス州保険監督官であったロバート・ハンターは言う。これに対し、オールステート社は、CFAの訴えは不正確であると反論したものの、「業界の慣習として、保険料の価格設定は市場を意識して行うのが良いとされてきた」と認めている。要するに、同社のモデルは、大量の代理データを研究し、顧客への請求をどこまで吊り上げられるかを算出している。同業他社の実状も似たようなものだ。

その結果、保険料の価格設定は不公平なものになっている。保険料の価格設定に透明性があり、顧客が保険営業所を簡単に比較できたなら、このような不正は起こらない。だが、ほかの数学破壊兵器と同様、ここでも、モデルは不透明だ。利用者ごとに受ける対応が異なり、貧しく無知な人々の保険料をできる限り高く設定するよう最適化されている。こうして、本来、法外な割増料金を支払う余裕などどこにもないような貧しい人から有り金すべてを絞り取るようなフィードバックループが、また1つ生まれた。それで終わりではない。このサブグループから少しでも多くの金を引き出せるよう、さらに微調整が重ねられている。標的とされた人々は必然的に、自動車ローン、クレジットカード、家賃を支払えなくなり、目論見とはほど遠い結果に行き着くこともある。そうなれば、彼らのクレジットスコアはさらに悪化し、彼らに適用される保険料の小区分は、ますます絶望的な内容になる。

ドライバーの行動を掌握する

コンシューマーレポート誌は、自動車保険会社について手厳しいレポートを発表すると同時に、全米保険監督官協会（ＮＡＩＣ）に向けたキャンペーンも立ち上げた。このキャンペーンはツイッター上でも展開され、ＮＡＩＣのアカウント（@NAIC_News）に向けた次のようなツイートも見られた。「保険監督官に告ぐ：保険料の価格は、君たちから見て私がどういう人物に見えるかではなく、私がどういう運転の仕方をする人物かに基づいて設定せよ！ #FixCarInsurance」

このキャンペーンの根底にあるのは、ドライバーはスピード違反の回数や事故の有無などの記録で評価されるべきであって、本人や友人・ご近所の消費行動パターンで評価されるべきではないという考え方である。しかし、ビッグデータ時代にあっては、運転の仕方で私たちを評価するように保険会社に求めることのほうが、新しいのだ。

現在、保険会社は実にさまざまな方法でドライバーの行動を事細かに調べ上げている。概要をお伝えするために、ここでは、トラック輸送業界の事例だけ紹介しておこう。

昨今、多くのトラックに電子ログ機器が搭載されており、右折、左折、加速、減速など、すべての動きが記録される。２０１５年には、米国最大手のトラック運送業者スウィフト運輸がカメラを搭載し、２方向で撮影できるようにした。１台目は前方の路上を撮影し、２台目はドライバーの顔を撮影する。

この調査の表向きの目的は、事故を減らすことだ。米国では毎年約７００人のトラック運転手が交通事故で亡くなっている。衝突事故の場合、相手側の車に乗っていた人も命を失うことが多い。人命を奪うという悲劇に加えて、多額の費用がかかる。米国運輸省連邦自動車運送安全局（FMCSA）によれば、衝突事故で死者が出た場合、平均で350万ドルの費用がかかる。

そんなふうに大手の研究所で指先だけ動かして分析を実施したからといって、輸送トラックが安全に停止できるようになるわけではない。だが、地理情報と車載型追跡技術とカメラを組み合わせれば、トラック運転手の行動データを絶えず大量に取得できる。となれば、トラック輸送業者は、さまざまな輸送ルートを分析し、燃料管理を評価し、昼夜のさまざまな時間帯の結果を比較することができる。道路の舗装状況に応じた理想的な輸送速度も計算できる。こうしたデータに基づき、最小限の費用で最大の利益を得られる輸送パターンを割り出すことまでできる。

さらに、個々のドライバーの比較もできる。分析ダッシュボード（指標表示ツール）に各ドライバーのスコアが表示されるので、マネジャーは、1～2回クリックするだけで、多種多様な指標を閲覧し、最高のパフォーマンス、最低のパフォーマンスを示すドライバーが誰なのかを確認できるし、各ドライバーのリスクも計算できる。

実は、このような取り組みは保険業界にも波及している。プログレッシブ社、ステートファーム社、トラベラーズ社などの米大手保険会社ではすでに、運転データの提供に同意したドライバーに対して保険料の割引を行っている。航空機用ブラックボックスの簡易版のような小さな遠隔測定装置を車内に搭載し、走行速度や加速・減速の仕方をログとして記録し、GPSモニターで車の動きを追跡するのだ。

理論的には、これはコンシューマーレポート誌がキャンペーンで掲げた理想どおりの流れだ。ドライバー個人に焦点が置かれている。18歳のドライバーを例にあげて考えてみよう。従来であれば、この年齢層は、統計学的に見て年齢相応に無謀であるうえに飲酒にふける傾向があるという理由で、とんでもなく高い保険料を支払わされていた。しかし今は、高校3年生であっても、急発進を避け、制限速度以下の安定した速度で運転し、赤信号でもそっと停止するドライバーであれば、割安の保険料で契約できる可能性がある。保険会社はだいぶ前から、ドライバー専門学校の修了生や成績優秀者といった若いドライバーを優遇してきた。こうした肩書は、運転技術の高さを示す代理データだったが、運転データは測定したい対象を直接測定したものだ。以前より的確になったと言えるだろう。

だが実は、まだ少し問題は残る。まず、このシステムでリスクと地理情報の紐づけがなされれば、貧しいドライバーは不利になる。彼らは、保険会社によって「リスクの高い地域」とみなされた地域を運転する機会が多い。また、不定期の長距離通勤に車を利用している人も多いため、リスクが高いと考えられがちだ。

貧しい地域はリスクが高く、なかでも車窃盗のリスクが高いのは事実なのに、なぜ保険会社はその情報を無視しなければいけないのか、と疑問に思う読者もいるだろう。長距離通勤が事故遭遇率を高めるというなら、保険会社が査定の際に考慮するのは当然ではないか、と。だが、判定はあくまで、クレジットの格付けや同年齢層の他人の運転記録といった無関係な詳細データではなく、ドライバーの行動に基づいて行われるべきだ。それが、多くの人が考える「改善」である。

とはいえ、改善は道半ばだ。ニュージャージー州ニューアークの治安の悪い地区に住み、モントクレア郊外の裕福な地域にあるスターバックスでバリスタとして勤務しているため、片道13マイル（20キロメートル）の長距離通勤が必要な仮想ドライバーについて考えてみよう。彼女のスケジュールは無秩序で、クロープニング勤務も時々入る。つまり、夜11時に店を閉め、ニューアークまで車で帰宅し、翌朝5時までに出勤する。通勤時間を10分短縮しつつ、ゴールデン・ステート・パークウェイの片道1ドル50セントを節約するために、彼女は飲み屋やストリップ劇場が建ち並ぶ街路を抜けて近道をしている。

詳細データを入手している保険会社なら気づくはずだ。夜明け前の時間帯にこのルートで車を走らせれば、事故のリスクは上昇する。この時間帯、路上には少なくない数の酔っ払いがいるはずだ。公平に見ても、近道しようとして酒場帰りの人が行き交う道を通り抜ければ、リスクは多少高まる。酔っ払いといつ接触事故を起こしてもおかしくない。しかし、保険会社の地理追跡システムが懸念するのは、事故リスクのことに留まらない。彼女自身が酔っ払いなのではないかということまで考慮に入れられる。

このように、個人の行動を追跡するモデルであっても、他者との比較から多くの洞察を得て、リスクを評価している。今回の例で一括りにされたのは、同じ郵便番号の区域に在住するアラビア語またはウルドゥー語を話す人々や、収入が同程度の人々ではなく、同様の道を利用する人々だ。あなたが気づかずにいれば、そのまま「類は友を呼ぶ」の法則が適用され、同様の不当な扱いが多発することになる。

自動車搭載型のブラックボックスについて人々と話してみると、多くの人が異を唱えるのは調査自体であって、分析ではない。彼らは、監視装置に屈服するつもりはないと言う。行動を追跡されたくないし、自分の情報を広告主に売り渡すのも、国家安全保障局（NSA）に引き渡すのも嫌なのだ。こうした人のなかには、この調査への抵抗に成功する人もいるかもしれない。しかし、この先、プライバシーの保護には徐々に費用がかかるようになっていく。

当面、保険会社の追跡システムは事前に本人の許可を取るオプトイン方式で導入される。ブラックボックスを搭載しなければならないのは、追跡を快諾した人だけだ。導入に同意すると、見返りとして5〜50％の割引が受けられ、将来、さらに値引きされることも約束される（その分を、ほかの誰かが割高の保険料を支払って補う）。しかし保険会社は、さらに多くの情報を得るようになるにつれ、より有効な予測を出せるようになっていく。それが、データ経済の特性である。得られた情報から機密情報を極限まで絞り取り、利益に変換できた者が、頂点に君臨することになる。彼らがグループのリスクを予測する際の正確度はますます高まっていく（その事実に、個人はいつも戸惑うことになる）。そして、彼らがデータから得る利益が大きくなるほどに、彼らは利益を増やそうと躍起になる。

将来、ある時点で、追跡装置の搭載は義務付けられる可能性がある。従来のようにすべての情報を保険会社に渡すのではなく、重要項目のみを提供するやり方を望む消費者は、割高の保険料、それも極端に高い保険料を支払わされることだろう。数学破壊兵器が蔓延する世界では、徐々に、プライバシーの保護は裕福な人だけに許される贅沢になっていく。

同時に、そういったデータ収集は、保険ならではの特性をも変化させる。保険というのは、伝統的に、コミュニティ内の多数派を当てにして不幸なマイノリティのニーズに応えるものだ。何世紀も前に私たちが住んでいた村々では、火事、事故、病気に見舞われたときには、家族、宗教グループ、隣近所が互いの面倒を見て助け合っていた。市場経済においては、私たちはこうしたケアを保険会社に外部委託し、保険会社は集めた金の一部を自社の取り分として収益を得る。

保険会社は、消費者について情報を知れば知るほど、どの顧客のリスクが最も高そうか、ピンポイントで特定できるようになる。そうなれば、その顧客の保険料を釣り上げるか、法的に許されるなら、契約を拒むことになる。となると、社会的集団内のリスクのバランスを取りやすくするという保険本来の目的とは、かけ離れたものになる。標的の絞られた世界では、誰もが平均額を支払うのではなく、各自が予測コストを負担することになる。保険会社は、人生の浮き沈みをなだらかにしてくれる存在ではなく、人生の浮き沈みに備えて前払いを要求する存在になる。これでは、保険本来の存在意義が台無しである。最大の打撃を受けるのは、ほかの誰よりも保険を必要としている人々だ。

「種族」の生成

保険会社は、私たちの生活パターンや身体について精査し、私たちを新しい種類の「種族《トライブ》」に分類していく。だが、この分類には、年齢、性別、純資産、郵便番号といった従来の評価基準は参照されない。行動パターンに基づき、ほぼ機械的に「種族」が生成される。

このような分類のされ方が急増する様子を垣間見るために、ニューヨークシティを拠点とするデータ会社センス・ネットワークスの例を見てみよう。約10年前、センス・ネットワークス社の研究員らは、人々が過去に訪れた場所を示す携帯電話データの解析を開始した。彼らが使用したのは、欧州および米国の電話会社から提供された匿名データだった。地図上を移動する点でしかない（当然ながら、特定の点と、その点が毎晩戻る場所の住所とを関連づけるような探索は行われなかった。センス・ネットワークス社が注目していたのは個人ではなく、種族である）。

研究チームは、機械学習システムにニューヨークの携帯電話利用者の移動データを入力しただけで、わずかなガイドも加えなかった。プログラムに対して、郊外居住者を探せ、ミレニアル世代を区別しろ、買い物客を分類しろ、といった指示は一切出していない。ソフトウェアが単独で類似性を見つけ出すようにしたのだ。見つけ出される類似性の多くは、1日に使ったお金の50％以上をJで始まる名前の大通りで使用した人々、ランチ休憩のたびに外出する人々、というような、他愛のないものになるだろう。だが、数百万件ものデータポイントを探索していけば、いくつかパターンが見えてくるだろうし、おそらく、人間では決して気づけないような相関も見えてくる。

こうして分類された「種族」は、具体的には何を表していたのか？　それは、機械だけが知っていることで、語られることはなかった。「この人々の共通点が何なのか、それを私たちが認識する必要はありません。こうした分類は、私たちがこれまでに考え出してきた従来の分類には当てはまらないのです」と、センス・ネットワークスの共同創業者・元CEOのグレッグ・スキビスキは言う。センス社の研究チームは種族ごとに色分けし、彼らの動きをニューヨーク全域で追跡できるようにした。すると、ある地域は、昼間は青い点で埋め尽くされていたが、夜になると赤い点のなかに少数の黄色い点が混じるようになった。また、ある種族は、どうやら夜遅くに特定の場所に足しげく通っているようだった。ここはダンスクラブだろうか？　それとも、薬物の密売所？　研究員が住所を調べてみると、そこは病院だった。この種族に属する人々は、ケガや病気になりやすいようだ。あるいは、医者、看護師、救急医療従事者なのかもしれない。

２０１４年、センス・ネットワークスは、ＡＴ＆Ｔから分社化したモバイル広告会社ＹＰに売却された。そのため当分のあいだ、センス社の分類システムはさまざまな種族を標的とした広告への使用に限られそうだ。しかし、あなたも想像できるはずだ。近い将来、機械学習システムが多種多様な行動データを取り込むようになれば、私たちは各自１つではなく数百、あるいは数千の種族に組み込まれるようになるだろう。ある種族に属する人々は、似たような広告に反応する。ほかの種族の人々は、政治思想が似ているのかもしれないし、頻繁に刑務所に入っているのかもしれない。ファーストフードを愛してやまない種族もあるだろう。

要するに、これから数年のうちに、膨大な量の行動データがＡＩ（人工知能）システムに流れ込むようになるということだ。しかも、そうなったあとも人間の目にはブラックボックスにしか見えない。このプロセスの最初から最後まで、私たちは自分がどの種族に分類されているのかも、なぜそこに分類されているのかも、知ることはない。ＡＩの時代には、変数のほとんどは謎のままとなる。分類によって生まれる種族の多くも、時間単位、いや、もしかすると分単位で刻々と変化し、システムは人々をあちらのグループからこちらのグループへ絶えず移動させ続ける。それはそうだろう、同じ人物でも、朝の８時と夜の８時ではまったく異なる行動を見せるものなのだから。

自動化プログラムは、私たちがほかのマシン——私たちが目にする広告を選択するマシンや、価格を提示するマシン、皮膚科の予約待ちの順序を割り振るマシン、行先までのルートを選択し表示するマシンなど――にどう扱われるかも決定するようになっていく。彼らの決定は、きわめて効率的だが、独裁的であり、無責任だ。どのような論理が働いているのか誰も理解していないし、説明もできない。

一定の主導権を私たちの手に取り返さなければ、そのような未来の数学破壊兵器は、不可解で強力な存在に感じられることだろう。私たちは数学破壊兵器の意のままに操られながら、操られていることを知らずに過ごすことになる。

健康スコアの波及

第2次世界大戦の最中の1943年、米軍も米国産業界も軍隊不足や労働者不足で人手を探し求めているなか、米国税庁（IRS）は税法を微調整し、企業医療保険を非課税とした。これは、それほど大きなニュースには思えないし、確かに、ドイツ軍によるロシアの都市スターリングラードの包囲や連合軍のシチリア上陸といった新聞の大見出しに比べたら、まったく比較にならない。当時、職場の福利厚生として民間の医療保険を享受していた労働者は、米国人労働者の約9％にすぎなかった。ところが、新たな非課税措置により、企業はこぞって医療保険を提供するようになり、不足ぎみの労働者を呼び込もうとした。その後の10年で、米国人の

65％が企業医療保険の恩恵を受けるようになった。企業はすでに私たちの懐事情に多大な影響力を行使していたが、その10年で企業は、望むと望まざるとにかかわらず、私たちの身体についても、一定の主導権を握ったのだ。

それから約75年が経ち、医療費は膨らみ、いまや年間3兆ドルが費やされている。私たちが稼ぐ5ドルのうち約1ドルが、巨大な医療産業に流れている。

昔から労働者への支払いをケチって費用を削減してきた雇用主は、今、膨らみ続ける費用と闘うために新たな戦術を駆使している。「ウェルネス（健康増進）」と呼ばれるその戦術には、IoT（モノのインターネット）――フィットビット（Fitbit）、アップルウォッチなど、私たちの身体機能に関する最新情報を中継するセンサー――が大きくかかわっている。ますます大量のデータが取得され、私たちはますます監視されるようになっている。

これまでに幾度となく見てきたとおり、今回も、発想自体は善意から生まれたもので、実のところ、政府も奨励している。「オバマケア」として知られる医療費負担適正化法は、従業員をウェルネス・プログラムに参加させ、健康に気を配らせるよう、企業に要請している。法律の定めにより、現在、雇用主は保険適用にかかる費用の50％の額まで報奨金を出すこともペナルティを課すこともできる。米シンクタンクのランド研究所の調査によれば、従業員50人以上の組織では、全体の半数以上がウェルネス・プログラムを立ち上げ運営しており、参加組織は毎週増え続けている。

ウェルネス・プログラムを正当化する理由ならいくらでもある。もしうまく機能すれば――これから見ていくとおり、うまく機能するかどうかは大きな疑問符がつくのだが――最大の恩恵を受けるのは、従業員とその家族だ。ウェルネス・プログラムのおかげで従業員が心疾患や糖尿病にならずに済めば、雇用主の利益にもなる。会社の従業員が救急治療室に運び込まれる回数が減れば減るほど、従業員全体の保険会社を当てにするリスクは低下し、保険料も下がるだろう。そのため、私たちの生活に入り込んでくるのを見て見ぬふりさえできれば、ウェルネス・プログラムとはＷｉｎ-Ｗｉｎの関係を築けそうだ。

問題は、そうやって生活に入り込んでくるのを無視できない点にある。無理強いされるとなれば、なおさら見過ごせない。アーロン・エイブラムスの例で考えてみよう。彼はバージニア州のワシントン・アンド・リー大学の数学教授で、米保険大手アンセムの医療保険の適用を受けている。アンセム保険会社はウェルネス・プログラムも実施していて、プログラムに従うなら、彼は「ヘルス・ポイント」を３２５０点獲得しなければならない。1日1回ログインするたびに1点、年1回の通院と大学構内での健康診断でそれぞれ１０００点が加算される。また、健康調査票に自分で決めた毎月の目標を書き込むと得点がもらえ、その目標を達成するとさらに加算される。このプログラムに参加しない場合は、毎月の保険料が50ドル割増になる。

エイブラムスは、数学を教えるために雇われた。それなのに、ほかの大勢の米国人と同じく、健康面で多くの指図に従い、そのデータを雇用主だけでなくプログラムを実施する第三者機関にも提出することが、彼の業務の一部になっている。それを彼は不快に思っているし、いずれ大学側が監視範囲をさらに広げる日が来るだろうと予見している。「ウォーキングの記録と称した『自己追跡』データをもとに、僕の毎日の動きを誰でも再現できるようになると考えたら、気味が悪いなんてもんじゃないですよ」とエイブラムスは言う。

私が感じている不安は、さらに踏み込んだものだ。企業が従業員の健康に関するデータを大量に抱え込むようになれば、企業が健康スコアなるものを考案し、それを仕事上の候補者の選別に利用するのを誰も止められなくなる。歩数にせよ睡眠パターンにせよ、収集された代理データの大部分は、法律による保護を受けていないため、理論上は完全に合法となる。しかも、合理的だ。これまで見てきたとおり、企業は日常的にクレジットスコアや適性検査に基づいて求職者を不採用にしている。恐ろしいことだが当然の流れとして、次は健康スコアに基づく選別が行われるようになるだろう。

すでに多くの企業で、従業員向けに意欲的な健康基準が確立されつつあり、基準に達しない従業員に対するペナルティも準備されている。タイヤメーカーのミシュランでは、血圧、血糖値、コレステロール値、トリグリセリド（中性脂肪）値、ウエストサイズ（胴囲）など幅広い測定値について目標値が定められており、3つのカテゴリーで目標に達しなかった従業員は、医療保険の年間の支払額が1000ドル増額になる。米大手ドラッグストアのCVSは、2013年に従業員に対して、体脂肪値、血糖値、血圧、コレステロール値を会社に報告するように――あるいは年に600ドルを支払うように――と通達している。

CVSのこの動きは、ビッチメディア〔非営利のフェミニスト系メディア〕のコラムニスト、アリッサ・フレックを怒らせた。「みなさん、ご注意ください。もう何年も前からダイエットに取り組んで悪戦苦闘してきた人は、どんな事情があるにせよ、今のやり方はすぐにやめたほうがいいでしょう。CVSはすべてを数値化して算定しています。どんなに頑張っても、それが無駄な努力であれば、報奨金はもらえません。本気で痩せたければ、太っていることを馬鹿にされ、屈辱を味わうのが一番の薬になります。お前はデブだ、と誰かに言ってもらいましょう。それがいやなら、高い罰金を払うまでです」

体重の問題の核心にあるのは、不名誉な統計値――BMI（体格指数）だ。BMIは、2世紀も前に、ベルギー人数学者ランベール＝アドルフ＝ジャック・ケトレーによって考案された公式に基づいて算出される。ただし、ケトレーは医療や人体についてほとんど何も知らない素人で、単に、大規模集団の肥満度を簡単に測定できる公式が欲しかったにすぎない。彼は、「平均的な男性」というものを想定して公式を組み上げた。

「コンセプトとしては有用だが、すべての人に当てはめようとすると、2・4人の子供をもつ人物、といったような不合理が生まれる。平均というのは、集団全体を測定するもので、個人に当てはめるものではない」と数学者であり科学書の著者でもあるキース・デブリンは書いている。デブリンはさらに、BMIは数値スコアで表されるため、数学的裏づけがあるかのような雰囲気を醸し出してはいるが、実際には「当てにならない」数字だと書いている。

BMIは、体重（キログラム）を身長（センチメートル）で割って計算する。身体的健康状態をおおまかに知るための粗い代理数値である。これでいくと、女性のほうが「太りすぎ」と判定されやすい（「平均的な男性」ではないのだから、当然である）。また、脂肪は筋肉よりも軽いため、筋骨隆々のスポーツ選手のBMIはびっくりするほど高くなる。NBAプロバスケットボール選手のレブロン・ジェームズも、BMIで判断すれば「太りすぎ」になる。経済的な「飴《アメ》と鞭《ムチ》」をBMIと関連づければ、かなりの数の労働者が、体型を理由に不利益を被ることになる。とくに窮地に追いやられるのは、黒人女性だ（黒人女性はBMIが高い傾向にある）。

人々が体重その他の健康問題に向き合えるように後押しすることの何がいけないのか、と疑問に思うウェルネス賛同者もいることだろう。重要なのは、その後押しが「提案」なのか「命令」なのかということだ。企業が希望者向けに無料のウェルネス・プログラムを用意するという話なら、反対する理由はない（そして、そんなプログラムにオプトインで参加する従業員の健康データは、実際に改善されるだろう。まあ、そういう積極的な従業員なら、プログラムなしでもうまくいっただろうが）。だが、BMIのように不備のある統計値を報酬と結びつけ、会社が提示する理想の体型に合わせるよう従業員に強制するのは、自由の侵害である。そのようなことを許せば、見た目の好ましくない従業員を不当に扱うための言い訳を――と同時に、彼らの財布からお金を抜き取るための言い訳を——企業に与えることになる。

すべては、健康の名の下に行われる。一方で、60億ドル規模のウェルネス産業は、その成果を高らかに吹聴しているが、証拠を示さずに宣伝していることも多い。ウェルネス企業キネマフィットネスのジョシュア・ラブ社長は次のように書いている。「これは確かな事実です。健康な人ほど熱心に働き、幸福度が高く、他人の力になろうとする、有能な人材です。一方、不健康な人は怠惰で、疲れ切っていて、幸せを感じられずにいることが多い。従業員の生き方は、仕事に反映されます」

もちろんラブ社長も、これだけ大きく言い放っておきながら、証拠は提示していない。仮に本当だったとしても、ウェルネス・プログラムの強制によって実際に従業員の健康状態が改善されたことを示すには、証拠が不十分だ。カリフォルニア州の医療保障に関するレビュープログラムの調査報告では、企業がウェルネス・プログラムを強制しても、参加者の血圧、血糖値、コレステロール値の平均は低下しないと結論づけられている。プログラムに参加して体重が減少したとしても、すぐに元に戻ることが多い（ただし、禁煙に関しては、ウェルネス・プログラムで良い結果が出ている）。

また、ウェルネス・プログラムについては、個人の成功体験が大々的に広告されているわりには、医療費の削減につながっていないことも明らかになっている。カリフォルニア大学ロサンゼルス校（ＵＣＬＡ）の法律学教授ジル・ホロウィッツが率いた２０１３年の研究は、ウェルネス・ブームの経済基盤を打ち崩すものだった。その報告によれば、無作為化試験の結果、喫煙者と肥満者の医療費はそうでない人よりも高いという通説に対して、疑念が提起されたのだ。喫煙者と肥満者の場合、健康上の問題に苦しむ人の割合が高いのは確かだが、そうした問題は人生の後半に発生する傾向にあり、その頃には企業の医療プランから退会し、メディケア〔高齢者および障害者向け公的医療保険制度〕の対象になっている。ウェルネス・プログラムによる最大の費用削減効果は、実は、評価の低かった従業員から徴収されるペナルティによってもたらされている。つまり、スケジューリングのアルゴリズムと同じで、ウェルネス・プログラムも、企業が従業員の給料明細からお金を天引くためのツールになっているのだ。

このように、ウェルネス・プログラムにはいくつも問題はあるのだが、まだ完全には、数学破壊兵器になり切れていない。確かに広く出回ってはいるし、大勢の従業員の生活に侵入しているし、経済的負担になっている。しかし、不透明ではないし、まことしやかなBMI以外は、数理アルゴリズムに基づいていない。ただ、従業員の給料からお金を盗み取っているだけだ。そして、その事実を健康増進という大義名分で覆い隠しながら広く普及させているのである。

雇用主は、すでに私たちのデータを大量に取り込みすぎている。すでに見てきたように、私たちが従業員として雇うにふさわしい人物かどうかを判定するために、データを使って忙しく点数をつけている。私たちの思想や友人関係を洗い出し、私たちの生産性を予測しようとしている。企業はすでに保険と深くかかわっており、従業員の医療費が大きな出費になっている。

こうした事実を考えれば、企業が従業員の健康に関して監視範囲を拡大しようとするのは当然の流れだろう。やがて企業が自前で健康・生産性モデルをでっち上げるようになれば、そのモデルはもう、完全に数学破壊兵器になっていることだろう。

第10章［政治］

民主主義の土台を壊す

フェイスブックやグーグルの政治的影響力

もうお気づきのとおり、私は、どんな種類だろうと数学破壊兵器には憤りを感じている。そこで、こんな想像をしてみよう。私は、数学破壊兵器の規制強化を求めてキャンペーン運動を起こす決心をし、フェイスブックに嘆願書を投稿する。さて、フェイスブックで私とつながっている友達のうち、その投稿をニュースフィードで目にするのは、どの友達だろうか？

私にはまったくわからない。「投稿する」ボタンをクリックした瞬間から、私の投稿はフェイスブックに属し、フェイスブックのアルゴリズムによって、その投稿の最良の利用法が判断されるようになる。友達の一人ひとりについて、その投稿に興味をもつ可能性が計算される。

友達のなかには、こうした嘆願書に頻繁に署名し、自分のネットワークでシェアする人がいる一方で、さっと読み飛ばす人もいる。だが、大半の友達は、少しは関心を抱き、投稿記事をクリックしてくれることだろう。フェイスブックのアルゴリズムはそういったことをすべて考慮に入れ、私の嘆願書を誰の目に触れさせるかを決定する。それでも、友達の多くは、ニュースフィードの下のほうに埋もれたその投稿を目にしないまま終わるだろう。

これは、実際に起きていることだ。15億人のユーザーと情報を共有できる強大なネットワークは、しかし同時に、株式会社でもある。フェイスブックは、現代版の都市広場のようでありながら、その実、同社のソーシャルネットワーク上で利用者に何を見せ、何を知らせるのかを、自社の利害に即して決定している。私がこれを書いている時点で、米国人成人の約3分の2がフェイスブックにプロフィールを登録している。1日あたりの平均閲覧時間は39分。対面での人との交流に費やされる時間と比べて4分短いだけである。米シンクタンクのピュー研究所の報告によれば、利用者の約半数は、日々の情報収集をフェイスブックで配信されるニュースにある程度まで頼っているそうだ。そこで疑問が浮かぶ。アルゴリズムをいじって、人々が目にするニュースに手を加えたら、フェイスブックで政治システムを操作できるのではないか？

実は、フェイスブックで働く研究員らもその点を検証している。２０１０年と２０１２年の選挙期間中、フェイスブックは「有権者メガホン」と呼ばれるツールに磨きをかけるために、実験を行った。２０１０年の実験は、投票完了の宣言を拡散するよう、利用者に促すというものだった。「投票しました（I voted）」という投稿がニュースフィードにいくつも流れる状況を作ることで、フェイスブックは米国人に――６１００万人以上に――市民としての義務を果たすよう、そして自分たちの声を届けるよう、促したのだ。さらに、投票行動について投稿する人が増えれば、それは仲間へのプレッシャーにもなる。この研究から、市民としての義務を果たしたことによって生まれる静かな達成感よりも、友達や近しい者からどう思われるかというプレッシャーのほうが、人々を動かす力になる可能性が高いとわかった。

これと同時に、フェイスブックの研究員らは、さまざまな種類の投稿が人々の投票行動にどう影響するのかも調査した。フェイスブックは、これまでどんな研究者も体験したことがないほど大規模なヒト実験場だった。フェイスブックを使えば、数時間のうちに数千万人を超える人々から情報を収集でき、人々の投稿やリンクのシェアが互いに与えた影響を測定することができる。さらに、そうやって得られた知見を使って、人々の行動に影響を与えることもできる。つまり、この事例で言えば、人々に投票行動を促すことができるのだ。

これは無視できない大きな力だ。しかし、このような影響力を行使できる会社はフェイスブックだけではない。ほかの上場会社、たとえばグーグル、アップル、マイクロソフト、アマゾン、さらには、ベライゾンやＡＴ＆Ｔといった通信会社も、人類の大半について膨大な情報を――そして、彼らが選んだ方向へと私たちを誘導する手段を――保持している。

すでに見てきたとおり、こうした企業はたいてい、金儲けを重視する。だが、その収益は政府の政策と密接に関連する。こうした企業に対して規制を強化するのも緩和するのも、合併買収を認可するのも阻止するのも、税制を定めるのも政府だ（数十億ドルが非課税地域に留め置かれるのを見て見ぬふりすることも多いが）。だからこそ米国のテクノロジー企業は、他業界の企業と同様、ワシントンに殺到してロビー活動を盛んに行い、水面下で数億ドルを政治に投じる。そして今、彼らは、私たちの政治行動を――米国政府のあり方を――微調整できる手段を獲得しつつある。自社のアルゴリズムをいじるだけでいいのだ。

フェイスブックのキャンペーンは、人々に投票を促すという、一見したところ罪のない建設的な目標からスタートし、そして、成功した。投票記録の比較から、キャンペーンの効果で投票者数は34万人増加したと推定された。これだけ大衆を動かせれば、いくつかの州で投票結果をひっくり返せるし、全米選挙の結果さえ揺るがすことができるだろう。２０００年の大統領選でも、ジョージ・W・ブッシュが勝利できたのは、フロリダ州での激戦を制することができたからだが、その票差はわずか５３７票だった。フェイスブック1社でも投票日に自社アルゴリズムで何か働きかけをしていたら、米連邦議会の議員数のバランスが変わるどころか、誰が大統領になるのかさえ、ひっくり返せた可能性がある。

フェイスブックがそのような潜在的影響力をもてるのは、情報を広く伝えられるだけでなく、利用者を動かし、利用者の友達にまで働きかけることができるからだ。先の実験では、６１００万人という圧倒的多数の人々が、投票を促すキャンペーンメッセージをニュースフィードで目にしていた。しかも、そのメッセージには写真が添えられていた。「投票しました」ボタンをクリック済みのフェイスブック友達6名の写真がランダムに表示されるようになっていたのだ。この実験では、比較のために、それぞれ約60万人からなる2つの対照群についても同様の調査が行われた。1つ目の対照群に割り付けられた利用者は、友達の写真が表示されない「投票しました」キャンペーンメッセージを目にした。2つ目の対照群に割り付けられた利用者は、キャンペーンメッセージそのものもまったく目にしなかった。

フェイスブックは、友達ネットワークを通じてメッセージを拡散させることにより、友達の行動が私たちの行動にどう影響するのかを調査したわけだ。はたして、人々は自分も友達に投票を呼びかけるのか？　その呼びかけは友達の行動に影響を与えるのか？　研究員らの推計によると、友達がキャンペーンに参加しているのを目にしたかどうかで、結果は大きく異なった。「投票しました」という投稿は、友達から流れてきたときのほうが人々の注目を集めるようで、シェアされる割合も高かった。また、友達の「投票しました」投稿を見た人の20％が、自分も「投票しました」ボタンをクリックしていた。キャンペーンメッセージを見たが友達から流れてきたわけではなかった人の場合、ボタンをクリックした人の割合は18％に留まった。「投票しました」ボタンをクリックした人が全員、本当に投票したのかどうかは確かめようがないし、クリックしなかった人のなかにも投票した人はいたことだろう。それでも、ネットワーク上の有権者6100万人に対して、2％の差を生んだ可能性があるのだ。これは相当な影響力である。

この2年後、2012年、フェイスブックはさらに踏み込んだ調査を行った。現職のオバマ大統領と対立候補のミット・ロムニーが争う大統領選前の3ヵ月間に、フェイスブックの研究員ソロモン・メッシングは、利用者約200万人（全員、政治にかかわる人々）を対象に、ニュースフィードのアルゴリズムに変更を加えた。通常なら、猫の動画や卒業の報告、ディズニーワールドで撮った写真などが流れるはずのところで、硬派なニュース記事が流れる割合を増やしたのだ。ニュース記事を友達の誰かがシェアすれば、その記事はニュースフィードの上のほうに表示される。

メッシングは、友達から流れてくるニュース記事の割合が増えることで人々の政治的行動に変化が見られるかどうかを、検証しようとした。選挙後、メッシングはアンケートを配信して実態調査を行った。回答者の自己申告に基づく調査結果から、対象者のうち投票に参加した人の割合は、64％から67％へとわずかに上昇したことが示された。「友達が新聞を届けてくれるようになったら何が起きるのか、興味深いですね」と、フェイスブックで働く計算社会科学者ラダ・アダミックは言った。もちろん、実際にニュースを配信したのは友達ではなく、フェイスブックなのだが。しかし、もうずいぶん前から新聞も似たような影響力を行使してきたではないか、と思う読者もいるだろう。第1面の記事を選ぶのも、どのような切り口で記事にするかを決定するのも、編集部だ。パレスチナ人への爆撃とイスラエル人の悲哀、警官による赤ん坊の救出と警官による活動家への暴行、どちらをどう記事にするのかも彼らが選択する。その選択は、世論にも選挙にも確実に影響するはずだ。テレビのニュース番組も同じである。ただし、ニューヨーク・タイムズ紙やCNN放送で取り上げられたネタは誰もが目にするし、編集部がどのような決定をしたのかは明白で、記録にも残る。つまり、不透明ではないため、その決定の是非を（フェイスブック上などで）後から批評することもできる。

その点、フェイスブックはもっと、「オズの魔法使い」に近い。つまり、関係者の顔が見えない。私たちは、サイトを訪問し、スクロールして友達の投稿を眺める。一見すると、機械は中立の立場で橋渡しをしてくれているだけのように思える。多くの人が今もそう信じている。2013年、イリノイ大学の研究者カリー・カラハリオスは、フェイスブックのアルゴリズムについて調査を実施し、利用者の62％はタイムラインが操作されていることに気づいていないことを明らかにした。投稿すればすぐに、友達全員に見てもらえると思っているのだ。

政治に対するフェイスブックの潜在的影響力は、ニュース記事の配分や「投票に行こう」キャンペーンに留まらない。2012年には、フェイスブック利用者68万人を対象に、ニュースフィードに表示される投稿が気分に影響するかどうかを調べる実験が行われた。気分が伝染することは、ラボ内の実験ですでに明らかだった。愚痴の書かれた投稿を見た人は、束の間でも、不機嫌になる。だが、そのような気分の伝染は、オンラインで拡散されるものなのか？

まず、言語ソフトウェアを用いて、フェイスブックの投稿をポジティブな（気分の良くなる）投稿とネガティブな（残念な気持ちになる）投稿に振り分けた。次に、フェイスブック利用者を半分に分け、一方の群では、見る人の気を滅入らせる投稿のニュースフィードへの表示を減らし、他方の群では、見る人の気持ちを明るくする投稿の表示を減らした。そのうえで、利用者のその後の投稿行動を調べた。すると、操作されたニュースフィードによって実際に利用者の気分が変化することを示す証拠が得られた。明るい投稿の表示を減らされた利用者では、その後、ネガティブな投稿が増えた。暗い投稿の表示を減らされた利用者では、ポジティブな投稿が増えた。

この実験では、「感情は他人に伝染しうるもので……投稿を見た人は、自分では気づかないうちに、投稿の内容と同じ感情を抱くようになる」と結論づけている。つまり、フェイスブックのアルゴリズムは大勢の人の気分に影響しうるということだ。それも、影響される側が気づかないうちに。ならば、大統領選の投票日に人々の感情を操作したとしたら、どうなるだろう？

といっても、フェイスブックで働く社会科学者らが実際に政治制度にちょっかいを出していることを示す根拠があるわけではない。彼らの大半は、約20年前には夢に思い描くことしかできなかったようなプラットフォーム上で、いたって真面目に、学究的に、調査を実施している。だが、そうやって実証されたのは、私たちが何を知るのか、どう感じるのか、投票するのかしないのかに関して、フェイスブックは甚大な影響力をもちうる、という事実だった。フェイスブックのプラットフォームは巨大で、強力で、不透明だ。アルゴリズムの中身は私たちには明かされず、私たちに見えるのは、研究員らが選んで公開する実験結果のみである。

グーグルでも、実態はほとんど同じである。検索アルゴリズムは、収益の増大に主眼を置いているように思える。ただし、グーグルが利益重視で選択していたとしても、検索結果は、私たちが何を知り、どう投票するかに劇的に影響した可能性がある。最近、ロバート・エプスタインとロナルド・E・ロバートソンという2人の研究者は、米国とインドの両国で、誰に投票するか決めかねている有権者に対して、次の選挙について詳しく知るために検索エンジンを使用してほしいと頼んだ。ここで使用された検索エンジンは、一方の政党が他方の政党よりも好まれるよう、検索結果を歪めるようにプログラムされていた。その結果、投票の選好は20％移行したと彼らは述べている。

これは大きな影響力だ。その一因は、人々が検索エンジンを広く信頼していることにある。ピュー研究所の報告によれば、米国人の73％は、検索結果は正確かつ中立であると信じている。だからこそ、もし仮に、グーグルのような企業で、一方の政党についての検索結果が他方よりも好意的に表示されるような改ざんが行われていた場合、会社の評判は危険に瀕し、規制当局による取り締まり強化を招くことになるだろう。

これについても、本当のところは誰にもわからない。この巨大インターネット企業について私たちにわかることといえば、同社の研究のほんの一部、それも同社の研究員が公開した情報くらいのものだ。同社にとってアルゴリズムは重要な企業秘密であり、彼らは自分たちのビジネスを秘密裏に行っている。

それでも、まだ、フェイスブックやグーグルのアルゴリズムは政治的な数学破壊兵器とは呼べない。両社とも、自社ネットワークを使って害を及ぼしていることを示す証拠が見当たらないからだ。とはいえ、不正使用される可能性はきわめて大きい。事件は、堅牢なファイアウォールの陰に隠れ、コード文のなかで起きる。しかも、これから見ていくように、このようなテクノロジーは、私たちを、居心地のよい「政治的な引きこもり部屋」に閉じ込めてしまうことができるのだ。

有権者個人に合わせてメッセージを送る

2012年の晩春、大統領選への出馬を表明していた元マサチューセッツ州知事のミット・ロムニーは、共和党の指名獲得をほぼ確実なものにしていた。次は、現職のオバマ大統領と争う総選挙に向けて活動資金を集める段だ。そこで、5月17日、ロムニーはフロリダ州ボーカラトーンに移動し、資金調達のために、未公開株式投資家マルク・レーダーの豪邸を訪れた。レーダーはこれまでにも、ロムニーの大統領当選を目指す政治活動特別委員会（スーパーPAC）である「レストア・アワ・フューチャー」に22万5000ドルを投じていたほか、「ロムニー・ビクトリー」PACにも6万3330ドルを提供していた。レーダーは、大統領候補であるロムニーと引き合わせるために、お金持ちの友人を集めて待っていた。大半が金融業界や不動産業界の人々だ。当然、密やかなやり取りがなされたことだろう。

閉じた空間で、レーダーと考えの近い人々に囲まれて、ロムニーは安心して過ごすことができた。これがテレビ放映されるスピーチだと、共和党に投票してくれるかもしれない人々の神経を逆撫でることのないよう、細心の注意を払わなければならない。聴衆のなかには、福音主義キリスト教徒もいれば、ウォール街の金融業者もいるし、キューバ系米国人もいれば、郊外在住で子育てに忙しいママもいる。たいていの政治家のスピーチが退屈な理由の1つは、すべての人に気に入られようとするからだ（なかでも、ロムニーのスピーチはとくに退屈で、支持者でさえ愚痴るほどだった）。それに比べると、マルク・レーダーの自宅で開かれた集まりでは、少人数ながらも影響力の大きい人々が、ミット・ロムニー本人と親しく会話したのだから、この候補者も本音で話せたことだろう。しかも、集まった人々は、すでにかなりの額を彼に寄付している。気さくなおしゃべりを楽しみたくて投資したわけではないはずだ。

自分と似た考えをもち、自分を支持してくれていると信じられる人々に囲まれているうちに、ロムニーは気が大きくなり、持論を述べ始めた。米国人口の47％は「受け取る側」であり、「大きな政府」の庇護を受けて生活している。そのような人々は、自分には決して投票しないだろう。だからこそ、残りの53％の人々に手を差し伸べることが重要になるのだと。だが実は、ロムニーはこのとき、いったい自分は誰に向けてスピーチしているのかという読みに、正確さを欠いていた。その場には、資金提供者だけでなく、給仕をする人々もいた。部屋のなかを巡回し、飲み物や料理を提供していた人々は、ロムニーの意識の外に置かれていたのだ。しかし、いまや先進国では誰もがカメラ付きの携帯電話を持っていて、動画を撮影できる。このときのロムニーの尊大な物言いは、バーテンダーによって撮影され、あっという間に広まった。この失態はロムニーにとって大きな痛手となり、彼はホワイトハウスの主になるチャンスを失った。

ロムニーがボーカラトーンでの資金集めを成功させるには、聞き手の正確な把握と秘密厳守の両方が必要だった。ロムニーは、マルク・レーダーと彼の友人たちにとって理想的な候補者でありたかったし、レーダーの自宅はそのような候補者でいられる安全地帯なのだと信用していた。だが、政治家にとって、ターゲットの絞られた安全地帯を数多く渡り歩き、会場ごとに、その場の人々に合わせた言葉で、それ以外の人に知られることなく訴えかけるなどというのは、夢の世界でしかありえないことだ。そんな夢の世界があれば、候補者は1人で何役も演じられる。そして、分断された有権者は、候補者が演じて見せる、自分にとって好ましい面だけを見ることになる。

もっとも、そんな二枚舌どころか複数の舌を使い分ける不誠実な対応は、政治の世界では別に新しいことではない。政治家はずいぶん昔から、多方面向けに多くの顔を持とうと努力してきた。ウィスコンシン州ミルウォーキーでは燻製ソーセージを食べ、ニューヨークのブルックリンではユダヤ教の教えを唱え、アイオワ州ではトウモロコシ由来エタノールへの忠誠を誓う。だが、ロムニーの件で明らかになったように、今は、策を弄しすぎると、ビデオカメラによって暴かれる可能性がある。

ところが、現代の消費者市場は、特定の有権者向けに彼らが聞きたがるような言葉だけを聞かせられる抜け道を、政治家に提供している。政治家が有権者の聞きたい言葉だけを聞かせるようになれば、有権者は、自分がそれまで考えていたことに近いからという理由で政治家のその言葉を鵜呑みにしやすくなる。この現象を、心理学の専門用語では「確証バイアス」と呼ぶ。有権者の半数近くが政府からの施しに飢えているというロムニーの踏み込んだ発言に対しても、ロムニー支援イベントの招待客からは疑問の声が出なかった。その理由の1つも、この確証バイアスにある。ロムニーの発言は、会場にいた人々の考えを代弁し、後押ししているにすぎなかったのだ。

このような政治と消費者市場の融合は、かつての、選挙区の実力者らの存在と電話番号リストに象徴される「政治族」の儀礼のかわりに、マーケティング科学が幅を利かせ始めたことで、発達してきた。1968年のリチャード・ニクソンの選挙運動後に書かれた『大統領の売り込み（*The Selling of the President*）』のなかで、ジャーナリストのジョー・マクギニスは、大統領選の立候補者が選挙運動員らによってまるで消費財のように市場に売り込まれる様子を紹介している。ニクソンの選挙陣営は、市場調査のために消費者グループに討議してもらう

「フォーカスグループ」というマーケティング手法を用いて、地域ごと、有権者層ごとに売り込み文句を考え、磨き上げていた。

しかし、時代が進むにつれて、政治家はより細やかな手法を求めるようになっていく。集団ではなく個人を対象とし、有権者ごとに個別化された理想的なアプローチを試みるようになった。こうして、ダイレクトメールによる選挙運動が生まれた。選挙運動員らは、クレジットカード業界の戦術に倣い、巨大な顧客データベース――いや、有権者データベースを構築した。有権者を詳細に分析して細かなサブグループに紐づけ、そこに、各有権者の重要度や階層を加味していった。これにより初めて、同じ政治家でも、家によって異なる内容の手紙やチラシが届くようになった。あちらには自然保護を約束し、こちらには治安強化を強調する、という具合だ。

だが、ダイレクトメールによる選挙戦は、「マイクロターゲティング」としては、まだ走り始めたばかりの、補助輪付きの状態だった。ビッグデータと消費者市場が出会い、結束した今、政治家たちは、一層強力なツールを手にするようになった。市民を詳細に分析し、細分化したうえで、有権者獲得と資金提供者獲得の両面から標的を絞り、細心の注意を払って磨き上げられたメッセージを、他人の目に触れない形で届けられるようになったのだ。フェイスブック上に表示されるバナーとして届くこともあれば、資金集めのための電子メールとして届くこともある。いずれにしても、立候補者はいくつもの売り文句を使い分けながら静かに自分を売り込んでくるようになった。就任後にどんな公約が前面に出されるのかは、誰にも予想がつかない。

政治市場と資金提供者

2011年7月、オバマ大統領再選の1年以上前のこと、データサイエンティストのライード・ガニは、ビジネス特化型SNSのリンクトイン（LinkedIn）に、次のようなアナウンスを投稿した。

［現状を変えたいと願う解析専門家を募集中］

オバマ大統領の再選に向けた選挙活動の一環として、これまでになく影響力の大きい大規模データマイニングプログラムに取り組むため、解析チームのメンバーを募集します。複数の職種で募集していますので、あなたの経験に見合ったポジションが見つかることでしょう。大量データを活用して選挙戦略を指導できる統計学、機械学習、データマイニング、テキスト解析、予測解析の専門家を探しています。

カーネギー・メロン大学で教育を受けたコンピューターサイエンティストのガニは、オバマ陣営のデータチームを率いることになっていた。以前は、シカゴのアクセンチュア研究所でビックデータを使った消費者向けアプリケーションを開発していたが、ガニには、そのスキルを政治に応用してみせる自信があった。オバマ陣営で彼が目指したのは、似たような考え方の有権者からなる「種族」を作成すること、つまり、マルク・レーダー邸の集会に集まった招待客のように、価値観や優先事項が一致する人々を、給仕人抜きで、グループとしてまとめることだった。そうすれば、投票、組織形成、資金集めなど、特定の目的に向かって行動を起こしてもらえそうなメッセージを、種族ごとに標的を定めて伝えられるようになる。

ガニがアクセンチュアで担当したプロジェクトの1つに、スーパーマーケットでの買い物客の行動モデリングに関するものがあった。ガニのチームは、大手スーパーマーケットから、匿名化された大規模な消費者購買履歴データベースの提供を受けていた。発想としては、提供されたデータを詳細に調べ、個々の消費者の購買習慣を研究し、数百通りに細分化された「バケット」に購入者を振り分けようというものだった。レジカウンター横のキャンディーを衝動買いする購入者や、通常の野菜の3倍の値段がついたオーガニック野菜を積極的に購入する健康志向の購入者は、分類もしやすい。ところが、ほかにも驚くような行動パターンが見えてきた。たとえば、何があっても同じブランドを買い続ける人がいる一方で、ほんの少しの値引きでブランドを乗り換える人もいる。こうした人々は、「説得可能」なバケットに分類された。最終的な目標は、買い物客の一人ひとりに異なるプランを提示し、店内を誘導して、その客が欲しがる可能性の高い食品をすべて購入してもらうことだ。

アクセンチュアのクライアントには気の毒だが、この発想を突き詰めていけるかどうかは、コンピューター化されたリアルなショッピングカートの出現にかかっていた。そのようなショッピングカートは、まだ本格的導入には至っていないし、今後、主流になるかどうかもわからない。しかし、クライアントのスーパーマーケットの失望をよそに、ガニは、ここで培ったサイエンスを、政治の世界に完璧に当てはめてみせた。たとえば、小銭を節約するためにブランドを乗り換える気まぐれな買い物客の行動は、浮動票の動向に似ている。スーパーマーケットの事例では、ケチャップやコーヒーの購入ブランドを利益率のより高いブランドに乗り換えさせるための費用を、買い物客ごとに見積もることができた。そして、たとえば、乗り換える可能性の高い上位15%の客に割引券を配布する、といったことが可能だった。このようなスマートターゲティングは、非常に重要である。店側としては、割引なしでも買ってくれる客には割引券を渡したくないはずだ。そんなことをすれば、入ってくるはずのお金をみすみす逃すことになるからだ。*

浮動票の人々にも、これと同じ計算が通用するだろうか? 消費者データ、人口統計データ、投票データを豊富に手に入れたガニのチームは、調査開始後に、1つ、決定的な違いに直面した。スーパーマーケットのプロジェクトでは、入手したデータはすべて、厳密に、購買行動に関連していたし、研究チームは、人々が何を買うかを予測(そして誘導)するために、購買パターンを調査していた。しかし、政治の分野では、投票行動に直接的に関連するデータはほんのわずかしか存在しない。どちらの選挙陣営のデータチームも、代理データを利用するしかなく、そのためには徹底した調査が必要だった。

ガニのチームは数千人を対象とした詳細な聞き取りから着手した。それから対象者を、教育問題に熱心なグループ、同性愛者の権利に高い関心をもつグループ、社会保障制度に不安を抱くグループ、淡水帯水層への水圧破砕の影響を心配するグループなど、さまざまなグループに分類した。なかには、大統領を無条件で支持するという人々もいれば、態度を決めずに旗色を伺う人々もいた。大勢の人がオバマを好ましく思っていたが、だからといって彼に投票するとは限らないようだった。その一方で、オバマの選挙運動を支援するためにすぐにでも資金を提供したいと言う人々もいた。選挙では、こういう支援者はなくてはならない存在である。

この小規模な有権者インタビューで対象者の細分化が進み、彼らの望みや不安、何と引き換えなら行動を変えられるのかといったことが把握できたら、次の課題は、各グループに分類された有権者とよく似た有権者（および資金提供者）を、インタビュー対象者以外から大勢見つけ出すことだ。そのためには、インタビュー対象者の消費データと人口統計データを詳細に読

＊同様に、消費者向けのウェブサイトでは、すでにログインしている訪問者より、まだログインしていない訪問者のほうが、値引きを提示されやすい。ブラウザのクッキーは定期的に削除したほうがいいと言われているが、これも理由の1つになる。

み込み、各対象者のプロフィールを数値化する必要がある。そのあとは、ただひたすら、全米のデータベースを順に洗っていき、よく似たプロフィールの人物を見つけては、同じバケットに組み入れていく。

ここまできたら、次は、各グループを標的とした宣伝活動に入る。フェイスブック上や、標的となる人々がよく閲覧するメディアサイトに広告を表示し、期待どおりの反応が得られるかどうかを見る。グーグルでは、ボタンの色を決めるにもA／Bテストを利用し、どの色合いの青がより多くクリックされるかを調査したそうだが、ガニのチームも、それと同じようなA／Bテストを実施した。さまざまなアプローチを試すことで、たとえば、電子メールのタイトル（件名）を「こんにちは」のみにした場合、受信者は多少苛立ちながらも、内容の確認に余計な手間がかかった分、かえって多額の寄付をしてくれることがある、といったことを発見していくのだ。数千通りに及ぶテストと微調整を繰り返したあと、ようやく、対象を一般聴衆に広げる。もちろん、1500万人からなる重要な浮動層もすべて対象に含まれる。

この過程全体を通して、立候補者を擁する各陣営は、それぞれに米国人有権者のプロフィールを作成する。プロフィールには数多くのスコアが記載されており、有権者として、ボランティアとして、資金提供者としての重要度が評価されているだけでなく、さまざまな問題に対する態度も反映されている。ある有権者は、環境問題に関するスコアは高いが、国防や国際貿易に関するスコアは低い、といった具合である。このような政治的プロフィールは、アマゾンやネットフリックスのようなインターネット会社が数千万人に及ぶ顧客の管理に活用しているプロフィールと非常によく似ている。これらの企業では、顧客1人あたりの利益を最大化するために、解析エンジンによる費用対効果分析が絶えず大量に計算されている。

その4年後、今度はヒラリー・クリントンが、オバマのチームによって確立された手法を足掛かりに、選挙活動を展開した。グーグルの会長であるエリック・シュミットが出資し、2012年の大統領選でオバマ陣営の最高技術責任者（CTO）を務めたマイケル・スレイビーが経営する、マイクロターゲティングのスタートアップ企業グラウンドワークと契約を結んだ。米ビジネスニュースサイト「クオーツ」の記事によれば、目標とするのは、セールスフォースのような企業が開発提供する大規模顧客管理システムの政治バージョンになるデータシステムの構築である。

ご想像のとおり、これには新鮮で関連性の高いデータの大量供給が必要だ。となると、データ収集に用いられる手法のなかには、強引どころか、不穏当な手法も含まれる。たとえば、2015年後半にガーディアン紙が伝えたところによると、政治データを扱うケンブリッジ・アナリティカ社は、英国の大学関係者に金を支払い、米国有権者のフェイスブックのプロフィール、人口統計学的な詳細データ、各ユーザーの「いいね！」の記録を収集するように依頼していた。さらに、同社はこの情報を用いて、4000万人を超える有権者の心理学的分析を実施し、5大性格特性——開放性、誠実性、外向性、協調性、情緒不安定性——の尺度を用いたランク付けを行った。その後、この研究は、大統領選に立候補していたテッド・クルーズの支援団体によって、さまざまな有権者層を標的としたテレビコマーシャルの作成に使用された。作成されたコマーシャルは、標的ごとに視聴する可能性の高い番組時間帯に放映された。たとえば、2015年5月に共和党ユダヤ人連盟がラスベガスのカジノホテル「ベネチアン」で集会を開いた際には、クルーズ陣営はこの大型ホテル内限定のウェブ広告シリーズを一挙公開した。クルーズがイスラエルに対していかに献身的であり、イスラエルの治安をいかに大切に思っているかを強調する内容の広告だった。

ただ、このような標的を絞った選挙活動がすべて効果的であると立証されているわけではないことは、ここで言っておくべきだろう。当然、効果の怪しいものもある。結局のところ、マイクロターゲティング業者も、選挙陣営や政治活動団体に自社を売り込むために多額を投じている。貴重なデータベースとピンポイントでのターゲティングを大きな売りにしてマーケティング活動をしているが、売り文句の大半は誇張されている。そういう意味では、政治家は、事実かどうか怪しい約束を提供する側であると同時に、提供される（それも法外な経費を支払う）側でもあるのだ。とはいえ、オバマのチームが実証してみせたとおり、なかには信頼に値する手法もある。つまり、この業界では、真面目なデータサイエンティストから詐欺師まがいの輩まで、こぞって有権者を標的にしているということだ。

ところが、政治的マイクロターゲティングには分野特有の制約があり、その制約のせいで、仕組みは恐ろしく複雑になる。たとえば、各有権者の重要度は、その有権者の州が勝敗を左右する可能性に依存して、上昇したり低下したりする。フロリダ州、オハイオ州、ネバダ州のような激戦区の浮動層の人々は、重要度がきわめて高くなる。しかし、投票が進み、その州の形勢が青（民主党）と赤（共和党）のいずれかに決定的に傾けば、その州の有権者の重要度は急落し、マーケティング予算は、重要度上昇中のほかの有権者へと速やかに移される。

そういう意味では、有権者も金融市場も同じように考えることができる。投資の場合と同じで、情報の流れに応じて、重要度（価値）は上下する。この新しい「政治市場」では、私たち一人ひとりが株の銘柄であり、銘柄ごとに株価があり、株価は変動する。そして、各陣営は、私たち（銘柄）に投資するかどうか、どのように投資するかを判断しなければならない。投資するに値すると判断された有権者に対しては、どんな情報を与えるかだけでなく、それをどの程度、どのように届けるかも決定される。

同じような計算は、マクロのレベルで数十年前から行われており、どの陣営もテレビに資金を費やしてきた。投票数の変化に応じて、ペンシルベニア州ピッツバーグでの広告を減らし、その分の資金をフロリダ州タンパやネバダ州ラスベガスに回す、といったことがされていた。しかし、マイクロターゲティングでは、地域から地域へ重点を移すのではなく、個人から個人へ重点を移していく。さらに重要なのは、政治家から届く個別化されたメッセージを目にするのはその個人だけである、という点だ。

選挙活動では、票の獲得のためだけでなく、資金獲得のためにも同様の解析がなされ、資金提供者になってくれそうな人物の特定と、その人向けに最適化されたメッセージの作成が行われている。だが、これもまた複雑化している。資金提供者の側にも相応の打算があるからだ。できるだけ少ない資金提供で、できるだけ大きな見返りを得たいと考えている。最大額をすぐに寄付してしまえば、「これ以上は引き出せない」とみなされ重視されなくなるだろうことは、彼らもわかっている。だが、寄付を完全に拒んでしまっても重視されなくなる。そのため、多くの人は、届いたメッセージの内容に応じて、寄付を小出しにする。彼らは、ご褒美の餌を使って犬をしつけるのと同じ要領で、政治家を動かそうとする。その効果は、資金提供者が政治活動特別委員会（スーパーＰＡＣ）をしつける場合のほうが、絶大である。政治献金が際限なく集まるのはそのためだ。

もちろん、選挙活動団体もその戦術にはとうに気づいている。マイクロターゲティングを用いれば、さらなる寄付を引き出せそうな情報を資金提供者に個別に送付できる。それも、一人ひとりに異なるメッセージを送ることができるのだ。

すべての階層にとって有害に

この戦術は、選挙活動以外にも応用できる。今ではロビー活動団体や利益団体も、汚れ仕事を行うために同じようなターゲティングの手法を使用しており、私たち一般市民の生活に影響を及ぼしている。２０１５年、中絶反対団体である医療進歩センターは、米国家族計画連盟のクリニックで中絶された胎児（だと主張されるもの）の特集動画をネットに投稿した。その動画は、家族計画連盟に加盟している医師らが胎児の身体各部を研究用として販売していると主張するもので、これを見た人々のあいだで抗議の声が高まり、ある共和党員も、この連盟への補助金を打ち切るよう圧力をかけていた。

その後の調べで、この動画は不正に加工されたものだとわかった。動画のなかで中絶胎児として紹介されていたのは、実際には、ペンシルベニア州の田舎の女性が生んだ死産児の写真だった。家族計画連盟は、胎児の身体組織の販売などしていない。医療進歩センターは、問題の動画に誤情報が含まれていたことを認め、これにより、同センターの大衆市場への訴求力は弱まった。しかし、不備のある動画であっても、中絶反対活動家はマイクロターゲティングを用いてその動画の視聴者を増やし、家族計画連盟に抗議するための資金集めに利用することができた。

選挙活動が公然と広まっていく一方で、水面下でも有権者個人に向けたさまざまな働きかけが続いていた。そのような「静かな」キャンペーンには、誇張されているものもあれば、無責任なものまである。政治家もイデオロギーについては公の場では遠回しにしか語らないが、個人宛てに届くメッセージでは爆弾発言も飛び出す。技術社会学者でノースカロライナ大学教授のジーナップ・トゥフェックチーによれば、こうした活動団体は、情報に疎く騙されやすい有権者をピンポイントで標的にし、子供の安全や違法移民の増加といった話題で不安を煽る。その一方で、こうしたメッセージに関心を示さない（あるいは毛嫌いする）有権者には、そのような広告を見せないようにしている。

ある調査によれば、２０１５年になってもまだ、共和党員の43％を超える人々は、オバマ大統領のことをイスラム教徒だと思い込んでいた。また、米国人の20％が、オバマ大統領は外国生まれの非合法な大統領であると思い込んでいた。このような嘘が信じられているのも、マイクロターゲティングの成果の1つだと言える（民主党員も同様に何かしらの誤情報をマイクロターゲティングで広めている可能性はあるが、反オバマ運動ほど大々的に表沙汰になっているものはない）。

マイクロターゲティングが発達しても、政治的キャンペーンにおけるメディア買収の大半はいまだにテレビに向けられており、平均で75％を占める。それだと効果は均一化されるのでは、と考える読者もいるだろうが、実際、そのとおりだ。テレビを通じて、より信頼の置けるメッセージを、より広く届ける。その陰で、マイクロターゲティングが暗躍する。しかし、テレビでさえも、広告の個別化は進んでいる。ニューヨーク拠点のシミュールメディア社のような新しい広告会社では、テレビ視聴者を行動パターンによって分類し、似たような考えをもつ人々を標的にしたターゲティング広告を実現している。たとえば、狩猟好きのグループ、平和主義者のグループ、大型SUV車の購入者グループ、といった具合である。テレビや他の媒体で視聴者のプロファイリング〔履歴データから人物像を推測する方法〕が進めば、政治的マイクロターゲティングに利用できる可能性は膨らむ。

そうなると、自分以外の人がどのような政治メッセージを受け取っているのかは、見えづらくなっていく。すると、他人の考え（多くの場合、熱弁）を聞いても、なぜそのように考えるのか理解しがたくなる。詮索好きなジャーナリストでさえ、大元のメッセージを突き止めるのには苦労するだろう。候補者のウェブページを閲覧しただけではわからない。なぜなら、そのページも訪問者を自動的にプロファイリングし、標的化しているからだ。訪問者の所在地の郵便番号、ページ内でのクリック履歴、閲覧時間の長かった写真など、何から何まで重みづけされる。数十通りの偽プロフィールを用意して調査に臨んだとしても、何の収穫も得られない。なぜなら、購買履歴、住所、電話番号、投票履歴、社会保障番号、フェイスブックのプロフィールなど、ネット上に蓄積された「ディープナレッジ」を使って、実在の有権者と関連づけられてしまうからだ。このようなシステムに対して偽プロフィールを本物だと信じ込ませるには、偽プロフィールごとに大量のデータを仕込んで本物らしく作り込む必要がある。そうなると、作り込みに時間がかかりすぎて、調査プロジェクトの枠には収まらないだろう（最悪の場合、調査員が詐欺事件に巻き込まれかねない）。

水面下での選挙活動は、結果的に危険な不均衡を生む。政治マーケティングの担当者は、私たちに関する詳細な調査書を保持し、私たちに向けて情報を小出しにしては、それに対する私たちの反応を見て評価している。一方、私たちは自分以外の人がどのような情報を見せられているのか知らされずにいる。これは、ビジネス交渉の場で多用される戦術によく似ている。ビジネス交渉では、複数の交渉相手とそれぞれ個別に交渉するため、競合間では他社がどのような条件で話を進めているのかわからないようになっている。これは、情報の非対称性によって、関係者同士の談合を防いでいるのだ——民主政治にとっては重要なことである。

このようなマイクロターゲティング科学の発展には、プロファイリングと予測が付き物である。そう、数学破壊兵器の暗黒コレクションにぴたりと収まるのだ。大規模で、不透明で、無責任。隠れ蓑を与えられた政治家は、おかげで、多方面に向けて多様な顔を使い分けることができる。

有権者個人をスコアリングすることは、民主主義の土台を壊す行為でもある。少数の有権者の重要度を高め、それ以外の人々を脇役に追いやる。実際、大統領選で使用されるモデルを調べてみると、私たちが住んでいる国は、ずいぶんと縮こまってしまったように見える。というのも、米国の行く末は、フロリダ州、オハイオ州、ネバダ州など、全米のなかのほんの一部にすぎない激戦区の有権者が握っているからだ。これらの州のなかでも、どちらに票を入れるかわからない、数少ない浮動層の意見が大きな影響力をもつ。つまり、私がここで言いたいのは、私たちがこれまでに見てきた数学破壊兵器の多くは、略奪型広告にせよ警察の取り締まりモデルにせよ、貧困層をさらに追い詰めるようなモデルばかりだったが、政治的マイクロターゲティングモデルの場合は違う、ということだ。あらゆる経済階級の有権者にとって有害なのだ。マンハッタンからサンフランシスコまで、富める者も貧しい者も等しく、権利を奪われている(もちろん、本物の金持ちたちは、選挙戦の資金提供者になることで権利を取り返しているのだが)。

いずれにしても、政治制度全体が——お金も、関心も、媚びへつらいも——標的とされる有権者の方を向いている。まるで、太陽に顔を向け続ける花々のように。残りの有権者は、事実上、無視されている(資金集めの勧誘を除く)。私たちの投票行動はプログラムによってすでに予測されており、その予測を何とか覆す形で票を獲得しようとすれば、投資の無駄使いになるからだ。*

＊連邦レベルで考えれば、この問題は、選挙人団制度を廃止することで、大幅に軽減される可能性がある。この制度は、州ごとの勝者総取り方式で計算されるため、相対的に一握りの有権者に影響力が集中することになる。経済分野と同じで、政治分野にも、1%の特権階級が存在するわけだ。経済分野の1%が資金を負担する形でマイクロターゲティングが行われ、そのマイクロターゲティングが政治分野の1%に相当する有権者を保護している。だが、選挙人団制度がなければ、すべての有権者に同等の価値が備わり、民主主義の理念に近づくことになるだろう。

こうして、きわめて有害なフィードバックループが生まれる。無視された有権者は、ますます幻滅するだろう。勝者はゲームの戦い方を知っている。彼らは内部事情に精通しているが、その他大勢の消費者は、市場調査用の断片的な情報を受け取るだけだ。

実は、さらなる非対称が存在する。投票に行くものと予測されていた人物が、何らかの理由で投票を1回逃してしまっても、その人物は次の選挙でかえって手厚い待遇を受けることになる。再び投票に行く可能性がきわめて高いとみなされるからだ。しかし、投票に行かないだろうと予測されていた人物は、ほぼ無視される。システムは、できるだけ安い費用で寝返らせることのできる有権者を探索し、費用対効果を最大化しようとする。投票を拒否する人は、総じて高くつくとみなされている。このような政治のダイナミクスに駆り立てられる形で、ある特定の階層の人々は政治に活発にかかわり続けるが、残りの人々は永遠に取り残される。

数学破壊兵器にはよくあることだが、人々を傷つけるモデルであっても、使いようによっては、人類のためになる場合がある。人々を操作するために標的化するかわりに、助けを必要としている人々の待機リストを作ることもできるはずだ。たとえば、市長選では、マイクロターゲティングによって、高すぎる家賃に関する怒りのメッセージが特定の有権者のもとに届く。しかし、その人たちが家賃に不満を抱いていることに気づけるのであれば、その同じテクノロジーを使って、手ごろな家賃での住宅供給を最も必要としている人々を特定し、家探しを支援することもできるのでは？

たいていの数学破壊兵器と同じで、政治的メッセージの配信モデルの場合も、問題の核心は、目的にある。人々から利益を吸い取ることを目的にするのではなく、人々を助けることを目的にすれば、数学破壊兵器は非武装化される。それどころか、世のため人のための力になってくれるはずだ。

おわりに

人間だけが未来を創造できる

静かな戦争

この本では、教育に始まり、宣伝、仕事、信用、政治まで、誰もが人生のなかで経験するいくつかの場面を足早にめぐり、数学破壊兵器による破壊の状況を見てきた。効率性と公平性を謳いながら、その陰で、高等教育を歪め、人々を借金に駆り立て、大量投獄に拍車をかけ、人生の節目ごとに貧しい人々を苦しめ、民主主義の土台を蝕んでいる。この現状を変えるには、数学破壊兵器の一つひとつに対処し、順に武装解除していくしかないように思われる。

問題は、これらの数学破壊兵器が互いに絡み合い、補強し合っていることだ。貧しい人々ほど、クレジットの状況は悪く、犯罪の多い区域で自分と同じように貧しい人々に囲まれて暮らしていることが多い。その事実を示すデータが数学破壊兵器の暗黒世界に一度でも流れれば、低所得層向けサブプライムローンや営利大学の略奪型広告に追い回されるようになる。警官による警備が強化され、すきあらば逮捕されるようになる。有罪判決を受けることになれば、刑期は通常より長くなる。これらの情報は、さらに別の数学破壊兵器へと引き渡される。1つ目の数学破壊兵器で不利な状況に追いやられた人々は、別の数学破壊兵器でも高リスクと評価され、標的にされやすくなり、就職の機会を奪われるようになる。こうなると、住宅ローンや自動車ローンなど、あらゆる種類の保険で金利が跳ね上がる。すると、クレジットの格付けは一層低下し、モデリングによる死のスパイラルから抜け出せなくなる。つまり、数学破壊兵器の世界では、人々は貧困であるがゆえに、ますます危険でお金のかかる生活に追いやられていくようになる。

数学破壊兵器は、貧しい人々を痛めつけるだけではない。社会生活を快適に送っている人々も、マーケティングのための肥やしとして数学破壊兵器に利用されている。彼らはモデルに促されるまま、長期休暇には南米の島アルバへ飛ぶし、MBA取得のためにペンシルバニア大学ウォートン校の順番待ちリストに名を連ねる。そんな彼らの目には、世界はより便利でスマートになっているように映るのかもしれない。モデルのおかげで、イタリア産プロシュートとイタリアワインのキャンティのお買い得情報はとくに目立つ場所に表示されるし、アマゾンプライムでは傑作映画がおすすめされる。そうこうするうちに、私たちは、かつては不案内だった地域にあるカフェにも足を運ぶようになる。このようなターゲティングは個人を対象として静かに行われる。そのせいで、自分たちの生活を快適にしているモデルが他方では人々の生活を

──ひょっとしたらほんの数ブロック先に住む人々の生活を──破壊しているという事実は、社会的勝者の目には触れにくくなっている。

米国では、「エ・プルリブス・ウヌム（E Pluribus Unum）」という言葉が国のモットーとして掲げられている。これは「多数から1つへ」という意味で、多州が集まって合衆国となったことを象徴する言葉だ。ところが、数学破壊兵器はこのモットーの逆を行っている。陰で暗躍して人々を分断し、1つから多数へと切り分けている。身近でも遠くでも、私たちの目に触れない場所で、隣人たちに危害が加えられている。しかも、そのような害悪は、大軍のように次々に押し寄せる。シングルマザーは仕事のスケジュールが変則的すぎて子守りを手配し切れずにいるし、学費を求めて時間給の職を探す若者は適性検査を理由に採用を断られる。マイノリティの貧しい若者は地元の警官に呼び止められ、乱暴に扱われ、警告を受ける。貧しい人の多い郵便番号区画に住むガソリンスタンドの係員は、通常よりも高い保険料を請求される。これは、言うなれば「静かな戦争」である。最も激しい攻撃を受けるのは貧困層だが、その攻撃は中間層にも及ぶ。犠牲者の大半には経済力がない。攻撃に抗いたくても、弁護士にも、補助金に恵まれた政治団体にも、相談すらできない。その結果、被害は拡大し、誰も無縁ではいられなくなっている。

この誤りを正すのに、自由市場の力を当てにすることはできない。その理由は、数学破壊兵器を別の害悪と比較してみるとよくわかる。ここでは、私たちの社会が以前から取り組んでいる害悪の1つである同性愛嫌悪と比較してみよう。

ビル・クリントン大統領は、再選を果たす2ヵ月前、1996年9月に、結婚防衛法に署名した。この法律では、結婚は1人の男性と1人の女性のあいだで成立するものであると定義づけられており、これによってクリントン大統領は、オハイオ州やフロリダ州など、激戦が予想される保守的な州での支持を取り付けたことになる。

一方で、そのわずか1週間後、巨大テクノロジー企業IBMは、同社従業員の同性パートナーに医療給付を支給すると公表した。なぜ、企業体系の中核であるIBMは、進歩的とされる米国大統領が逆の方向に進もうとしているときに、この扉を開いて議論を招くような真似をしたのだろうか。

その答えには、最終利益が関係している。この年、インターネットの世界にはゴールドラッシュが到来していた。IBMは、優秀な頭脳を確保するために、オラクル、マイクロソフト、ヒューレット・パッカードはもとより、アマゾンやヤフーといった幾多のスタートアップ企業とも激しい競争を繰り広げていた。そして、他社の多くは、同性パートナーをもつ従業員にも異性の場合と同じ恩恵をすでに与えており、有能な同性愛者を引きつけていた。IBMとしては、これを見逃すわけにはいかなかった。「ビジネス競争力の観点で考えれば、私たちにとって、理にかなったことでした」と、当時のIBM広報担当者は、ビジネスウィーク誌の取材に答えている。

ＩＢＭをはじめとする企業の人事方針をアルゴリズムとして捉えれば、何十年にもわたって、差別が成文化されてきたことになる。先ほどの従業員の利益を一律化する動きは、そうした差別の是正を促し、以降、多くの分野で同性愛者の地位は目覚ましく向上した。もちろん、そのような改善の動きは一斉に進んだわけではなかった。今も、多くのゲイ、レズビアン、トランスジェンダーの米国人が偏見、暴力、数学破壊兵器の犠牲になっている。なかでも、貧困層やマイノリティ集団に属する同性愛者への風当たりは厳しい。それでも、この原稿を書いている今、「世界で最も企業価値の高い」アップルの最高経営責任者を務めているのは、ゲイであることを公表しているティム・クックだ。そして、彼がそう望むなら、男性との結婚も憲法上の権利として認められている。

さて、今見てきたように、企業は、その気になれば、雇用アルゴリズムの誤りを正す方向に動くことができる。ならば、社会に大損害を与える数理モデル――数学破壊兵器――に対しても、同様に修正していけるのではないか？

いや、残念ながら、１つ大きな違いがある。ゲイの権利を認める行為には、市場原理によるさまざまな恩恵が伴う。当時、人材市場には高度な教育を受けた有能なゲイとレズビアンが相当数いて、徐々に発言力を高めていた。彼らは企業にとって、喉から手が出るほど欲しい人材だった。だからこそ、企業は彼らの気を引くようにモデルを最適化したのだ。しかし、企業がそのような行動に出たのは、最終利益を重視してのことだった。ほとんどのケースで、公平性の向上は副産物にすぎなかった。ちょうどこの頃、全米のビジネスが、裕福な性的マイノリティ（LGBT：レズビアン、ゲイ、バイセクシャル、トランスジェンダー）を消費者として重視し始め、彼らを対象としたクルーズ旅行や、飲食店の特別割引が企画され、ゲイをテーマとしたTV番組も始まっていた。なかには、彼らと同じに扱われることを不服に思って離れていく不寛容な客も確実にいたが、それでも十分な見返りが得られた。

モラルのある想像力を

数学破壊兵器を解体しても、いつもこのような明らかな利益が得られるわけではない。もちろん、公平かつ公正であればあるほど、社会全体にとっては有益だが、個々の企業はその恩恵を得られる立場にない。むしろ、ほとんどの企業は、数学破壊兵器にかなりの実用性を見出しているし、営利大学やペイデイローンのようなビジネスモデルになると、モデル全体が数学破壊兵器を基礎として築き上げられている。ソフトウェアプログラムを使って絶望の淵にいる人々を標的化し、月利18％という高金利でお金を貸し付け、そうやって利益を得ている人々にとっては、問題など何もなく、万事うまくいっていることになる。

当然、被害者側はそうは考えない。しかし、彼らの多くは——時間給労働者や非正規雇用者、生涯にわたってクレジットの低スコアに足を引っ張られる人々は——貧しい人々である。

囚人は無力だ。お金で影響力を買えるような今の社会では、数学破壊兵器の犠牲者の声はどこにも届かない。大半の人は、政治的権利を奪われている。貧しい人が、貧困であることや、評判の悪い学校の出身であること、居住区域で犯罪が多発していることを理由に不利な状況に置かれる事態は、頻発している。貧困撲滅のための戦略を練ろうとする政治家が少ない理由もそこにある。世間には、貧困というのは病気のようなものだという共通認識があるようで、中産階級にまで感染が拡大しないように貧困を隔離する「努力」が必要、などというレトリックがまかり通っているからだ。だが、私たちは、現代の生活のあり方にこそ問題があり、モデルによってこの悪循環が引き起こされているのだということを、しっかり考えなければならない。

だが、数学破壊兵器の犠牲者は貧しい人々だけではない。自分には関係ないと思っている読者がいるとしたら、それば大間違いだ。すでに見てきたとおり、能力のある求職者でも有害なモデルによってブラックリストに入れられることはあるし、企業が描く理想的な健康状態に一致しない従業員は給料を減らされる可能性がある。数学破壊兵器は、中産階級にも容赦なく襲いかかる。富裕層でさえ、政治的モデルによるマイクロターゲティングの対象となる。大学入試の選考を左右し高等教育を汚す残忍な数学破壊兵器の要求を満たすために、裕福な人もほかの人々と同じくらい振り回されている。

これらはまだ序の口であるということも、忘れてはならない。ペイデイローン業者もその同類も、当然の流れで、まずは貧困層と移民をターゲットにする。彼らは情報に疎く、お金に困っている――つまり、最も手っ取り早い標的だからだ。しかし、大きな利鞘を生む数学破壊兵器が、いつまでも下層階級だけを標的にし続けるとは考えにくい。それでは市場の原理に反するからだ。市場というのは、新たな機会を求めて進化し、拡大するものだ。そのような流れは、大手主力銀行の動向にも見られる。今では米国の主力銀行も、貸付型クラウドファンディングのレンディング・クラブ社のように、お金を借りたい個人と貸したい個人（個人投資家）をマッチングする業務に投資している。要するに、私たち全員が、数学破壊兵器の標的なのだ。そして、私たちが何らかの措置を講じて止めに入るまで、数学破壊兵器は増殖し続け、不公正の種を蒔き続ける。

拝金主義によるものにせよ、偏見によるものにせよ、不公正というものは、永遠に私たちの身近に存在する。近年の人間の意地の悪さに比べれば、数学破壊兵器のほうがマシだと考える読者もいるかもしれない。結局のところ、貸付担当者も雇用責任者も、住宅ローンの査定や求職者の選考の際に、人種や性別だけを見て候補から外すようなことを日常的に繰り返すだろうし、それに比べれば、史上最悪の数理モデルのほうがましだと、多くの人が考えるだろう。

しかし、人間による意思決定には、欠陥も多いが、１つ大きな長所がある。それは、進化しうる、という点だ。人類は学習し、適応する。私たちは変化し、前に進んでいく。他方で、自動化されたシステムは、エンジニアが変更を加えるまで、立ち留まったままになる。ビッグデータを用いた大学出願モデル自体は、１９６０年代前半には確立されていたが、いまだに、多くの女性は大学に進学していない。なぜか？　モデルのトレーニングには主に男子学生の成功例データが使用されているからだ。同じことは芸術についても言える。世間が考える「偉大な芸術」というものを体現してきたのが美術館なのだとすれば、そこに並ぶ作品の大半は、いまだに白人男性の作品、それも、裕福なパトロンの資金援助を受けて創作された作品である。同様に、アルバマ大学のアメフトチームはいまだに白人主義で、黒人選手を排斥している。

ビッグデータは過去を成文化する。ビッグデータから未来は生まれない。未来を創るには、モラルのある想像力が必要であり、そのような力をもつのは人間だけだ。私たちはアルゴリズムに、より良い価値観を明確に組み込み、私たちの倫理的な導きに従うビッグデータモデルを作り上げなければならない。それは、場合によっては利益よりも公平性を優先させる、ということでもある。

ある意味、私たちの社会は今、新たな産業革命と格闘しているところだ。となれば、過去の産業革命からいくつか教訓を引き出すことができるはずだ。20世紀初頭は、大きな進歩の時代だった。家庭に電気の明かりが灯り、石炭で部屋を暖めることができた。近代化された鉄道のおかげで、肉や野菜や缶詰などの食料が大陸の隅々から運び込まれるようになった。多くの人にとって、「豊かな暮らし」はさらに向上されていった。

だが、この進歩の裏では悲劇も起きていた。産業革命の動力源になっていたのは酷い搾取を受ける労働者であり、その多くは子供だった。健康や安全に関する規制のないなか、炭鉱は、生きては出られない死の落とし穴となった。１９０７年だけで、３２４２人の炭鉱夫が亡くなっている。食肉加工場では、労働者は不潔な環境で1日12〜15時間働かされていたし、有毒物質を含む製品が出荷される事件もあった。アーマー&コーポレート社が、腐った牛肉の缶詰を米陸軍にトン単位で納品した事件だ。しかも同社は、悪臭をごまかすために有毒なホウ酸を使用していた。その一方で、鉄道業、エネルギー企業、電気・ガス・水道業は強欲な独占主義者によって占有され、料金が値上がりし、その総額は米国経済にかかる税金並みに達した。

このような行きすぎた状態は、自由経済ではコントロールできないのは明らかだった。そのため、イーダ・ターベルやアプトン・シンクレアのようなジャーナリストによってこうした実態が次々に暴かれあとには、政府が介入するようになった。おかげで、安全作業手順と食品衛生検査が確立され、児童労働は法律で禁止された。労働組合が台頭し、組合活動を保護する法律が通過したことで、社会は、平日に8時間働き、週末は休むという方向に進んでいった。この新しい基準は、労働者を酷使するのも汚染された食品を販売するのも嫌だと考える会社を保護することにもなった。なぜなら、競合他社も同じルールに従わなければならないからだ。ビジネスにかかる経費が膨らんだのは間違いないが、おかげで社会全体が潤った。規制前の時代に戻りたいと願う者はほとんどいないだろう。

どこから変えていくべきか

私たちの生活にますます介入してくる数理モデルを制御するために、私たちはどこから変えていけばよいのか？　まずは、モデル作成者から変えていくべきだと私は提案したい。医師の職業倫理を謳った「ヒポクラテスの誓い」のように、データサイエンティストも、実務に就く時に職業倫理や任務について宣誓すべきだろう。自分たちが作成したモデルが誤った使用のされ方、解釈のされ方をする可能性がある点を重く受けとめるべきだ。２００８年の市場崩壊のあと、エマニュエル・ダーマンとポール・ウィルモットという２人のエンジニアが、そのような倫理規範の草案を作成している。そこには、次のようなことが書かれていた。

私は、自分は世界を創ったわけでも、自分に与えられた方程式をすべて満たしたわけでもないということを、肝に銘じます。

私は、評価測定のために臆することなくモデルを使用するが、だからといって数学に心奪われることはありません。

私は、なぜそうしたのかという説明もなく数学的美しさのために現実を犠牲にするようなことは、決していたしません。

私は、自分が作ったモデルを使用する人々に対して、モデルの正確さについて偽りの安心感を与えることはいたしません。代わりに、モデルが何を前提とし、何を見落としているかを明示します。

私は、自分の仕事が社会と経済に多大な影響を与えうること、そうした影響の多くは私にも把握しきれないほど広範囲に及ぶことを、理解しています。

これは、基本的精神としては理性的で優れた内容である。しかし、揺るぎない価値観と自己規制のみで自分を律することができるのは、実直な人々だけである。それに、「ヒポクラテスの誓い」では、上司に特定の答えを強要された場合にデータサイエンティストが直面する現場でのプレッシャーが無視されている。数学破壊兵器を排除するためには、データを扱う職人の業界内で確立されつつある成功事例の枠を越えて、進んでいかなければならない。法律も変える必要があるし、成功の尺度についても再考すべきだろう。

現在、モデルの成否は、利益率、効率、債務不履行率の観点で語られることが多く、計測できる項目で評価されることがほとんどだ。だが、私たちは何を計測すればいいのか？　次のような例を考えてみよう。ある検索エンジンで、食料配給券について情報を検索しようとすると、アリゾナ州テンペ拠点のファインド・ファミリー・リソーシーズのような仲介業者の広告を目にすることになる。そういったサイトは、まるで公認サイトのような見た目で、本物の行政の申請フォームへのリンクも表示している。しかしその裏で、人々の名前とメールアドレスを収集し、営利大学などの略奪型の広告主に名簿を流している。余計なサービスを提供して見込み客を呼び込み、手数料を掻き集めているのだ。このサイトを利用した人の多くは、間もなく、金を食うばかりのサービスを売り込む広告の標的にされる——そんな金銭的余裕はないのに。

このやり方は「成功」と言えるのか？　それは、何を重視するかによる。グーグルの場合、広告のクリック1回で、25セントか50セント、あるいは1〜2ドルが入ってくる。なかなかの実入りである。当然、見込み客の獲得に動くリード・ジェネレーション業者も儲かる。システムは効率よく機能しているように見えるし、商売としても、うまく回っている。

だが、社会という観点で言えば、行政サービスの検索という簡単な行動の背後にいる大勢の貧しい人々が、標的にされている。相当な数の貧しい人々が、偽の約束に導かれ、高金利のローン契約を結ばされる。経済的観点から厳密に考えた場合も、システムの無駄遣いである。そもそも、人々が食料配給券を必要としているという事実は、市場経済の欠陥を表している。政府は、食料配給券の受給者もいずれは完全に自立できるようになると期待しながら、税金を使ってその欠陥を補おうとしている。ところが、そこに情報収集業者が出てきて、貧しい人々を無用の商取引に追いやり、大多数の人々にさらなる借金を重ねさせ、公的支援への依存度を高めさせている。数学破壊兵器は、検索エンジン会社、情報収集業者、マーケティング業者には利益をもたらすが、経済全体にとっては「金食い虫」でしかない。

アルゴリズムを監査せよ

数学破壊兵器を制度として規制するとなれば、そのような隠れたコストまで査定し、数値化できない幾多の項目も評価に取り入れるべきだが、それは、ほかの規制でも同じことだ。経済学者は、スモッグや農業排水による環境負荷、あるいはフクロウやミミズクの絶滅に伴う損失をコストとして計算しようとするが、そのもの自体の価値は数字では決して表せない。同じことが、数理モデルにおける公平性や公共の利益についても言える。公平性や公共性といった概念は、人間の心にのみ宿るもので、容易には定量化できない。モデル作成の責任者も人間なので、そもそも定量化の試みすら滅多に行われない。あまりに難しすぎると思われているからだ。しかし、費用効率の観点から考えても、人間の価値観をシステムに組み込む必要はある。たとえば、評価対象となる有権者集団や消費者集団を構成する際に、多様な民族、幅広い所得層が含まれるようにモデルをプログラムしておくことならできるだろう。あるいは、モデルの使い方しだいで、特定の郵便番号区画に住む人々がある種のサービスを受けるために平均の2倍の額を支払っている事実を浮き彫りにすることもできるだろう。こうした概算は、とくに最初のうちは精度が荒くなりがちだが、それでも本質を突くことはできる。数理モデルは、あくまでツールである。私たちは、ツールに使われることなく、きちんと使いこなさなければならない。学業成績の格差、大量投獄、有権者の無関心といった問題は、国レベルの大きな問題であり、自由市場や数理アルゴリズムの力では修復できない。まずは、私たちが抱くテクノ・ユートピア思想を見直すところから始めるべきだ。アルゴリズムとテクノロジーの力で理想郷を創ることができるという根拠のない期待が際限なく広がっているが、私たちは、テクノロジーの向上を求める前に、テクノロジーが進展すれば何でも実現できるようになるわけではないことを認めなければならない。

数学破壊兵器を武装解除するためには、数学破壊兵器の影響範囲や影響の大きさを測定し、アルゴリズムの監査を行う必要がある。といっても、いきなり内部に切り込んでソフトウェアコードを入念に調べるのではなく、周辺調査から行うことになる。数学破壊兵器を、データを取り込んで結果を吐き出す「ブラックボックス」として扱うところから始めるのだ。この人物の再犯リスクは中等度、この人物が共和党に投票する確率は73％、この教師の格付けは10段階の最低ランク。このような出力を調べ、断片をつなぎ合わせていけば、モデルの背後にある前提を暴き、そのモデルの公平性を評価することができる。

数学破壊兵器のなかには、複雑な事柄を無理やり単純化した「旧式」のツールであることが最初から明白なものもある。そのようなツールは、企業の集団解雇や一部の顧客への割引提示を容易にする。たとえば、ニューヨークの公立学校で使用された付加価値モデルがそうだ。ある年、中学教師のティム・クリフォードは、付加価値モデルによって100点満点中6点という低い評価を受けたが、翌年には96点まで跳ね上がった。統計学を使ったとんだ茶番劇だ。毎年の評価スコアをグラフに記録すれば、空気中を漂う水素分子のようにランダムに近い動きが見られるだろう。ティムのいる学校の数学コースの学生でも、統計学について15分も学べば、このスコアには何の意味もないと自信をもって結論づけられるはずだ。優れた教師というのは、来年も再来年も優れているものだ。野球のリリーフ投手とは異なり、素晴らしい成績を残した翌年にまったく成績が振るわない、というようなことは滅多に起こらない（そもそも、リリーフ投手の場合とは異なり、教師の実績は定量化分析には向かないのだ）。

付加価値モデルのような時代遅れのモデルの場合は、修正のしようがない。このようなケースでは、公平性に問題のあるシステムを放棄するしか解決策はない。少なくとも今後10〜20年間は、教師の生産効率を測定するツールを構築しよう、などという考えは忘れるべきだ。教師の職能評価は、モデル化するにはあまりにも複雑すぎるし、入力データも、大雑把な代理データしか入手できない。自分の子供に教育を授ける人物として信頼できるかどうかを決める重要な判断は、まだモデルには任せられない。単純に、モデルの力不足なのだ。こうした仕事には、細やかに状況を汲み取る力が必要だ。ビッグデータの時代であっても、こうした問題は人間が解決すべき問題である。

もちろん、人間が分析する場合も、分析者が校長だろうと経営陣だろうと、試験の点数を含めた大量のデータを考慮に入れるべきだし、ポジティブ・フィードバックループも組み込むべきだ。これまで見てきたような、人々を苦しめる悪魔のようなフィードバックループではなく、天使のようなフィードバックループを組み込むのだ。ポジティブ・ループでは、ごくシンプルに、モデルの改善に役立てるために、データサイエンティスト（あるいは自動システム）に情報が提供される。先ほどの例で言えば、各教師に対する評価について納得がいくかどうか、評価システムの背後にある前提について理解して受け入れることができるかどうかを、教師と学生に質問することが重要だ。誰も納得しないような評価システムを推進しても意味がないだろう。ポジティブ・フィードバックループを備えたエコシステムがあればこそ、データの力で教育は改善されると、期待できるのだ。それがなければ、ただの刑罰になってしまう。

そんなことを言うと、データ推進派の人々から即座に厳しく指摘されそうだ。人間の脳内でもモデルは働いているし、人間こそ偏見や私利私欲に影響されることが多いではないか、と。確かにそのとおりだ。だからこそ、公平性を期すために出力結果を――教師に対する評価を――監査する必要がある。監査の方法も、自動化する前に、慎重にデザインし、人間の手で検証する必要がある。一方で、数学者は、教師が自分で自分の職能を測定して改善を狙えるようなモデルを考案することもできるだろう。

ほかのモデルの場合、監査はこれより遥かに複雑になる。多くの州で導入され、刑事被告人に判決を言い渡す前に参照されている再犯予測モデルを例にあげて考えてみよう。このテクノロジーはかなり新しいため、導入前と導入後を比較することができる。数学破壊兵器によるリスク分析結果を受け取るようになってから、裁判官の判決パターンは変化したのだろうか？おそらく、ソフトウェアが導入されるよりもずっと前から相当な数の裁判官が頭のなかで同様の欠陥モデルを働かせていたことや、貧しい囚人やマイノリティ出身の囚人にはほかの囚人よりも厳しい刑が科されていたことが、明らかになるはずだ。場合によっては、ソフトウェアのおかげで彼らの判決が和らげられていることもあるかもしれないし、その逆もあるだろう。いずれにしても、十分なデータがあれば、パターンが明らかになり、数学破壊兵器の強度と偏向を評価できるようになる。

再犯モデルが偏見を成文化し、貧しい人々に不利益を与えていることが明らかになったら(研究ですでに示されている)、次は、入力データに目を向ける番だ。そこには、「類は友を呼ぶ」的な関連づけが大量に含まれている。そして、その人物の知り合い、職業、クレジットの格付けなど、いずれも法廷では証拠として認められないような詳細情報に基づいて、個人の行動が予測される。公平性を回復するには、このようなデータを放棄すべきである。

いや、早まるな、と多くの人が言うだろう。私たちは、公平性のためにモデルの正確性を犠牲にするのか？　アルゴリズムのレベルを下げるしかないのか？

場合によっては、そのとおりだ。法の前に平等であろうとするなら、有権者として平等に扱われようとするなら、私たちを異なる階級に分類し、階級ごとに異なる扱いをするシステムに賛同することはできない。[*] アマゾンやネットフリックスのような企業は、購買客を細かなバケットに分類しており、分類の仕方も自分たちに都合のいいように最適化している。そのアルゴリズムからは、公正性や民主主義は生まれない。

アルゴリズムを監査しようとする動きは、すでに進行中である。たとえば、プリンストン大学では、研究者らによって「ウェブの透明性と説明責任プロジェクト」が立ち上げられた。このプロジェクトでは、ソフトウェア・ロボットがオンラインであらゆる種類の人々――裕福な者、貧しい者、男性、女性、精神衛生上の問題に苦しむ者――になりすます。そうやってなりすました状態でロボットが受ける扱いを調査することにより、検索エンジンから求人サイトまで、さまざまな自動化システムにおける偏見・バイアスを検出し、研究しようというわけだ。カーネギー・メロン大学やMITでも同様の機構が立ち上がっている。

このような機構には、大学研究者のサポートが不可欠だ。数学破壊兵器を取り締まるには、そういった組織を構築する技術をもつ人々の助けが必要になる。アカデミックな調査ツールがあれば、大規模な数学破壊兵器を再現でき、大量のデータセットを取り込み、モデルに内包される不公平さと不公正さを暴くことができるし、クラウドソーシングでキャンペーンを仕掛ければ、広告主や政治家から受け取るメッセージについて実態の詳細を社会全体に向けて発信することもできる。マイクロターゲティング・キャンペーンの実情と戦略を明るみにできるのだ。

すべての数学破壊兵器が極悪非道であるとは限らない。たとえば、2012年の大統領選のあと、米非営利独立系報道機関のプロパブリカは、「メッセージ・マシン」と呼ばれるものを構築した。クラウドソーシングを利用し、オバマ陣営が用いた標的型政治広告モデルのリバース・エンジニアリングを実施したのだ。モデルの挙動を分析し、ソフトウェア本体の再現を試みる。そこから明らかになったのは、さまざまな分野の有名人によるオバマへの称賛コメントが多種多様なグループ向けに配信されていたこと、そして、おそらくどのコメントも特定の視聴者に標的を絞って作成されていたということだった。これは、つまり、不正を示す証拠は見つからなかったということだ。むしろ情報を提供し、モデルの背後にある謎を排除することに

＊公正な監査によって、人種などの変数が分析から除外されるようになると考える人もいるかもしれない。しかし、数学破壊兵器の影響の大きさを測定するつもりなら、データが必要である。現在、ほとんどの数学破壊兵器では、人種の直接的な追跡は避けられている。多くの場合、人種の追跡は違法だからだ。だが、住宅ローンの貸付では、自動車ローンの場合よりも人種差別が行われやすい。なぜなら、住宅ローンの場合、金融業者は申し込み者に人種を尋ねなければならないが、自動車ローンの申し込みではその必要がないからだ。コンピューターサイエンティストのシンシア・ドワークが指摘したとおり、分析に人種情報を含めておけば、人種的な不公正性が認められた場合にも、私たちはその不公正さを定量化したうえで、それを公表し、倫理について議論し、解決策を提案できる。そうは言っても、人種というのはそもそも社会的構成概念であって、遺伝学的分類ではないため、誰がどの人種に属するかは特定し難いものだ。混血の人ならなおさらである。

よって、メッセージ・マシンは後ろ暗い噂や疑いの出所を（ほんの少しでも）減らしたことになる。それはそれで、良いことだと言える。

数理モデルがデジタル経済のエンジンであるならば――実際、さまざまな意味で確かにそうだ――このような監査役は、覆いに風穴を開け、モデルの内側の仕組みを私たちに見せてくれる存在になる。これはきわめて重要な一歩だ。おかげで私たちは、強力なエンジンに操作ハンドルとブレーキを取り付けることができるのだから。

だが、監査を行おうとすれば、反発する動きも出てくる。私たちにとって、もはや水道や電気と同じくらい生活に欠かせないものになっている情報サービスの提供元である巨大ウェブ企業の多くも、監査に抵抗することだろう。たとえばグーグルは、検索エンジンによるバイアスの全体像を明らかにする目的で偽プロフィールを作成してスコア評価することを、研究者に禁じている。* 同社は、実際にバイアスに関する監査を実施したとしても、社外には公開しない道を選ぶだろう。アルゴリズム内部の仕組みと、そこにある偏見を、外部の目から保護するためだ。しかし、内部の人間も、確証バイアスによって、自分たちの期待に沿うものばかりを見ている可能性が高い。核心を突くような質問をする人はいないだろうし、何か不正が見つかっても、そのおかげでグーグルの収益が押し上げられているようであれば……人目につかないところで密かに協議したいような気まずい議論になることが予想される。それでも、数学破壊兵器について世間が多くを知るようになり、生活になくてはならない情報サービス企業に対して説明責任を求める機運が高まっていけば、きっとグーグルも、外部の監査を受け入れざるをえなくなるだろう。

フェイスブックも同じである。ソーシャルネットワークの雄であるフェイスブックは、厳格なポリシー規定でユーザーに実名の使用を求めているため、外部の研究者がフェイスブック上で実施できる調査は厳しく制約される。この実名規定は多くの点で称賛に値するが、なかでも、投稿メッセージについてユーザーに責任をもたせるところが素晴らしい。だが、フェイスブック自体も、私たち全員に対して説明責任を果たすべきである。つまり、フェイスブックのプラットフォームをより多くのデータ監査役に公開すべきなのだ。

もちろん、政府も規制当局として大きな役割を果たす。第1次産業革命が行きすぎて悲劇を招いたときに行政が果たした役割とちょうど同じ役割だ。そのためには、まず、会計帳簿に対してすでに実施されているような法律をデータ監査向けに適応させ、施行するところから始めてもいいだろう。

第4章で考察したとおり、公正信用報告法（FCRA）と信用機会平等法（ECOA）では、

＊グーグルはすでに、同社のアルゴリズムからバイアスを排除するための取り組みへの関心を表明しており、私も、そのことについて同社の複数の社員から簡単に話を聞くことができた。私からは、同社のプラットフォームをもっと外部の研究者に公開してほしいということを真っ先に伝えている。

市民の権利として、クレジットスコアリングにおける公平性の確保に言及している。FCRAは、消費者のスコアに反映されるデータを消費者自身が閲覧でき、誤りを修正できるように保証している。ECOAでは、人種や性別を個人のスコアと関連づけることを禁じている。

透明性を確保するために

こうした規制も、完璧ではないため、すぐにでも更新が必要である。消費者からの苦情は無視されることが多く、クレジットスコアリング企業が郵便番号を人種の代理データとして使用できないようにするための明確な対策も取られていない。それでも、良い出発点になる。私たちは、何よりもまず、透明性を求めなければならない。クレジットスコアを使って判断されたり値踏みされたりする場面では、それについて通知を受ける権利が私たちにはあってしかるべきだ。さらに、自分のクレジットスコアの算出に使用されている情報について、いつでもアクセスできるようでなければならないし、情報に誤りがあれば、異議を申し立てて修正する権利もあって当然である。

次に、こうした規制の適用範囲を、レンディング・クラブ社のような新しい業態のクレジット会社にも広げる必要がある。同社では、ローンの債務不履行に陥るリスクを予測するために、最近登場したeスコアという数値を使用している。こうしたスコアの運用も、陰で行われることがないようにすべきだ。

医学的問題を抱える人々を職場での差別から保護するために制定された米国障害者法（ADA）も、更新する必要がある。この法案では現在、就職試験の一環として健康診断を受けさせることを禁じているが、ビッグデータによる適性検査や、健康スコア、評判スコアなども考慮した内容に更新すべきだ。いずれも、法の裏をかいたやり方であり、このまま野放しにすべきではない。議論のなかで生まれた1つの可能性として、ADAによる保護範囲を、「予測される」将来の健康状態にまで広げるという案も出ている。これはつまり、ゲノム解析によって乳がんやアルツハイマー病のリスクが高いことが示されたとしても、それを理由に雇用機会を奪われるようなことがあってはならない、ということだ。

医療情報を保護するHIPAA法（医療保険の相互運用性と説明責任に関する法律）も、拡張しなければならない。現在、私たちの医療データは、雇用主や健康アプリ、そのほかのビッグデータ企業にも収集されているため、法律の適用範囲をそこまで広げる必要がある。グーグル検索で医学的治療法を調べただけでも、その情報は健康関連情報としてブローカーに収集される。そういった情報も、保護の対象に含めなければならない。

奥の手を使うなら、欧州型モデルへの移行を考慮するのもいいだろう。どのようなデータを収集する場合にも必ずユーザーの承認を得る「オプトイン」方式を採用するのだ。同時に、収集したデータを当初の目的以外で再利用することも禁じる。オプトイン方式が採用されていても、難解な法的文書の枠内にチェックボックスを設けてユーザーにチェックを入れさせるという抜け道が利用されることも多い。それでも、「再利用不可」条項の威力はきわめて強い。ユーザーデータの転売が違法になるからだ。そうなれば、データブローカーに情報が流れるのを防ぐことができ、悪質なeスコアの発生やマイクロターゲティング・キャンペーンの嵐を回避できるようになる。実際、「再利用不可」条項のおかげで、欧州のデータブローカーへの規制は——彼らが法を順守していると仮定するなら——以前より遥かに厳しくなった。

最後にもうひとつ。クレジットスコアやeスコアなど、私たちの生活に重大な影響を与えるモデルは、公開され、いつでも入手できるようでなければならない。さらに言えば、携帯電話のアプリを使って操作できるのが理想的である。そうなれば、たとえば、懐の厳しい月には、携帯電話代の未払いと電気代の未払いが自分のクレジットスコアに与える影響を比較することができるし、スコア低下の影響が自動車購入プランにどの程度響くかも確認できる。こうしたことを実現できるだけのテクノロジーは、すでに存在している。私たちに足りないのは、やる気だけだ。

善悪にかかわる選択

2013年の夏のある日、私は地下鉄でマンハッタンの南端まで移動し、そこからは徒歩で、ニューヨーク市庁舎の正面にある巨大な建物に向かった。この頃、私は社会の役に立つ数理モデル――つまり、数学破壊兵器とは対極にある数理モデル――の構築に興味をもっていた。だからこそ、市の住宅福祉課のデータ解析グループで無給のインターンとして働くことにしたのだ。ニューヨーク市内のホームレス人口は6万4000人に膨れ上がっており、そのうち2万2000人は子供だった。私に与えられた仕事は、ホームレス家族が保護施設に滞在する期間を予測し、その家族に適した福祉サービスを紹介するためのモデルを作成することだった。発想としては、人々が自分と家族の面倒を自分で見られるようにするために、必要なものを提供し、永住できる家を探そうというものだ。

この仕事は、いろいろな意味で、再犯モデルに対抗する手助けをすることになる。再犯モデルLSI-Rを構築した解析者らと同じで、私も、人々を保護施設へと舞い戻らせる圧力に興味があったし、住居を失わずに済む安定した暮らしを可能にする力にも興味があった。ただし、私が参加した小さな研究グループでは、有罪者に判決を出す数学破壊兵器とは異なり、解析結果として得られた知見を犠牲者の救済のためだけに活用する。人々をホームレス生活から脱却させ、絶望の淵から這い上がらせるため――公共の利益のため――にモデルを作成するのだ。

そうこうするうちに、関連プロジェクトとして私とは別に研究を進めていた研究員の1人が、ある相関を発見した。それは、1つの解決策を差し示すものだった。ホームレス家族のなかにも、保護施設を去ったあと二度と戻ってこない集団がいて、その集団と、連邦住宅土地開発省による低所得者向け家賃援助プログラム「セクション8」の給付を受けた集団とのあいだに、きわめて強い相関が認められたのだ。だが、これはさして驚くことでもなかった。手頃な家賃の住宅をホームレス家族に提供できれば、路上生活や不潔な保護施設での生活に戻ることを選択する家族は減って当然である。

しかし、この結論は、当時の市長マイケル・ブルームバーグの陣営にとっては、厄介な結論だった。ニューヨーク市の行政は、政策として、セクション8からの方向転換を大々的に公表していたからだ。かわりに、「アドバンテージ」という新たな制度が設けられた。この制度では、助成金の給付が3年に制限された。福祉サービスの期限が迫ってくれば、貧しい人々も収入を増やそうと必死になり、自活するようになる、という着想に基づく政策だった。だが、データではっきりと示されていたとおり、その考えは甘すぎた。ニューヨークでは不動産市場の好況によって家賃が高騰しており、しばらくは右肩上がりで推移しそうな状況だった。結局、セクション8の給付を失った家族は、大挙して保護施設に押し寄せた。

研究によって得られた知見は、歓迎されなかった。役所の重役とのミーティングに向け、私たちはニューヨークのホームレス問題に関するプレゼン資料をパワーポイントで作成した。常習性に関する統計データとセクション8の有効性を示すスライドを提示すると、非常に気まずい空気のなかで短い会話が交わされた後、そのスライドの取り下げを要求された。党の既定路線が優先されたのだ。

ビッグデータは、うまく管理すれば重要な洞察を与えてくれるが、破壊的な結果を招くことも多い。結局のところ、ビッグデータを使用する狙いは、人間の目には見えないパターンを見つけ出すこと、それに尽きる。データサイエンティストが取り組むべき課題は、自分たちが踏み入ろうとしているエコシステムを理解すること、そして、問題の提示に留まらず、考えうる解決策まで提案することである。単純なワークフロー・データ解析では、5人の従業員が余剰人員として浮かび上がるかもしれない。しかし、データチームに専門家を1人招き入れるだけで、より前向きで建設的なモデルの開発が推進され、余剰人員かと思われた従業員が活かされる最適化されたシステムが提案され、その職務の遂行に必要なトレーニングの同定まで行えるようになるかもしれないのだ。知識や情報は、いつも足りているとは限らない。知識や情報が足りないときに、「何かが足りない」と気づいてこそ、データサイエンティストはその職務をまっとうできる。

データ経済について調査を進めるなかで、私は、良い目的のために活用可能な数理モデルの登場を数多く見てきたし、使い方さえ間違わなければ偉業を成し遂げられるような素晴らしい可能性を秘めた数理モデルも、同じくらいたくさん見てきた。ここで、ミラ・バーンスタインによる「現代の奴隷問題」に関する研究を紹介しよう。ハーバード大学で数学の博士号を取得した彼女は、携帯電話、スニーカー、SUV車などの巨大産業のサプライチェーンを精査し、強制労働の実態がないか、その兆候を探索するモデルを作成した。この奴隷探索モデルは、非営利団体「メイド・イン・ア・フリーワールド」の依頼に応えて構築されたもので、現代の奴隷制に支えられて製造された部品を自社製品から排除しようとする企業を支援することが、最終目標である。その根底には、企業も奴隷制には反対だろうし、奴隷労働に加担すれば自社ブランドが崩壊しかねないことも承知しているだろうから、この問題と縁を切りたがっているに違いない、という発想があった。

バーンスタインは、国連の貿易データ、奴隷労働の問題が最も深刻な地域の統計データ、多数の産業製品に使用されている部品に関する詳細情報など、数多くの情報源からデータを収集し、それらすべての情報をモデルに組み込み、ある特定地域で生産された任意の製品について、その製品が奴隷労働によって製造された可能性をスコア評価できるモデルを作成した。「製品を利用する消費者が供給業者に連絡を入れ、『御社のコンピューターに使用されている以下の部品がどこから調達されたのか、詳細を知らせてほしい』などと問い合わせられるようにしたいと考えて、このモデルを作成しました」と、バーンスタインはワイアード誌の取材に答えている。ほかの多くの責任あるモデルと同じで、この奴隷探索モデルも、無理な背伸びはしていない。疑わしい点を指摘するに留め、追跡の最終段階は人間に任せている。疑わしいとされた供給業者が実際には合法であったという事例も、間違いなく存在する（どんなモデルでも必ず偽陽性は発生する）。その情報はメイド・イン・ア・フリーワールドに戻され、フィードバックとしてバーンスタインらの研究に活かされる。

社会福祉事業の分野でも、公共の利益になるモデルが誕生している。子供が虐待を受けている可能性の高い家庭をピンポイントで予測するモデルである。合衆国南部で子供と家庭のための福祉事業を行う非営利団体「エカード」によって開発されたこのモデルは、2013年、フロリダ州ヒルズボロ郡のタンパ周辺地域で運用が開始された。運用開始前の2年間に、この地域では、車の窓から投げ捨てられた赤ん坊1人を含む9人の子供が虐待によって死亡していた。モデル作成者らは、死亡例を含む児童虐待事例1500件をデータベースに登録し、母親のボーイフレンドが同居している、薬物使用や家庭内暴力の記録がある、親が児童養護施設の出身である、などといった虐待マーカーを数多く検出した。

これがもし潜在的犯罪者をあぶり出すことを目的としたプログラムだったら、不公平の温床になりかねないことは、誰の目にも明らかだ。児童養護施設で育った過去や婚姻関係にないパートナーとの同棲を根拠にして疑いをかけるべきではないし、さらに、このモデルでは貧しい人が標的にされる可能性のほうが遥かに高いため、裕福な家庭で起きているかもしれない虐待を見逃す可能性が高い。

それでも、親を罰するためではなく、助けを必要としているかもしれない子供に手を差し伸べるために使用されるなら、数学破壊兵器になりかねないモデルも無害となる。モデルを活用し、リスクのある家庭に資源を集中的に注ぐのだ。ボストン・グローブ紙によれば、このモデルの運用開始後の2年間にヒルズボロ郡で児童虐待によって死亡した子供は、1人もいなかった。

このようなモデルは、今後、数年のうちにたくさん登場するだろう。骨粗鬆症や脳卒中のリスクを評価したり、微分積分に悪戦苦闘する学生に救いの手を差し伸べたり、あるいは、人生を一変させるような転落に苦しむ可能性の高い人々を予測したりもするだろう。そのようなモデルの多くは、本書で考察してきた数学破壊兵器の一部と同じように、善意から生まれる。しかし、それだけではダメだ。透明性を確保し、使用される入力データと結果として出力された標的の両方を開示しなければならない。監査も受けるべきだ。モデルは強力なエンジンとなるのだから、私たちは絶えず目を向けていかなければならない。

データが消えてなくなることはない。コンピューターもそうだ。そして、数学がなくなる可能性はさらに低い。私たちは今後、組織を運営するにも、資源を分配するにも、生活を管理するにも、予測モデルという便利なツールをますます頼るようになるだろう。しかし、本書を通して紹介してきたとおり、モデルというのは、データのみで構成されるのではなく、そこに、どのデータに注意を向け、どのデータを排除するのかという私たちの選択が加わって構成されるものだ。そのような選択は、ロジスティクス、収益、効率性に関するものばかりではない。根本的には、善悪にかかわる選択である。

そのような選択に対して逃げ腰になり、数理モデルを天候や潮の干満のように中立的かつ必然的な力として扱うなら、私たちは自分の責任を放棄したことになる。その結果が、すでに見てきたように、私たちを職場で機械部品のように扱い、従業員を追放し、不平等を堪能する数学破壊兵器である。私たちは力を合わせて、このような数学破壊兵器を取り締まり、手なずけ、武装解除しなければならない。そして、私たちがデータ時代に公平性と説明責任を持ち込む術《すべ》を学んだ後も、1世紀前の死の炭鉱と同じように、この新しい革命の初期の遺物として数学破壊兵器が記憶されることを、私は願っている。数学は本来、数学破壊兵器よりも遥かに器の大きい、素晴らしいものだ。それは、民主主義についても同じである。

▼本書の「注」は（www.intershift.jp/ai.html よりダウンロードいただけます）

謝辞

私を全力で支えてくれた夫と子供たちには、感謝の気持ちでいっぱいである。ジョン・ジョンソン、スティーブ・ウォルドマン、マキ・イナダ、ベッキー・ジャフェ、アーロン・エイブラムズ、ジュリー・スチール、カレン・バーンズ、マット・ラマンティア、マーサ・プーン、リサ・ラドクリフ、ルイス・ダニエル、メリッサ・ビルスキにも感謝している。そして、ローラ・ストラウスフェルド、アマンダ・クック、エマ・ベリー、ジョーダン・エレンバーグ、ステファン・ベイカー、ジェイ・マンデル、サム・カンソン＝ベナナフ、アーニー・デイビス、あなたたちがいなければ、この本は存在しなかった。心よりお礼申し上げたい。

ＡＩ・ビッグデータの活用は、いまや誰もが被害に遭うかもしれない危険水域に入っている。にもかかわらず、その実態は余りにも知られていない。こうしたダークサイドは、よく耳にするＡＩが人間の仕事を奪うといった危惧などとはまったく異なる。「人間の仕事を奪う」という予測は、むしろＡＩの素晴らしさを認めている裏返しなのだから。本書が明らかにするのは、ＡＩ・ビッグデータの仕組みや活用法そのものの中に、私たちの人生や社会を狂わせ、壊すようなリスク（罠）が潜んでいるということだ。データビジネスの現場を熟知するデータサイエンティストである著者は、具体例をあげながら、こうした実情をわかりやすく伝えてくれる。

読者は、「教育・宣伝・仕事・信用・健康・政治・犯罪」……といった日常の多くの場面で、データ活用が進んでいることを知るだろう。その領域は、従来のＡＩ・ビッグデータ活用の範囲を踏み越えて広がっている。私たちの能力・適性・信用、さらには善悪や身体といった、そもそも定量化し数値に置き換えるのが難しいものごとまで、データとして計算され、評価されているのだ。

本書で強調されるように、ＡＩ・ビッグデータを動かすアルゴリズムはけっして万能ではなく、むしろ欠陥だらけのまま使われている。たとえば、アルゴリズムの作り手の先入観や誤解、偏見などが無意識のうちに紛れ込む。過去のパターンを参照するため、従来の価値観が踏襲されもする。

また、元になるモデルは、扱う事柄を単純化したものなので、リアルな世界の複雑さや機微などは、こぼれ落ちてしまう。重要な情報も抜け落ちる。さらに、どのようなデータを集め、どんな目的に使うのかという選択にも、作り手や企業の価値観やニーズが反映される。つまり、アルゴリズムとは、数学のなかに「見解」や「成功の定義」を埋め込んだものなのだ。

本書は、とくに悪質なアルゴリズムを、「数学破壊兵器」と呼ぶ。その要素は、仕組みが「不透明」で修正されにくく、急速に成長する「規模拡大」性をそなえ、不公平な内容などによって「有害」な影響を及ぼす――という3点である。その影響力が強大になると、評価される側は、アルゴリズムに気に入られるように、行動・態度を変えることさえある。単純化された同じ指標を満たさざるをえなくなり、多様性が失われていくのだ。また、職場での能力も、数値化されない要素（場を和ませるコミュニケーション力など）も大きいのに、こうした人間的スキルは評価されようがない。

こうしてアルゴリズムに評価されなくなると、そこに有害なフィードバックループが生まれる。たとえば、信用格付けが落ちれば、就職やローンなどで不利になり、その影響がさらに他分野に及び……と悪循環にはまり、格差が広がっていく。データの誤情報などで、被害を受けることもある。そんな場合でも、いったいなぜ、自分の評価が落とされたり、間違って類型化されたかなどは、通常わからない。アルゴリズムの中身は、企業機密として厳重に保護されるなどしているからだ。

近年では、さらに進んで、個人の行動や身体までもが、データ化され、評価・選別されるようになってきている。たとえば、企業が従業員の健康データを収集し、報酬に結びつけはじめている。

選挙では、有権者個人にターゲットを絞った「マイクロターゲティング」が盛んだ。このような有権者個人を選別するシステムは、一部の有権者の重要度を高めることで、民主主義の土台を壊すことにつながる。また、消費者のプロファイリングは、分類された「種族《トライブ》」として階級化を促すとともに、私たちの欲求を枠付け、コントロールしていくようになる。

本書は主に米国のデータ活用の事例を扱っており、その社会事情（個人情報の扱いや人種差別など）とも関係している。だが、本書が注目するのは、たんなる事例を超えた、データ活用の中核となる仕組みや目的なのだ。もともと、データ活用は、人間が陥りやすい偏見や誤謬を避けて、公平・中立な判断ができるという善意に基づくことも多い。しかし、すでに明らかになったように、データにも偏見・誤謬はつきものだ。それでも、公平・公正よりも、効率・利便性・収益が優先される。

ある分野での規制を厳しくしても、分野を超えて次々と増殖していくのが、アルゴリズムの特性だ。個人情報の取り扱いを制限したところで、規制をかいくぐり、代理データなどで目的を果たす。そう、人間を選別し、作業を効率化し、収益を上げるといった「目的」のもとにある限り、いたるところで有害な破壊兵器は増殖していく。本書は、けっしてＡＩ・ビッグデータの活用そのものを否定しているわけではない。有害なアルゴリズムであっても、使い方次第で生まれ変わる。そのために、私たちはアルゴリズムを監査するなどして、主導権を人間に取り戻さなくてはならない。モラルのある想像力によって、未来を創造できるのは、人間だけなのだから。

本書出版プロデューサー　真柴隆弘

著者
キャシー・オニール Cathy O'Neil
データサイエンティスト。ハーバード大学で数学の博士号を取得。バーナードカレッジ教授を経て、企業に転職し、金融、リスク分析、e コマースなどの分野で、アルゴリズム作成などに従事。ブログ「mathbabe」を開き、「ORCAA（オニール・リスク・コンサルティング&アルゴリズム・オーディティング）」を創設。既刊書に『データサイエンス講義』（共著：オライリー・ジャパン）。

★ ニューヨーク・タイムズ・ベストセラー
★『ボストン・グローブ』紙　ベスト・ブックス・オブ 2016
★『ガーディアン』紙　ベスト・ブックス・オブ 2016
★『ネイチャー・コム』　ベスト・ブックス・オブ 2016
★『WIRED』　必読書 2016
★『フォーチューン』誌　フェイヴァリット・ブックス・オブ 2016
★「シカゴ・パブリック・ライブラリー」 ベスト・ブックス・オブ 2016
★『Kirkus Reviews』 ベスト・ブックス・オブ 2016
★『On Point』 ベスト・ブックス・オブ 2016
★『ニューヨーク・タイムズ』ブックレビュー注目作 2016
★ Maclean's 誌ベストセラー
★ 全米図書賞（最終候補）（2016）
★ SLA-NY PrivCo Spotlight 賞（2016）
★ 世界 15 カ国で刊行

☆『ニューヨーク・タイムズ』『フィナンシャル・タイムズ』『ボストン・グローブ』『WIRED』『アトランティック』『タイム』『サイエンティフィック・アメリカン』『ネイチャー』『ガーディアン』『ロイター』ほか、多数メディアで絶賛書評！

訳者
久保 尚子（くぼ なおこ）
翻訳家。京都大学理学部（化学）卒業。同大学院理学研究科（分子生物学）修了。IT 企業勤務を経て、翻訳業に従事。訳書にスティーヴ・ロー『データサイエンティストが創る未来』、マイケル・ブルックス&サイモン・ブラックバーン『ビッグクエスチョンズ 物理』、マイケル・ワイスマン『スペシャルティコーヒー物語』など。

あなたを支配し、社会を破壊する、AI・ビッグデータの罠

2018年7月10日　第1刷発行

著　者　　キャシー・オニール
訳　者　　久保 尚子
発行者　　宮野尾 充晴
発　行　　株式会社 インターシフト
〒156-0042　東京都世田谷区羽根木1-19-6
電話 03-3325-8637　FAX 03-3325-8307
www.intershift.jp/
発　売　　合同出版 株式会社
〒101-0051　東京都千代田区神田神保町1-44-2
電話 03-3294-3506　FAX 03-3294-3509
www.godo-shuppan.co.jp/
印刷・製本　シナノ印刷
装丁　織沢 綾

カバー（画像）：cherezoff© (Shutterstock.com)
扉・表紙・カバー（背）：BAIVECTOR© (Shutterstock.com)

ISBN 978-4-7726-9560-2　C0034　NDC400　189x131